Ulrike Passern

Harmonie statt Angst

Haftung

Die Informationen dieses Buches sind nach bestem Wissen und gewissen dargestellt. Sie ersetzen nicht die Betreuung durch einen Arzt, Heilpraktiker oder Psychotherapeuten, wenn Verdacht auf eine ernsthafte Gesundheitsstörung besteht. Weder Autor noch Verlag übernehmen eine Haftung für Schäden irgendwelcher Art, die direkt oder indirekt aus der Anwendung des Inhalts dieses Buches entstehen könnten.

Bitte fordern Sie unser kostenloses Verlagsverzeichnis an:

Smaragd Verlag
In der Steubach 1
57614 Woldert (Ww.)
Tel.: 02684.978808
Fax: 02684.978805
E-Mail: info@smaragd-verlag.de
www.smaragd-verlag.de

Oder besuchen Sie uns im Internet unter der obigen Adresse.

© Smaragd Verlag, 57614 Woldert (Ww.)
Deutsche Erstausgabe Juni 2008
Fotos Cover: © Doreen Salcher - Fotolia.com
Umschlaggestaltung: preData
Satz: preData
Lektorat: Gaby Heuchemer
Printed in Czech Republic
ISBN 978-3-938489-70-3

Ulrike Passern

Harmonie statt Angst

Smaragd Verlag

Über die Autorin

Ulrike Passern, geboren 1948, lebt und arbeitet als Lebensberaterin in Hamburg. Neben ihrer Ausbildung und Tätigkeit als medizinisch-technische Assistentin ergänzt sie ihr medizinisches Wissen später mit einer Ausbildung zur Heilpraktikerin.

Seit ihrer Geburt war ihr Leben durch eine schwere Neurodermitis belastet. Im Jahr 2000 begann sie mit dem Channeln und erfuhr in kürzester Zeit die Zusammenhänge zwischen ihrer Krankheit und ihren stark ausgeprägten Ängsten.

Dadurch heilte ihre Neurodermitis innerhalb eines Jahres ohne eine zusätzliche medizinische Therapie vollständig und dauerhaft aus.

Dieser Erfolg motivierte sie, die medizinischen Zusammenhänge zwischen Körper und Seele durch eine Ausbildung zur Heilpraktikern zu vertiefen, um ihre eigenen Erkenntnisse an andere Menschen weitergeben zu können.

Durch das Channeln hilft sie heute anderen Menschen bei der Klärung und Verarbeitung von Ängsten sowie bei möglichen Verbindungen zwischen Ängsten und bestehenden Erkrankungen.

Ein weiterer Schwerpunkt ihrer Arbeit ist es, Lebensziele aufzuzeigen und Lebenswege zu erklären, wenn diese zu Verunsicherungen und Ängsten führen.

Inhaltsverzeichnis

Einleitung 9
Das Wort Angst 13

Chakren 17
- Zusammenspiel zwischen Chakren, Körperzellen, Lebensenergie, Erkrankungen und Gesundheit 17
- Chakrablockaden 19
- Zellen und Energie 21
- Heilung 24
- Aufnahme äußerer Energien durch die Chakren 27
  - Verschiedene Energieformen (verschiedene energetische Schwingungen) einzelner Menschen 29
- Schaubild 30

Unterbewusstsein 31
- Die Entstehung der eigenen Energie während der ersten Inkarnation 32
- Bewusstsein 34
- Körper, Geist und Seele 35
- Inkarnationen und die Rolle des Unterbewusstseins ... 36
- Abschluss der Inkarnationen 39
- Aufgaben des Unterbewusstseins 43
- Gleichgewicht zwischen Unterbewusstsein und Bewusstsein in Bezug auf Ängste 49
- Verdrängungen 53
- Intuitionen 55
- Déjà-vus 57
- Träume 58
  - Traumdeutungen 61

Gedanken 73
- Bedeutung 73
- Worte 75

- Kernaussagen für Gedanken 78
- Bewusstsein, Unterbewusstsein, Körper 79
- Kernaussagen für Erkrankungen und Gesundheit 82
- Weg der Erkrankung und der Gesundung 84
- Positive Energie 89
- Positive Gedanken 92
- Selbstheilungskräfte 95
- Entstehung von Angst und ihre Auflösung 98
- Negative Gedanken 114
- Wünsche und Unterbewusstsein 127

Selbsthilfe 141
- Bedeutung 141
- Der Weg der Selbsthilfe 143
- Satzformulierungen 146
- Positive Bilder 148
- Programmierung des Unterbewusstseins 163
  - Programmierung von Bildern 163
  - Programmierung als Reaktion auf negative Gedanken 164
  - Programmierung zur inneren Sicherheit 164
- Selbstliebe 165
- Wut 177
- Vergangenheitsbewältigung 176
- Partnerschaften 183
- Raucherentwöhnung 193
- Zusammenfassung 201

Heilende Sätze und Bilder 203
- Wirkung und Anwendung 205
- Harmonisierende Sätze 207
- Angstfreie Sätze 215
  - Die Beseitigung von Nebenängsten 217
  - Anwendung bei akuten Ängsten 219
- Gesundheitsfördernde Sätze und Bilder 223

- Erkrankungssinn 231
- Bedeutung 231
- Entstehung einer Erkrankung durch eine bestimmte Angst ... 234
- Beginn einer Heilung 237
- Körperliche Warnzeichen 240
  - Müdigkeit und Erschöpfung trotz ausreichenden Schlafs 241
  - Erkältungen in immer kürzeren Abständen 242
  - Magen-Darm-Probleme oder reine Verdauungsstörungen 244
    - o Verdauungsstörungen 247
    - o Durchfall 247
    - o Verstopfung 248
  - Körperliche Schmerzen, wie zum Beispiel Kopf-, Glieder- und Gelenkschmerzen 250
    - o Unklare Kopfschmerzen 250
    - o Unklare Glieder- und Gelenkschmerzen 251
  - Fragen zur Angstklärung 255
  - Plötzlich auftretende Allergien oder Hauterkrankungen, vor allem im Erwachsenenalter 262
  - Heuschnupfen 266
  - Hauterkrankungen 269
  - Entstehung von Hauterkrankungen durch Ängste 271
  - Einzelne Hauterkrankungen 279
    - o Rötungen 279
    - o Trockenheit 280
    - o Juckreiz 281
    - o Kleine, immer wiederkehrende Hauteinrisse 282
    - o Nagelstörungen und Schuppenbildung 282
    - o Warzen 286
    - o Akne 288
    - o Abszess 289
    - o Herpes 290

- o Basaliom ...291
- o Bindegewebeschwäche ...292
- o Schuppenflechte ...293
- o Neurodermitis ...295
- Bedeutung von Hauterkrankungen ...296
- Depressionen oder Traurigkeit ohne ersichtliche Ursache ...300
- Spannungsschmerzen, vor allem im Zahn- und Kieferbereich ...301
- Plötzlich auftretende Wärmeschübe ...302
- Übelkeit ohne organische Ursache ...303
- Plötzliche Sehstörungen ...305
- Unfälle ...306

Angst ...308
- Unbewusste und bewusste Ängste ...317
- Verdrängte Ängste ...321
- Wortspiele ...326

Buchempfehlungen ...330

Einleitung

Dieses Buch ist durch eine energetische Übertragung, die ihr Menschen als mediale Übertragung oder Channeln bezeichnet, entstanden.
Es zeigt keine eigenen Worte und Eigenformulierungen der Verfasserin auf und hat deshalb an einigen Stellen eine etwas ungewohnte Satzstellung.

Die hierin gegebenen Informationen werden euch aus folgendem Grund gegeben:
In eurer Welt stehen Fragen an, die eure wirtschaftliche Situation, eure gesamte Weltplanung und eure Angst um immer schwächer werdende Sozialleistungen betreffen.
Und dabei geht ein wichtiger Aspekt in eurer Welt verloren, und das ist der Mensch in seiner Eigenschaft als Träger dieser Welt.
Es ist an der Zeit, dass ihr Menschen euch wieder mit euch selbst befasst. Denn ihr verliert euch gerade in der jetzigen Zeit in eurer Welt, ohne dass es euch auffällt.
Das Wort **Zeit** kennt ihr inzwischen kaum noch. Und damit meinen wir eine eigene Zeit für euch.
Eine eigene Zeit ist aber eine Grundvoraussetzung für eure innere Harmonie und Gesundheit.

Ziel ist es, euch aufzuzeigen, wie ihr durch **praktische Anwendungen wieder in eine innere Harmonie** gelangen könnt. Diese praktischen Anwendungen beziehen sich auf eure Gedanken, die für eine Harmonie oder Disharmonie in euch verantwortlich sind.
Es sind kosmische Vorschläge mit dem kosmischen Hintergrundwissen, dass allein die Umstellung eurer meist negativen Gedanken in positive Gedanken euch eure Harmonie zurückbringen wird.
Dieses kosmische Wissen ist das seit tausenden von Jahren in eurer Welt vorhandene alte Wissen, welches durch die Menschen

weitergegeben wird, die in der Lage sind, unsere Energieschwingungen zu empfangen und sie in Worte umzuformulieren. Das bezeichnet ihr als Channeln oder mediale Übertragung.

Aber trotz des kosmischen Wissens oder gerade deswegen sind diese Aussagen für alle Menschen gedacht, also auch für diejenigen, die ohne den Glauben an Gott, an Vorleben oder an eine Energieübertragung durch unsere Energie auf andere Menschen sind. Denn sie enthalten Vorschläge, die unabhängig von diesem Glauben sind.

Es sind Informationen, aus denen jeder persönlich etwas lernen kann.

Zusätzlich werden hier neben den Informationen für eine Stabilisierung eurer Harmonie weitere Vorschläge gemacht, wie ihr durch eine **bewusste Veränderung eurer Gedanken eure Gesundheit erhalten oder einen Gesundungsprozess unterstützen könnt**, wenn ihr bereits erkrankt seid und auch schon die Hilfe eurer Ärzte benötigt.

Es ist **kein** Buch, das euch von euren Ärzten trennen will, sondern hat das Ziel, eine **Kombination eurer Schulmedizin und der Aktivierung eurer Selbstheilungskräfte durch eure Gedanken zu erreichen.**

Diese Kombination ist ein erstrebenswertes Ziel auf eurer Welt.

Um diesen Gesundungsprozess in eurem Körper aber aktiv zu unterstützen, ist es wichtig, den Weg einer Erkrankung und den einer Gesundung zu verstehen.

Darum stehen am Anfang Erklärungen über die Grundvoraussetzungen für eure Gesundheit, die aus dem Zusammenspiel eurer **Chakren, eurer Körperzellen und der lebenswichtigen positiven Energie** besteht.

Der daran anschließende Text über euer **Bewusstsein** und **Unterbewusstsein** soll euch helfen, den Zusammenhang zwischen beidem zu verstehen. Denn das Zusammenspiel zwischen eurem Bewusstsein und eurem Unterbewusstsein ist wiederum eine Grundvoraussetzung für ein harmonisches Lebensgefühl.

Für beide Themen ist ein kosmisches Interesse unwichtig. Hier werden zwar viele Informationen gegeben, wie eure Vorleben in eurem Unterbewusstsein verankert sind, aber der entscheidende Punkt für eure Harmonie und eure Gesundheit ist der, wie eure Gedanken durch euer Unterbewusstsein beeinflusst werden und ihr wiederum durch eure Gedanken euer Unterbewusstsein beeinflusst.

Und damit ist das wichtigste Kapitel in diesem Buch erwähnt, nämlich das über **eure Gedanken**, durch die ihr einen großen Einfluss auf euer Leben nehmen könnt.

Denn allein durch eure Gedanken habt ihr es in der Hand, ob ihr eine positive oder traurige Grundstimmung in euch verspürt, weil ihr traurige angstvolle Gedanken jederzeit in freudige positive Gedanken verändern könnt, wenn ihr bewusst daran arbeitet. Das ist dann der Beginn eurer heilenden inneren Harmonie.

Und diese Harmonie ist für eure Gesundheit wichtig, denn **erst erkrankt eure Harmonie und dann als Reaktion darauf euer Körper.**

Ein letztes Kapitel bezieht sich auf eure **Ängste**, die immer einen starken Einfluss auf eure Gedanken haben. Aber durch den gesamten Text ziehen sich Erklärungen, wie eure Ängste entstanden sind und wie ihr euch durch therapeutische oder spirituelle Hilfe von ihnen befreien könnt, so dass sie eure Gedanken nicht mehr negativ belasten.

Diese Durchsagen dienen also allen Menschen, denen bewusst geworden ist, dass sie sich gerade selbst verlieren in einer Zeit in eurer Welt, die geprägt ist durch ein immer stärkeres Missverhältnis zwischen euch Menschen, hervorgerufen durch die Macht des Geldes, die Macht des Erfolges und leider auch durch die zunehmende Armut vieler Menschen.

Bei den einzelnen Themen findet ihr immer wieder Erklärungen in Form von Wiederholungen, was folgenden Grund hat:

Bei jedem erneuten Lesen festigt sich bei euch das Verstehen über die Vorgänge in eurem Körper. Und das hilft euch bei der Anwendung der Vorschläge, wie ihr eure Harmonie und Gesundheit zurückgewinnen könnt.

Um eure Frage zu beantworten, durch wen diese gechannelten Informationen entstanden sind: Sie wurden durch die Energie Emanuels übertragen.

Emanuel gehört zu der Gruppe der Erzengel und channelt seit tausenden von Jahren mit vielen Menschen, um ihnen das kosmische Wissen zur Verfügung zu stellen.

Das Wort Angst

Angst ist ein Wort, das ihr alle kennt. Ihr verbindet es sofort mit euren konkreten Ängsten und deren Auswirkungen, die ein breites Spektrum aufweisen und über Unruhe, Schlafstörungen, Lähmungen, Umklammerungen, Entsetzen, bis hin zu Panikanfällen auftreten können. Aus diesem Grund wisst, dass Angst ein negativer Zustand ist, der eure Gesamtharmonie sehr belastet.

> Aber das Wort „Angst" beinhaltet noch wesentlich mehr. Denn nicht nur eure bekannten oder unklar gefühlten Ängste haben einen negativen Einfluss auf euer Leben, sondern auch alle **negativen Gedanken sind Ängste** in euch.
> **Und alles Negative wirkt sich störend auf eure Harmonie, auf euren Körper und damit langfristig auch auf eure Gesundheit aus.**

Gedanken wie zum Beispiel **Wut** entstehen aus einer Mischung von Ärger und Enttäuschung. Und beides sind Ängste. **Ärger** entsteht immer durch eine **Ablehnung euch selbst gegenüber**, auch wenn euch das nicht jedes Mal bewusst ist. **Und eine Ablehnung der eigenen Person gegenüber ist eine starke negative Belastung.**

Ihr ärgert euch, weil ihr euch falsch verhalten habt, und das ist der bewusste Ärger euch selbst gegenüber.

Ihr ärgert euch, wenn ihr euch falsch verstanden fühlt, und dahinter steht die Angst, dass ihr nicht in der Lage gewesen seid, euch klar auszudrücken. Und das ist wieder eine Ablehnung euch selbst gegenüber.

Ihr ärgert euch über verpasste Termine, verpasste andere Gelegenheiten, über andere Menschen, die euch Unannehmlichkeiten oder Probleme bereiten, über einen chaotischen Alltag, über eure eigene Unzufriedenheit, über euer Aussehen, und **hinter all dem steht die Angst, selbst versagt zu haben.**

Ihr fühlt euch schuldig, wenn ihr Termine verpasst oder euer Alltag unstrukturiert verläuft. Haben andere Menschen einen Termin mit euch verpasst, fühlt ihr euch abgewertet. Ihr verurteilt euch, dass ihr eure Stimmung nicht kontrollieren könnt, und all das **entsteht aus der Angst heraus, ihr wäret unfähig oder nicht gut genug.** Und dahinter steht die Angst, nicht geliebt zu werden.

Viele dieser Ängste sind zwar unbewusst in euch, aber auch unbewusste Empfindungen belasten euch und eure Grundharmonie.

Enttäuschung ist die Angst davor, wie ihr mit einer „**Ent-Täuschung**" oder mit dem „**Ende einer Täuschung**" umgehen könnt. Denn unter Umständen stehen nach einer Enttäuschung Schritte an, etwas an euch oder an eurem Leben zu verändern, wovor ihr ebenfalls Angst haben könntet.

Verdrängungen entstehen aus den Ängsten heraus, die ihr nicht ansehen wollt. Und somit sind Verdrängungen ebenfalls Ängste, die leider sehr häufig bei euch auftreten. Denn hinter jeder bewussten Verdrängung steht die Angst, etwas verändern oder entscheiden zu müssen.

Zweifel sind ebenfalls Ängste, denn hinter einem Zweifel verbirgt sich die Angst, eine falsche Entscheidung zu treffen. Oder ihr zweifelt an euch selbst, und das ist eine sehr starke Angst, die euch ebenfalls sehr belasten kann.

Auch **Zeitmangel oder Zeitdruck** ist Angst, wenn es auch im ersten Moment nicht so aussieht.

Ein bevorzugter Satz von euch ist, **keine Zeit zu haben**. Und dahinter steht zum einen die Angst, mit seinen eigenen Wünschen und Gefühlen zu kurz zu kommen. Daraus kann sich die nächste Angst entwickeln, nämlich niemals mehr aus dem Rhythmus, der zurzeit gerade euer Leben beherrscht, herauszukommen. Das Gefühl, etwas im Leben zu versäumen, kann sich einstellen, und aus all dem kann sich Mutlosigkeit entwickeln.

Mutlosigkeit ist wieder eine starke Angst, nicht alles erreichen zu können, was gut für euch wäre oder woran ihr Freude hättet. Ihr habt Angst, etwas zu verändern, um etwas Positives zu entwickeln, und das alles kann euch auf Dauer eure Lebensfreude nehmen.

Das alles sind nur einige Beispiele eurer täglichen Gedanken, die euer Leben belasten.
Ziel ist es, euch von möglichst vielen Ängsten zu befreien. Damit sind alle Ängste gemeint, eure vielen negativen täglichen Gedanken sowie auch eure konkreten und zum Teil sehr massiven Ängste, damit ihr fröhlicher, harmonischer und dadurch gesünder leben könnt. Das gilt auch für die vielen Menschen, die neben ihren Ängsten noch zusätzlich unter akuten Sorgen wie Arbeitslosigkeit, Geldarmut und sozialer Unsicherheit leiden. Denn jede schwere Zeit ist durch eine innere Harmonie einfacher zu bewältigen.

Jede Angst kann durch die Suche nach der Angstursache und einem bewussten positiven Denken bewältigt werden. Die Suche und das dann folgende Verstehen einer Angstursache bedeuten bereits einen großen Schritt hin zu einer beginnenden Angstfreiheit. Und ihr könnt durch bestimmte positive Sätze bewusst einer Angst entgegensteuern, so dass sie zunehmend ihren Schrecken für euch verliert. Die Vorgehensweise einer Angstbewältigung und Beispiele für positive angstbefreiende Sätze werden auf den nachfolgenden Seiten erläutert.

Auf welchem Weg Ängste in eurem Körper Einfluss auf eure Harmonie und Gesundheit nehmen, wird anhand von positiven und negativen Energien erklärt. Denn alles, was in eurem Körper geschieht, jeder biochemische Vorgang, wie zum Beispiel euer Stoffwechsel, eure Bewegungen, jedes Wachstum, alles geschieht auf der Basis von Energie.

Dass **Angst eine negative Energie** ist, hat sich mittlerweile auf eurer Welt als ein richtiger und feststehender Begriff etabliert. Und darum ist es auch leicht nachvollziehbar, wie Ängste sich störend auf eure Gesamtenergie auswirken können.

Um bei den folgenden Texten nicht jedes Mal eine Angst näher definieren zu müssen, wird generell das Wort Angst benutzt. Denn die Auswirkungen auf euren Körper sind bei konkreten oder unklaren Ängsten sowie bei negativen Gedanken gleich: Es sind **immer störende negative Energien**, nur die Anzahl und die Heftigkeit der einzelnen Ängste sind unterschiedlich und ausschlaggebend dafür, wie sie eure innere Harmonie und als Folge davon eure Gesundheit beeinträchtigen.

Chakren

Zusammenspiel zwischen Chakren, Körperzellen, Lebensenergie, Erkrankungen und Gesundheit

Die Bedeutung der Chakren ist vielen Menschen noch unbekannt, aber sie spielen eine sehr wichtige Rolle in eurem Körper, denn sie sind entscheidend für seine Energieversorgung. Es gibt sieben Hauptchakren, die überwiegend entlang der Wirbelsäule verlaufen, und diverse Nebenchakren.

Chakren sind keine sichtbaren Organe, sondern feinstoffliche Energiezentren in eurem Körper, durch die ihr die immer **positive kosmische Energie** aus dem stets vorhandenen universalen Energiefeld aufnehmt. Und es sind Konzentrationspunkte eurer **eigenen positiven** Lebensenergie und der **kosmischen Energie**.
Die Lebensenergie ist die Energie, durch die ihr lebt, die kosmische Energie **verstärkt** eure eigene Lebensenergie.

Chakren haben die **Aufgabe**, alle Organe und Systeme eures Körpers mit Energie zu versorgen und diesen Energiefluss gleichmäßig zu steuern (Organe + Hormon-, Immun-, Nerven-, Verdauungs-, Herz-Kreislauf-, Atmungssystem, Knochen, Muskeln.)
Denn euer Körper beziehungsweise jede Zelle eures Körpers benötigt diese gleichmäßige Versorgung mit einer positiven Energie, um gesund zu bleiben.

Jedes Chakra hat eine eigene Schwingung und versorgt immer die gleichen bestimmten Organe oder Systeme eures Körpers mit Energie. Diese Versorgung geschieht über feinstoffliche Bahnen (Meridiane), die euren Körper durchkreuzen.

Chakren sind in ständiger kreisförmiger Bewegung, um zum einen die kosmische Energie von außen aufnehmen zu können, und zum anderen diese sowie eure Lebensenergie in eurem Körper zu verteilen. Sie sind im gesunden Zustand geöffnet und frei beweglich und arbeiten wie feine, aber ständig bewegliche schwingende Siebe, durch deren Öffnungen diese Energien ungehindert hindurchfließen können.

Hat sich dagegen eine Chakrablockade gebildet, entsteht eine gestörte Energieversorgung, die energetischen Bahnen werden unterbrochen, und das ist auf Dauer der Auslöser für Erkrankungen. Denn bei einer Chakrablockade verschließen sich die Sieblöcher, so dass der Energiefluss behindert wird.

Chakrablockaden

> Eine Chakrablockade entsteht immer durch eure eigenen Gedanken, und das bedeutet: Der Ursprung aller Erkrankungen liegt immer in euren angstvollen Gedanken.

Denn:
Gedanken sind Energie, und angstvolle Gedanken sind negative Energien. Eine negative Energie ist eine blockierte und nicht mehr fließende schwingende Energie.
Hat sich zu viel dieser negativen Energie in euch angesammelt, und hält die Energieblockade zu lange an, verdichtet sich diese negative Energie, was bedeutet:
Sie setzt sich in den „Sieblöchern" der Chakren fest und behindert diese in ihren Schwingungen.

Eine beginnende Chakrablockade verläuft erst unbemerkt für euch ab, weil noch genügend Chakra-Öffnungen vorhanden sind. Erst bei ständig andauernden angstvollen Gedanken verschließen sich immer mehr Öffnungen, und das ist dann der Zeitpunkt, an dem ihr eine Blockade körperlich spürt.

Ihr spürt sie, weil der versorgende Energiefluss gestört ist. Und dadurch werden die entsprechenden Organe oder Systeme beziehungsweise die Zellen der Organe/Systeme dieses Chakras energetisch unterversorgt.

Die ersten spürbaren Anzeichen sind Müdigkeit, Erschöpfung, mangelnde Lebensfreude oder unklare körperliche Symptome, wie zum Beispiel Schmerzen, Entzündungen, Abwehrschwäche oder auch psychische Probleme. Die späteren Folgen sind Erkrankungen.

Diese negativen Energieblockaden in euren Chakren können durch **positive Energiegaben** wieder beseitigt werden. Denn dadurch verwandeln sich die Blockaden zurück in fließende Energien, so dass die Chakren wieder ihre ursprünglich schwingenden Bewegungen aufweisen. Der Energiefluss kann dann wieder ungehindert euren Körper erreichen, und eure Organzellen arbeiten durch die positive Energie wieder vollständig.

Und das ist der Anfang einer Gesundung, wenn ihr bereits erkrankt seid beziehungsweise ein Weg, um einer Erkrankung vorzubeugen. Zudem könnt ihr durch eine gelöste Chakrablockade wieder verstärkt die positive kosmische Energie von außen aufnehmen. Und je mehr positive Energie ihr in eurem Körper habt, umso harmonischer und gesünder lebt ihr (*siehe Gedanken → Erkrankungsweg → Selbstheilungskräfte*).

Das Lösen der Blockaden ist identisch mit dem vorgeschlagenen Weg einer Heilung.

Welches Chakra blockiert ist, liegt ebenfalls an euren entsprechenden Gedanken. Habt ihr zum Beispiel ständig Angst, von anderen Menschen abgelehnt zu werden, verschließt ihr das Chakra, welches für eure Emotionen verantwortlich ist. Das bedeutet dann auf Dauer eine energetische Unterversorgung der Organe, die durch dieses Chakra versorgt werden.

Das Wissen über ein blockiertes Chakra hilft euch also, einer späteren Organerkrankung vorzubeugen. Denn durch eine angstlösende Therapie zum Beispiel kann jede Blockade gelöst werden. *(Das Erkennen von blockierten Chakren oder Meridianen kann zum Beispiel durch eine biophysikalische Untersuchung/Bioresonanz geschehen.)*

Ihr nehmt durch eure Chakren jedoch nicht nur die kosmische Energie von außen auf, sondern auch alle weiteren energetischen Schwingungen, die euch ständig umgeben, weil alles auf eurer Welt aus Energie besteht.

Zellen und Energie

Energie ist ein lebenswichtiges Element, durch das eure Lebensfähigkeit gewährleistet ist.
Ohne Energie gäbe es kein Leben auf eurer Welt.
Energie ist eure Lebensgrundlage. Denn ihr alle besteht aus der positiven kosmischen Energie, die ihr durch jede Inkarnation erhaltet (*siehe Unterbewusstsein → Lebensenergie*). Eine gleichmäßige Energieversorgung durch diese **positive Energie** in eurem Körper bedeutet Gesundheit. Jede Energiestörung dagegen weist eine Störung eures Körpers auf, weil der harmonische energetische Schwingungszustand in euch gestört ist.

> Eine positive Energie ist gekennzeichnet durch ein stetes gleichmäßiges Schwingen und Fließen. Eine negative, durch Angst blockierte Energie dagegen zeigt Schwingungsstörungen auf, die auf Dauer der Auslöser für Erkrankungen sind. Denn eure Körperzellen erhalten dadurch zu wenig der positiven Energie, um funktionsgerecht arbeiten zu können.

Das bedeutet:
Jede körperliche Störung und Erkrankung geht als Folge eurer negativen Gedanken von euren Zellen aus.
Eine erkrankte Zelle ist immer eine energetisch unterversorgte und – durch die fehlende Energie – geschwächte Zelle.
Zellen sind die Miniaturorgane eures Körpers, **die Träger eurer Lebensenergie** und die Grundsubstanz aller Lebewesen. Sie bestehen aus Energie und produzieren zusätzlich die Energie, die für den Erhalt eurer Gesundheit lebenswichtig ist.
Sie sind in ihrem Urzustand gesund und nur dann in der Lage, diese Energie in ausreichender Menge zu produzieren.
Ohne diese Energie gäbe es keinen Stoffwechsel, keine Nervenimpulse, keine Hormonbildung, kein Wachstum, keine Immunabwehr usw.

Um diese Vorgänge zu ermöglichen, finden nicht nur in den Zellen, sondern auch zwischen ihnen stete energetische Schwingungen statt.

Sind diese Schwingungen durch **angstvolle negative Energien** in euch blockiert, arbeiten eure Zellen nur noch unzureichend.

Das bedeutet:
Durch eure Ängste beeinflusst ihr unbewusst eure Lebensenergie, denn durch die Ansammlung negativer Energien in euch werden immer mehr Zellen geschwächt. Dadurch produzieren sie immer weniger Energie, so dass die lebenswichtigen Stoffwechselvorgänge in ihnen zur Erhaltung eurer Gesundheit vermindert werden, und ihr reagiert darauf mit Erschöpfungen oder sonstigen unklaren körperlichen Symptomen.

Aus diesen geschwächten Zellen können dann auf folgendem Weg ernsthafte Erkrankungen entstehen:

- Jedes Organ und System in eurem Körper besteht aus einer Unzahl von vielen Zellen.
- Zellen haben nur eine bestimmte Lebensdauer und werden durch eine regelmäßige Zellteilung ständig erneuert. Und jede neue Zelle ist identisch mit ihrer „Ursprungszelle".
- Teilt sich eine bereits energetisch unterversorgte beziehungsweise geschwächte Zelle, ist die neu entstandene ebenfalls geschwächt.
- Entstehen immer mehr geschwächte Zellen im Rahmen ihrer Zellteilung an einem Organ, wirkt sich das erst unbemerkt durch eine Funktionsschwäche und später dann durch eine echte Funktionsstörung aus, weil immer mehr Zellen nur noch mit halber Energieproduktion arbeiten.

> Zusammengefasst:
> Krankheiten entstehen durch ein Übergewicht negativer Energien in euch! Negative Energien bewirken eine verminderte Leistung eurer Zellen, und eine verminderte Leistung bedeutet eine erst unbemerkte und später spürbare energetische Unterversorgung eures Körpers.

Aber habt jetzt keine Angst.

Eine energetische Unterversorgung bewirkt nicht gleich eine Erkrankung in kurzer Zeit oder ein sofortiges Ermüden eures Körpers.

Auch bewirken negative Gedanken nicht gleich eine Unterversorgung eurer Organe, denn euer Körper ist lange in der Lage, diese negativen Energien durch eure eigene positive Lebensenergie zu kompensieren.

Und er ist auch sehr schnell bereit, sich zu regenerieren, wenn ihr ihm zusätzlich vermehrte positive Energien zuführt.

Eine Ermüdung ist auch noch keine Erkrankung, aber sie lähmt auf Dauer eure Tage, und ein mutloses Denken ist die Folge. Das ist dann eine weitere negative Energie, und so beginnt ein Kreislauf, durch den ihr immer mehr blockierte Energie in euch ansammelt.

Darum bemüht euch, eure angstvollen negativen Gedanken in angstfreie positive Gedanken zu verwandeln.

Denn ein positives zuversichtliches Denken über euer weiteres Leben bedeutet Harmonie und Gesundheit für euch.

Heilung

Eine zusätzliche positive Energiezufuhr fördert den Gesundungsprozess von erkrankten Organen oder Systemen in euch. Dadurch kann jede Erkrankung abgemildert oder geheilt werden.

Diese Energiezufuhr könnt ihr durch folgende Möglichkeiten erreichen:

- Befreit euch durch eine hilfreiche Therapie von euren **Ängsten**.
- Unterstützt diesen Prozess beispielsweise mit **Bachblüten**, denn Bachblüten bewirken durch ihre positive energetische Schwingung eine Harmonisierung eurer angstvollen Gedanken.
- Versucht ganz bewusst, **eure Gedanken in eine positive Richtung zu lenken**. Denn dadurch erreicht ihr eine Harmonie in euch, die eine Grundvorausetzung für eure Gesundheit ist.
- Arbeitet durch **gedankliche Bilder**, wie ihr euch eine Heilung vorstellt.

Nehmt dazu beispielsweise das Bild einer Körperzelle:

> Eine gesunde Zelle ist rund und prall gefüllt mit positiver Energie. Eine kranke Zelle ist verkümmert und schwach, weil sie zu wenig positive Energie enthält.
> Vermehrt sich die positive Energie in eurem Körper, füllt sich die Zelle mit dieser Energie wieder auf, sie erreicht ihren Urzustand einer runden Zelle, und das bedeutet Heilung.

Auf dieses positive Bild der runden, prallen, leuchtenden Zelle – wie auch auf jeden anderen positiven Gedanken – reagieren euer Unterbewusstsein und euer Körper gemeinsam. Denn euer Unterbewusstsein verwandelt dieses Bild in eine positive Energie, die euer Körper dann in eure erkrankten Zellen lenkt.

Das alleine unterstützt und beschleunigt schon euren Heilungsprozess.

Zusätzlich könnt ihr euer Unterbewusstsein und euren Körper durch diesen Satz unterstützen:
„Positive Energie durchströmt jede Zelle meines Körpers."
Die Wirkung ist die gleiche wie bei einer bildhaften Vorstellung.

Diese positiven Bilder oder Gedanken wirken natürlich nicht nur bei Erkrankungen, um den Gesundungsprozess zu unterstützen, sondern sie bewirken auch eine Verbesserung eures täglichen Lebens, weil die positive Energie eure Zellarbeit dahingehend unterstützt, dass ihr euch frischer und erholter fühlt.

Denn jede Verbesserung eurer Zellarbeit ist eine Verbesserung eures Stoffwechsels und eures Nervensystems, und dadurch bedingt eine Verbesserung eures Wohlbefindens und eurer Grundharmonie.

Ihr könnt die Hilfe der **heilenden Menschen beziehungsweise der Heiler** in Anspruch nehmen. Denn diese Menschen haben die Fähigkeit, die positive kosmische Energie auf andere Menschen zu übertragen, so dass euch auf diesem Weg eine verstärkte positive Energie zugeführt werden kann.

Dadurch werden eure Chakrablockaden schneller gelöst und die Chakren wieder frei beweglich. Und eure Organe werden durch diese positive Energie verstärkt zur Heilung angeregt.

> Durch all diese Vorschläge werden eure **Selbstheilungskräfte** aktiviert. Und Selbstheilungskräfte sind lediglich positive Energien, die in einem ausgewogenen Verhältnis in eurem Körper vorhanden sind und durch ein **angstfreies positives** Denken entstehen.
> **Denn alles, was positiv in eurem Körper vorhanden ist, kann keine Blockaden oder Erkrankungen hervorrufen.**

Vergesst niemals:
Jede Erkrankung hat ihren Ursprung in euren angstvollen Gedanken. Darum ist es wichtig, neben einer Heilung auch die Ursache einer Erkrankung zu verstehen und zu verändern.

Sonst bleiben diese negativen Energien in euch vorhanden und kehren langfristig als eine erneute Erkrankung in gleicher oder veränderter Form zurück.

Noch etwas:
Nehmt immer die Hilfe eurer Ärzte in Anspruch, wenn ihr erkrankt seid.

Eine Kombination der medizinischen Versorgung und eurer Eigenarbeit zur Aktivierung eurer Selbstheilungskräfte ist ein erstrebenswertes Ziel in eurer Welt.

Aufnahme äußerer Energien durch die Chakren

Neben der positiven kosmischen Energie seid ihr von weiteren positiven und negativen energetischen Schwingungen umgeben, die ihr durch eure Chakren aufnehmt.

- Eure Tiere, eure Pflanzen, eure Wälder haben beispielsweise eine positive Energie, die euch nur dann schadet, wenn ihr allergisch auf diese Schwingungen reagiert.

- Dann gibt es eure technischen Geräte und eure Atomkraftwerke, die energetische Schwingungen aufzeigen. Eine Schwächung des positiven universalen Energiefeldes geschieht dadurch zwar nicht, aber ihr seid durch diese Technik vermehrt negativen Energien ausgesetzt.

- Ein stetes weiteres Energiefeld um euch herum besteht aus den energetischen Schwingungen anderer Menschen. Es sind zwar keine negativen Energien, aber ihr reagiert auf die Schwingungen anderer Menschen oft mit einer für euch unklaren Disharmonie, die wiederum zu blockierter Energie führen kann.

- Dann seid ihr umgeben
  - von Krankheitserregern,
  - vom Wettereinfluss,
  - dem Mondsystem,
  - der Sonnenenergie.

Ihr seht also, einen Vielzahl energetischer Einflüsse umgibt euch tagtäglich und wird durch die Chakren in euren Körper aufgenommen. Und ihr Menschen reagiert alle verschieden darauf. Der Grund dafür liegt in eurer eigenen Harmonie oder Disharmonie.

Durch eine **innere Harmonie** und Zufriedenheit seid ihr automatisch mit positiver Energie erfüllt. Diese durchströmt gleichmäßig und ungehindert euren Körper, so dass negative Energien keinen Einfluss zeigen. Sie prallen regelrecht an der positiven Energie ab. Dadurch seid ihr unempfänglich gegenüber eurer Technik, dem Wettereinfluss, der Mondenergie, und gesunde Abwehrkräfte verhindern Erkrankungen.

Durch **unbewusste oder bewusste Ängste** hingegen ist eure Energie geschwächt.

Und ihr reagiert dadurch auf euer Wetter und den Vollmondschein, Krankheitserreger durchdringen mit ihren negativen energetischen Schwingungen eure Zellwände, und ihr erkrankt.

Durch weitere negative äußere Einflüsse werden eure Zellen geschwächt, und eure Leistungsfähigkeit und Lebensfreude nehmen ab.

Ihr reagiert disharmonisch auf eure Umwelt beziehungsweise andere Menschen, und all diese Faktoren bewirken eine zusätzliche Energieblockierung in euch.

Das aber könnt ihr ändern, wenn ihr damit beginnt, euch mit einem bewussten positiven Denken euer Leben zu erleichtern, um so eine innere Harmonie zu erlangen.

Denn negative Gedanken können eine Zelle ebenso schwächen wie negative Energien von außen. Durch ein neues Gedankengut aber könnt ihr diesen Energieraub verhindern.

Verschiedene Energieformen (verschiedene energetische Schwingungen) einzelner Menschen

Durch die Anzahl unterschiedlicher Inkarnationen zeigen Menschen immer verschiedene energetische Schwingungen auf, denn während jeder Inkarnation sammelt ihr Menschen eine bestimmte Anzahl an Erfahrungen. Und diese gesammelten Erfahrungen zeigen sich in eurer eigenen Energie.

Diese Ansammlung entsteht wie folgt:
Jeder Mensch hat ab seiner ersten Inkarnation ein eigenes Energiemuster. Während eurer gesamten Inkarnationen kommt ihr immer wieder mit diesem Energiemuster auf die Welt, weil eure Energie unvergänglich ist.

Jede Erfahrung ist ebenfalls eine Energieform, weil alles Energie ist: euer Denken, Fühlen, eure Handlungen eures täglichen Lebens, alles ist Energie.

Jede Erfahrung eurer einzelnen Leben wird dann in eurem eigenen Energiemuster gespeichert, so dass alle erlebten Leben in eurer Energie beziehungsweise in eurem Unterbewusstsein enthalten sind

Das aber bedeutet, dass Menschen mit unterschiedlichen Lernzielen auf eurer Welt sind. Dadurch ist der Energieanteil der gesammelten Erfahrungen von euch Menschen sehr unterschiedlich, weil verschiedene gesammelte Erfahrungen immer unterschiedliche energetische Schwingungen aufweisen. Und darum zeigt das Energiefeld, das euch umgibt, diese unterschiedlichen energetischen Schwingungsformen auf.

Ihr Menschen reagiert immer auf diese Schwingungen. Sind sie eurer eigenen sehr ähnlich, reagiert ihr mit innerer Harmonie, widersprechen sie eurer Schwingung dagegen sehr stark, reagiert ihr häufig mit einer spürbaren Disharmonie.

Schaubild

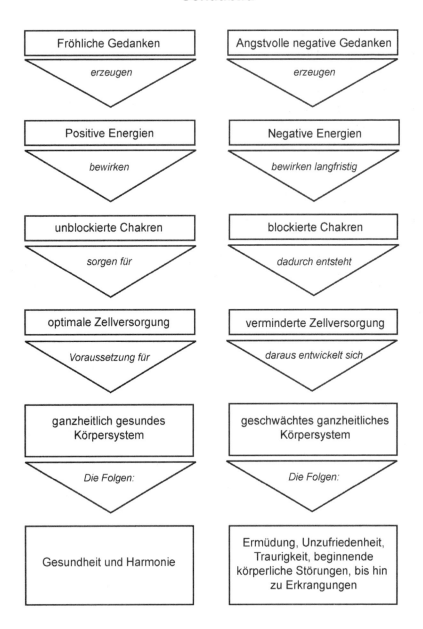

Unterbewusstsein

Alles in eurer Welt besteht aus Energie. Jedes Lebewesen, jede Pflanze, jeder Stein, Wasser, alles besteht aus einer eigenen Energieform und strahlt eine eigene energetische Schwingung aus.
Auch ihr Menschen besteht aus Energie. Ihr alle erhaltet durch eure erste Inkarnation die positive kosmische Energie, die ihr zum Leben benötigt.

Die kosmische Energie ist die Energie, die ihr Menschen als Universum oder als universale Energie bezeichnet und die euch stets umgibt.

Aus dieser Energie, die ihr zum Leben erhalten habt, bildet ihr dann während eurer ersten Inkarnation euer eigenes Energiemuster aus, das aus **eurem Unterbewusstsein, euren genetischen Anlagen und der körperlichen Energie** besteht. Diese Energie ist dann eure **eigene gebündelte Energie, die niemals verloren geht**. Denn Energie ist unvergänglich. Ihr nehmt sie nach eurem Tod mit ins Jenseits, behaltet sie dort und greift bei jeder erneuten Inkarnation somit wieder auf euer eigenes Energiemuster zurück.

Das bedeutet jetzt nicht, dass ihr von Leben zu Leben die gleichen Körperformen behaltet, denn Energie ist formbar. Nur euer Unterbewusstsein und eure genetischen Anlagen bleiben in ihrer Grundstruktur erhalten.

Das Erhalten eurer eigenen Energie für alle weiteren Inkarnationen ist darum wichtig, weil jede Erfahrung eurer einzelnen Leben als eine bestimmte Energieform in eurem Unterbewusstsein gespeichert wird, und sich jede weitere Inkarnation auf den gespeicherten Erfahrungen des vorherigen Lebens aufbaut

Euer **Unterbewusstsein** ist somit ein Anteil eurer eigenen Energie, der sich während eurer ersten Inkarnation durch eure **gelebten Erfahrungen** als dieses bestimmte Energiemuster entwickelt hat.

Die Entstehung der eigenen Energie während der ersten Inkarnation

Die eigene Energie eines jeden Menschen wird als **Lebensenergie** bezeichnet. Sie bildet sich, wie gesagt, während des ersten Lebens aus und besteht aus den folgenden drei Komponenten: **kosmische Energie, Gene und Karma.**
Durch diese eigene Lebensenergie eines jeden Menschen unterscheiden sich alle Menschen eurer Welt. Denn ihr besteht zwar alle aus der **kosmischen Energie**, die für jeden Menschen immer gleich **positiv** ist, aber dann beginnen die Unterschiede.

- Ihr erhaltet zusätzlich durch eure Geburt in das erste Leben die **Gene eurer Eltern**, die von Mensch zu Mensch verschieden sind.
  Gene bestehen ebenfalls aus Energie und bleiben für alle weiteren Inkarnationen in eurem eigenen Energiemuster gespeichert.
- Eure Energie wird durch alle **gelebten Erfahrungen** dieses ersten Lebens angereichert (**Karma**).
  Denn jeder Gedanke, jede Handlung, jedes Gefühl, jedes Erfahren eures Lebens ist Energie und wird in einer Energieform, die für jede einzelne Erfahrung gilt, in eurem Unterbewusstsein gespeichert beziehungsweise **bildet** euer Unterbewusstsein.

Und das macht den zweiten entscheidenden Unterschied aus, denn kein Mensch empfindet eine Erfahrung auf die gleiche Art und Weise.
Bei jeder erneuten Inkarnation erhaltet ihr zu eurer eigenen Energie wieder die positive kosmische Energie, so dass euch euer Unterbewusstsein, eure genetischen Anlagen und eure Körperenergie erhalten bleiben.
Euer Unterbewusstsein und eure genetischen Anlagen werden wieder durch neue Gene der jeweiligen Eltern und die gelebten Erfah-

rungen des jeweiligen Lebens angereichert, weil wieder alles in euch gespeichert wird.

> Da dieses Speichern ab eurem ersten Leben geschieht, habt ihr Menschen somit alle Erfahrungen eurer gesamten bisherigen Leben als verschiedene Energieformen in euch.
> Energie geht niemals verloren, eure gespeicherten Informationen gehen darum ebenfalls niemals verloren, und so kennt euer **Unterbewusstsein** alles, was ihr bisher erlebt habt, und ist somit der **Speicher eurer gelebten Erfahrungen**.

Zusätzlich weiß euer Unterbewusstsein über eure weiteren geplanten Leben Bescheid. Ihr Menschen plant nämlich immer nach eurem ersten Leben beziehungsweise vor eurem zweiten Leben

- die **Anzahl** eurer gesamten Inkarnationen,
- eure **Lebensziele** für jede Inkarnation,
- eure **Inkarnationszeiten** (also die Abstände zwischen den einzelnen Inkarnationen),
- eure **Mitmenschen**, die euch in bestimmten Lebenssituationen während eines Lebens begleiten,
- eure **Eltern,**
- eure **Lebensumstände,**
- die **Nation**, in der ihr während eines Lebens leben wollt.

Also alles, was ihr für eure Lern- beziehungsweise Lebensziele in eurer Welt benötigt.

Seid ihr auf der Welt, habt ihr diese Planungen vergessen, weil sie euch nur belasten würden. Unbewusst aber ist das Wissen immer in euch und hilft so, eure Lebensziele für das jeweilige Leben zu erreichen.

Bewusstsein

Das **Bewusstsein** ist der Teil in euch, der eure Gedanken formt, eure Vernunft und eure Rationalität steuert und dadurch euren Lebensablauf lenkt.

Es besteht ebenfalls aus Energie, denn Gedanken sind Energie.

Durch eure **bewussten** Gedanken beeinflusst ihr eure Lebensqualität, denn diese ist immer von euren positiven oder negativen Gedanken abhängig.

Durch ein positives Denken lebt ihr harmonisch in euch, während negative Gedanken langfristig ein unzufriedenes Leben hervorrufen.

Und euer Bewusstsein ist für das **bewusste Verdrängen** der Lebenssituationen, die ihr nicht ansehen wollt, mit verantwortlich. Denn ein Verdrängen ist in diesem Fall eine bewusste Handlung.

Unbewusst begleiten euch ebenfalls täglich Gedanken.

Diese **unbewussten Gedanken lösen ebenso positive oder negative Schwingungen** in euch aus.

Aber diese Gedanken könnt ihr nicht lenken, weil ihr sie nicht als Gedanken erkennt, sondern sie als unklare Gefühle, unbestimmte Ängste oder als Harmonie in euch spürt.

Unbewusst geschehen ebenfalls **Verdrängungen**, und zwar der Situationen, die euch so geängstigt haben, dass ihr sie erst einmal „vergessen" wollt. Dieser dann unbewusste Angstanteil in euch bleibt so lange in eurem Unterbewusstsein gespeichert, bis ihr bereit seid, diese Ängste zu verarbeiten.

Körper, Geist und Seele

Euer **Körper** ist der Teil von euch, der euch euer Leben in eurer Welt ermöglicht. Er besteht ebenfalls aus Energie und reagiert wie ein Spiegel auf jeden Gedanken. Denn jeder Gedanke löst eine energetische Schwingung in euch aus, die sich in eurem Körper fortsetzt. Darum entstehen eure körperlichen Beschwerden auch nur durch eure Gedanken.

> Euer **Geist** ist euer Bewusstsein, eure **Seele** euer Unterbewusstsein.
> Und euer **Körper** ist wie ein Instrument, das feinfühlig auf euren Geist und eure Seele reagiert.
> Ihr ruft euren Geist zu Hilfe, wenn ihr plant, denkt, arbeitet, euer Geist durchströmt euer tägliches Leben durch seinen bewussten Anteil in euch, ihr führt durch ihn also eure bewussten Handlungen aus, während eure unbewussten Gedanken eure Tage durch gefühlte unklare Empfindungen begleiten.

Inkarnationen und die Rolle des Unterbewusstseins

Jeder Mensch ist auf der Welt, um zu lernen.

Und alle Menschen haben ein gemeinsames Lernziel: Das Erfahren aller menschlichen Gefühle und Lebensumstände, die in eurer Welt herrschen.

Das bedeutet, dass jeder von euch folgende Gefühle einmal erlebt:

Freude, Leid, Hunger, Einsamkeit, verschiedene Formen der Liebe, gleichgeschlechtliche Liebe, Traurigkeit, Armut, Reichtum, Krieg, Vernunft und Unvernunft, Erkrankungen, Inkarnationen als Mann, als Frau, also alles, was eure Welt an Gefühlen beherbergt.

Da das aber niemals in einem Leben zu erreichen ist, benötigt ihr dazu viele Inkarnationen.

Für jedes Leben plant ihr darum **einige** dieser Erfahrungen als Lernziele ein. Das sind dann eure **Lebensziele** für das entsprechende Leben. Und jedes Lebensziel baut sich auf dem vorherigen Leben auf.

- So erlebt ihr zum Beispiel in einem Leben eine unbeschwerte Partnerschaft.
- Für das folgende Leben habt ihr dann vielleicht eine Partnerschaft geplant, die durch Eifersucht geprägt ist, so dass ihr auch dieses Gefühl kennenlernt und in einer späteren nicht noch einmal leben müsst.
- In dem darauf folgenden Leben wird eine Partnerschaft unter Umständen durch den frühen Tod eines Partners beendet, und ihr habt dadurch erfahren, was Traurigkeit bedeutet.
- Ein weiteres Leben wird dann vielleicht wieder durch eine harmonische Partnerschaft, aber gleichzeitig durch Armut geprägt sein.
- Da jedes Lebensziel mit weiteren Gefühlen verbunden ist, die in einem engen Zusammenhang mit der erlebten Erfahrung stehen,

lernt ihr von Leben zu Leben also immer mehr an menschlichen Gefühlen und bringt eure gesammelten Erfahrungen der bisherigen Leben bei jeder Inkarnation wieder mit in eure Welt.
- Und darum inkarniert ihr immer wieder mit eurer eigenen Energie, damit ihr eure Leben kontinuierlich in der Reihenfolge eurer Planungen leben könnt.

> **Und da beginnt die Bedeutung eures Unterbewusstseins.**
> Jedes erlebte Gefühl braucht während eines weiteren Lebens nicht mehr in der Form gelebt zu werden, wie ihr es einmal gelebt habt, denn ihr habt ja bereits erfahren, wie es sich anfühlt.
> Und da diese Erfahrungen in eurem Unterbewusstsein als Wissen für alle weiteren Inkarnationen gespeichert sind, plant ihr auch keine doppelten Lebenssituationen als weitere Lebensziele ein.
> **Allerdings könnt ihr das tun, denn alle positiven Gefühle und Erfahrungen könnt ihr natürlich jederzeit in einem weiteren Leben wiederholen.**
> **Anders dagegen ist es mit euren erfahrenen Ängsten und negativen Lebensumständen. Diese erlebt ihr nicht noch einmal in einer gleichen Form während eines späteren Lebens.**

Aber eure erlebten Ängste sind jetzt durch die Speicherung in eurem Unterbewusstsein vorhanden. **Und jede Angst muss irgendwann einmal verarbeitet und beseitigt werden, damit sie nicht als negative Energie in euch vorhanden bleibt.**

Dieses Verarbeiten geschieht nicht immer in dem Leben, in dem Ängste entstanden sind, sondern häufig erst während eines späteren Lebens.

Da ihr aber in dem entsprechenden Leben keine Erinnerung mehr an diese Angst habt, geschieht das Verarbeiten durch eine für euch unbewusste Steuerung eures Unterbewusstseins. Denn es spielt euch Erinnerungen an eine erlebte Angst zu, die immer in einem unmittelbaren Zusammenhang mit der damaligen auslösenden Angstursache stehen.

Das sind dann sogenannte „gefühlte Ängste", die durch das folgende Beispiel verdeutlicht werden können.

> Ihr seid während eines eurer Vorleben von einem Feuer eingeschlossen gewesen und verbrannt. **Dieses Angsterlebnis wiederholt sich nicht noch einmal.**
> **Aber:**
> Während eines späteren Lebens habt ihr Angst vor Verbrennungen, vor Feuer, Erstickungstod, Platzangst oder Ähnliches, **obwohl es kein greifbares Erlebnis während eures jetzigen Lebens gab,** durch das diese Ängste hervorgerufen wurden.
> Das sind dann die **„gefühlten Ängste"** aus einer unbewussten **Erinnerung einer erlebten Vorlebensangst heraus.**

Diese „gefühlten Ängste" sind natürlich eine starke Belastung für euch, denn sie können sehr massiv sein. Ihr erlebt und empfindet sie auch als bewusste Ängste, und ihr könnt auch in Situationen geraten, die diese Angstgefühle noch sehr bestätigen.

Aber sie dienen nur zur Erinnerung an eine Angstverarbeitung.

Das ist euch natürlich nicht bewusst, und darum bemüht euch bei allen vorhandenen Ängsten so schnell wie möglich um therapeutische Hilfe, damit ihr euch von ihnen befreien könnt.

Abschluss der Inkarnationen

Habt ihr während eurer verschiedenen Inkarnationen alle menschlichen Gefühle erlernt, beginnen für jeden Menschen die letzten beiden Inkarnationen, die ebenfalls immer für jeden von euch die gleichen Lebensziele aufweisen, nämlich das Erlernen von **Vertrauen, Angstfreiheit und Güte.**

Diese Lebensziele müssen alle Menschen aus folgendem Grund erlernen:

- Ihr besteht alle, von der ersten bis zur letzten Inkarnation, aus der kosmischen Energie, aus der ihr eure eigene Energie gebildet habt.
- Diese kosmische Universalenergie, die also jeder Mensch während seiner ersten Inkarnation erhält, ist immer positiv und somit von angstvollen negativen Schwingungen befreit.
- Da ihr alle nach eurer letzten Inkarnation eure eigene Energie mit allen gelebten Erfahrungen dem kosmischen universalen Energiefeld übergebt und dadurch eine positive Anreicherung des Universums bewirkt, darf eure Energie dann nicht mehr durch negative angstvolle Schwingungen besetzt sein.

Darum dienen diese zwei letzten Leben in eurer Welt – bezogen auf das Thema Angst – nur der Angsterkennung und -beseitigung der noch unverarbeiteten Vorlebensängste. Das bedeutet, ihr erfahrt während dieser Leben keine neuen realen Ängste mehr, wie zum Beispiel das beschriebene Feuererlebnis, sondern erlebt stattdessen *nur* die „gefühlten Ängste" zur Erinnerung an die Verarbeitung. Der Grund dafür ist, dass ihr eure Angstverarbeitung niemals beenden könntet, wenn ihr stets neue Ängste erfahren würdet, um das entsprechende Gefühl dafür auch wieder kennenlernen zu müssen.

Um die Lebensziele des Vertrauens, der Angstfreiheit und der Güte zu erlernen, ist eine spirituelle Entwicklung die Grundvorausetzung, um ein Verständnis für diese drei Lernziele zu erhalten.

Das bedeutet jetzt nicht, dass Menschen während ihrer vorherigen Leben nicht gütig gewesen sind oder kein Vertrauen in ihre Mitmenschen, ihr Leben oder zu euren Kirchen hatten. Aber mit einer spirituellen Entwicklung ist folgende Vertiefung des Vertrauens und der Güte gemeint.

Das Erlernen von **Vertrauen** bedeutet, den kosmischen Weltplan zu verstehen.
Und Weltplan bedeutet, das kosmische Wissen zu erlernen, was ihr benötigt, um die weiteren Ziele der Angstfreiheit und Güte zu erreichen.
Ihr Menschen werdet während eures Lebens in eurer Welt niemals alles verstehen können, was das kosmische Planen betrifft.
Aber ihr erfahrt alles über eure Vorleben, über die Ursachen für eure Ängste, die ihr aus euren Vorleben mit euch herumtragt, ihr versteht, warum sie euch heute noch belasten, ihr versteht euer bisheriges Leben mit all seinen Höhen und Tiefen, und das alles ist die Voraussetzung für eure geplante Angstfreiheit.

Denn **Angstfreiheit** bedeutet, alle Ängste der Vorleben in euch zu beseitigen. Und jetzt ist das bisher erlernte Vertrauen wichtig, denn wenn ihr darauf vertraut, dass sich eine einmal gelebte Angst nicht mehr wiederholt, sondern ihr sie nur als „gefühlte Angst" als Erinnerung an eure Aufarbeitung verspürt und ihr darauf vertraut, dass euch in diesem Leben keine neuen Ängste mehr erreichen werden, werdet ihr es schaffen, angstfrei zu werden und dieses Lebensziel damit zu erfüllen.

> **Güte** zu erlernen setzt ebenfalls ein Wissen über eure vielen Inkarnationen mit den jeweiligen Lernzielen voraus.
> Denn **Güte** bedeutet, andere Menschen so zu akzeptieren, wie sie leben, denken und handeln, und diesen Lebensstil nicht zu bewerten. Dabei hilft euch das kosmische Wissen, denn nur dann könnt ihr verstehen, dass Menschen mit verschiedenen Lernzielen auf eurer Welt sind und sich daraus Verhaltensweisen ergeben, die euch stark widerstreben. Und ihr könnt mit der Bewertung aufhören, weil ihr wisst, dass ihr während eines eurer vorherigen Leben in bestimmten Situationen ebenso oder ähnlich reagiert habt, weil ihr ein bestimmtes Lebensziel erreichen wolltet.
> **Allerdings ist der Weg der Güte beziehungsweise eine Akzeptanz den Menschen gegenüber schwer zu leben, die anderen Menschen schweres Leid zugefügt haben.**
> Und das fordert bitte auch nicht von euch! Denn ihr könnt nicht alles verstehen, was auf eurer Welt geschieht, oder warum Menschen anderen Menschen Grausamkeiten zufügen.
> Darum geht den Weg der Güte euren Mitmenschen gegenüber, die euch umgeben, und das allein ist ein Lernprozess, der ausreicht, um dieses Lebensziel zu erfüllen.

Um diese drei Lebensziele zu erreichen, habt ihr durch eure eigene Planung **den Zeitpunkt** eures beginnenden spirituellen Interesses festgelegt sowie **den Weg**, der euch das kosmische Wissen vermittelt.

Darum vertraut darauf, dass ihr während dieser Leben immer auf die Menschen stoßen werdet, die euch in eurer spirituellen Entwicklung weiterhelfen, euch eure Lebensziele wissen lassen, eure Ängste aufklären und euch helfen, den kosmischen Weltplan zu verstehen.

Euer Unterbewusstsein kennt natürlich euren geplanten Lebensweg der spirituellen Entwicklung und ist bemüht, euch darauf hinzuweisen. Diese Hinweise aber könnt ihr nicht gleich erkennen, denn oft treten sie erst einmal nur in Form von **Déjà-vus** auf.

Außerdem äußern sie sich bei der Mehrheit von euch durch ein unbestimmtes Gefühl eines Vertrauens, dass ihr beschützt seid. Dieses unbewusste Vertrauen besteht meistens seit eurer Kindheit, trotz eurer häufig gefühlten massiven Ängste.

Diese Ängste treten oft **plötzlich** sehr verstärkt auf. Das ist ebenfalls ein Hinweis darauf, dass ihr kurz vor eurer spirituellen Entwicklung steht.

Das dann beginnende kosmische Lernen verändert euch dahingehend, dass sich euer **unbewusstes** Vertrauen in ein **bewusstes** Vertrauen entwickelt, was entscheidend mit zu eurer Harmonie beiträgt.

Nach eurer letzten Inkarnation könnt ihr selbst entscheiden, ob ihr als kosmische Energie im Universum verbleiben wollt, oder freiwillig in eure Welt zurückkehren möchtet.

Das Zurückkehren bedeutet dann meistens, dass ihr als die Menschen zurückgeht, die eure Welt positiv bereichern. Das kann in einer kleinen Gemeinschaft geschehen, angefangen zum Beispiel innerhalb einer Familie, bis hin zu einer weltweiten positiven Bereicherung.

Diese positive Ausstrahlung und Arbeit kann geschehen, weil eure Energie mit Vertrauen, Angstfreiheit und Güte ausgefüllt ist.

Aufgaben des Unterbewusstseins

Euer Unterbewusstsein beziehungsweise eure Seele kennt alles von euch.

- Eure Vorleben mit allen Erfahrungen.
- Eure Lebensziele für das jetzige Leben.
- Eure täglichen Gedanken und Erfahrungen.

> Dieses Wissen bedeutet eine stete unbewusste Hilfe in eurem täglichen Leben, auch wenn ihr diese Hilfe so bisher nicht erkennen konntet.
> Aber sie geschieht durch das ständige Bemühen eures Unterbewusstseins, euch durch unbewusste Gedanken in eine Denkrichtung zu lenken, die gut für euch ist.

Seid ihr fröhlich, unterstützt es euch zusätzlich mit freudigen unbewussten Gedanken.

Seid ihr aber zum Beispiel traurig und nehmt diese Traurigkeit hin beziehungsweise lebt sie mutlos aus, beginnt euer Unterbewusstsein, euch noch zusätzliche traurige Gedanken in euer Bewusstsein zu spielen, und ihr fühlt euch dadurch immer schlechter.

Das erscheint euch jetzt unlogisch, weil ihr denkt, es wäre doch wesentlich hilfreicher, euch bei einer Traurigkeit mit fröhlichen Gedanken abzulenken.

Aber euer Unterbewusstsein ist nicht dazu da, euch zu trösten. Sondern es will euch durch entsprechende unbewusste Gedanken auf die Dinge in eurem Leben aufmerksam machen, die wichtig für euch sind. Wie zum Beispiel durch die „gefühlten Ängste", die zur steten Erinnerung an eure geplante Angstverarbeitung da sind.

Oder nehmt das Beispiel einer Traurigkeit.

> Traurigkeit ist immer ein Zeichen dafür, dass ihr etwas in eurem Leben verändern solltet. Dabei ist es egal, ob ihr euch durch einen konkreten Grund traurig fühlt oder „grundlos" traurig seid, weil ihr die Ursache dafür nicht kennt.
> Und damit ihr euch bewusst mit einer Veränderung befasst, arbeitet euer Unterbewusstsein so lange mit unbewussten traurigen energetischen Schwingungen scheinbar gegen euch an, bis ihr dazu bereit seid, der Traurigkeit auf den Grund zu gehen.
> Und erst dann, wenn ihr euch bewusst mit eurer Traurigkeit auseinandersetzt, hilft euch das Unterbewusstsein mit positiven unbewussten Gedanken oder plötzlichen Ideen, die euch bei der Verarbeitung helfen.
> Das Verarbeiten gelingt natürlich nicht immer gleich beim ersten Mal, und eine traurige Zeit geht ohne ersichtlichen Grund auch wieder vorbei, weil ihr abgelenkt wurdet oder ein konkreter Anlass erst einmal beseitigt wurde. Aber eine Wiederholung findet so lange statt, bis eine ehrliche Veränderung der Lebenssituation oder die Angstverarbeitung stattgefunden hat, die für eure Traurigkeit verantwortlich war.

Ihr seht also, euer Unterbewusstsein ist in ständiger Bewegung und hilft euch durch diese unbewussten Gedanken immer, euer Leben so zu leben, wie ihr es vor eurer Inkarnation geplant hattet.

Es weiß, welche Hilfe ihr wann benötigt, und ihr spürt diese Hilfe dann als Intuition, als unklare Angst zur Erinnerung einer Angstverarbeitung, als Harmonie, Angstfreiheit, unbewusstes Wissen oder in Form von Déjà-vus.

Das bedeutet jetzt nicht, dass das Unterbewusstsein jede alltägliche Situation steuert, aber es versucht, euch jederzeit durch die genannten Empfindungen zu helfen.

Ihr Menschen seht, erkennt oder versteht das aber noch nicht als Hilfe, denn bei euren täglichen Gedanken um euren Alltag habt ihr leider selten Zeit, euch mit diesen unbewussten Gefühlen auseinanderzusetzen.

Und deshalb lebt ihr oft so verkrampft, weil ihr eure unbewussten Gedanken beziehungsweise unklaren Gefühle lieber wieder verdrängt, als sie euch anzusehen. Aber jede Verdrängung bewirkt eine vermehrte negative Energie in euch, und eine Anhäufung der negativen Energien bedeutet langfristig eine Erkrankung.

Darum folgen jetzt Hinweise, was euer Unterbewusstsein alles leistet, damit ihr eure Lebensziele, euren Lebensweg und eure Harmonie findet.

1. **Es hilft euch** bei eurer **Angstverarbeitung** durch
   → die „gefühlten Ängste" und
   → durch das Bewusstwerden eurer unbewussten Ängste durch eure Träume.

2. Es hilft euch beim Erkennen eurer **bewussten Verdrängungen**.

3. Eine ständige ununterbrochene Aufgabe während eures gesamten Lebens ist die **Zusammenarbeit eures Unterbewusstseins, eures Bewusstseins und eures Körpers.** Denn jeder einzelne Gedanke wird sofort in Energie verwandelt und an euren Körper zurückgegeben. Dadurch werden eure Energieversorgung sowie eure Harmonie und Gesundheit ganz entscheidend beeinflusst.
   Das bedeutet:
   Jeder **positiver Gedanke** wird in eine **positive Energie** verwandelt, die eurer Körper dann in die Zellen lenkt, die diese Energie gerade benötigen.
   Leider geschieht das aber auch mit euren negativen Gedan-

ken, die dann als negative Energie euren Körper erreichen. Eure Körperzellen benötigen aber eine positive Energieversorgung, um gesund zu bleiben.
Darum könnt ihr die alltägliche Aufgabe des Unterbewusstseins in eine **tägliche Hilfe verwandeln, in dem ihr durch ein bewusstes positives Denken die positive Energieversorgung eures Körpers erhöht.**
Der Weg dazu ist einfach, ohne Aufwand, und geschieht **nur** durch eure gedankliche Vorstellungskraft.

→ Zum einen sind das **positive Bilder**, die ihr euch von euch selbst visualisieren könnt. Diese gedanklichen Bilder erreichen euer Unterbewusstsein und bewirken eine positive Energierückgabe an euren Körper, so dass ihr euch automatisch besser fühlt. Diese Bilder sind immer wieder abrufbar und darum bei einer nachlassenden Ruhe sofort wieder zu verwenden, um dadurch einen positiven Energieanstieg in euch zu erreichen.

→ Den gleichen Erfolg erzielt ihr mit **positiven Sätzen**, denn die Wirkung auf euer Unterbewusstsein und somit auf eure Harmonie ist identisch mit den gedanklichen positiven Bildern.

→ Um eine **Gesundung zu fördern**, dienen Bilder und Sätze, die sich mit einer Heilung befassen. Denn jede positive Energiegabe an euren Körper fördert einen Heilungsprozess.
Das Bild einer gesunden Zelle im Vergleich zu einer schwachen verkümmerten Zelle kann eines dieser Bilder sein *(siehe Chakren →Heilung →Selbsthilfe).*

→ Diese Zusammenarbeit zwischen eurem Unterbewusstsein, eurem Bewusstsein und eurem Körper gilt auch für eine **Angstlockerung**, die ebenfalls durch positive Bilder und Sätze unterstützt werden kann.

4. Ebenso hilft euch euer Unterbewusstsein beim **Erkennen eurer Lebensziele**. Denn ihr erkennt eure unbewussten Lebensziele oft durch unklare Gefühle oder „gelenkte Zufälle". Dadurch begebt ihr euch auf einen Weg, der euch eigentlich fremd ist, weil er so gar nicht in euer jetziges Leben passt.

   Aber euer Unterbewusstsein weiß immer, ab wann ihr geplant habt, eure Lebensziele zu verfolgen, und von diesem Zeitpunkt an versucht es, euch darauf aufmerksam zu machen.

   → Es zeigt euch beispielsweise durch eine Intuition einen Weg auf.

   → Oder ihr trefft plötzlich auf Menschen, die euch weiterhelfen, eure unklaren Gedanken zu verstehen und zu ordnen.

   → Ihr stolpert über Gegebenheiten, die ihr als Zufälle bezeichnet. Aber diese Zufälle sind „**gelenkte Zufälle**" und bedeuten: Euer Unterbewusstsein führt euch mit den Menschen zusammen oder führt euch in die Situationen, die euren weiteren Weg fördern.

   Wie diese „gelenkten Zufälle" geschehen können, ist einer der Punkte der kosmischen Weltplanung, die für euch nur schwer nachvollziehbar sind. Darum nehmt sie so hin, freut euch über die Zufälle und wehrt euch nicht gegen diese Unterstützung.

5. Eine weitere Hilfe ist so: **Ihr fühlt euch in den Situationen angstfrei**, die ihr bereits einmal als Angst erlebt und in einem vorherigen Leben verarbeitet und aufgelöst habt, während andere Menschen in der gleichen Situation mit Angst reagieren.

   Denn euer Unterbewusstsein spielt euch diese angstfreien Gedanken in den entsprechenden Situationen zu, die euch eine innere Sicherheit vermitteln.

   Nehmt beispielsweise diese Situation: Ihr müsst eine dunkle und einsame Straße entlanggehen, um an ein Ziel zu gelangen. Einige von euch sind dabei völlig angstfrei, denn sie wissen un-

bewusst, dass ihnen nichts passieren wird, weil sie bereits Vergewaltigungen, Überfälle oder andere schreckliche Erlebnisse während eines Vorlebens erfahren haben. Andere Menschen dagegen meiden die Dunkelheit der Straße.
Ihr Menschen unterscheidet euch durch eure verschiedenen gelebten Erfahrungen. Und darum bewertet niemals eine Angst bei anderen Menschen, nur weil ihr sie nicht nachvollziehen könnt.

Dieses Beispiel soll jetzt nicht bedeuten, dass den Menschen, die vor einer dunklen Straße Angst haben, auf dieser auch irgendwann etwas Schreckliches passiert. Sondern eine unklare Angst vor Dunkelheit deutet auf ein noch unverarbeitetes Angsterlebnis eines Vorlebens oder auf eine unbewusst tief verdrängte Angst des jetzigen Lebens hin.

6. Euer Unterbewusstsein hilft euch in eurem **täglichen Leben** durch das unbewusste Wissen in euch, welche Situationen ihr bereits während eines eurer Vorleben erlebt hat. Dadurch zeigt ihr in ähnlichen Situationen eures jetzigen Lebens eine innere Ruhe und Gelassenheit auf, die für euch ganz selbstverständlich ist.

7. Das Unterbewusstsein ist immer bereit, euch bei **euren Wünschen** zu helfen, wenn sie in euren Lebensplan passen, wenn ihr es ehrlich damit meint und auch bereit seid, diesen Weg jetzt schon zu gehen.

Geht also davon aus, dass ihr durch euer Unterbewusstsein immer unterstützt werdet, weil es immer weiß, was gerade gut für euch ist.

Einige dieser Hilfen sind euch nicht unbekannt gewesen wie eure Träume, Intuitionen oder Déjà-vus. Aber jetzt könnt ihr mit all diesen Zeichen bewusster umgehen, und das trägt entscheidend mit zu eurer Harmonie bei.

Gleichgewicht zwischen Unterbewusstsein und Bewusstsein in Bezug auf Ängste

Auf die Verarbeitung eurer Ängste übt euer Unterbewusstsein – wie bereits beschrieben – einen starken Einfluss durch die „gefühlten Ängste" aus. Und darauf soll noch einmal näher eingegangen werden.

Ein Gleichgewicht zwischen eurem Unterbewusstsein und eurem Bewusstsein ist die Vorraussetzung für Harmonie und Gesundheit und entsteht durch ein weitgehend angstfreies Denken in euch.
Ein Gleichgewicht weist sich durch ein ausgewogenes Verhältnis von zwei Gegenpolen aus.
Und mit Gegenpolen sind hier **negative angstvolle** und **positive angstfreie Energien** gemeint.
Das bedeutet:
Je mehr unbewusste und/oder bewusste Ängste in euch sind, umso stärker ist eure innere Harmonie gestört, weil ein Übergewicht an negativen Energien vorherrscht.

Unbewusste Ängste sind Ängste, deren **Ursache ihr nicht kennt**, weil ihr sie entweder in eurem jetzigen Leben durch eine unbewusste Handlung in euer Unterbewusstsein verdrängt habt, um nicht mehr daran erinnert zu werden, **oder** es sind unverarbeitete Ängste eurer Vorleben, die ebenfalls in eurem Unterbewusstsein gespeichert sind.

Durch eure eigene Lebensplanung habt ihr festgelegt, in welchem Leben ihr welche Angst verarbeiten und beseitigen wollt. Das kann während des nächsten Lebens oder erst nach zwei bis drei weiteren Leben geschehen.
Und bei massiven Ängsten habt ihr häufig geplant, mit der Verarbeitung bis zu einer der zwei letzten Inkarnationen zu warten, weil

euch das erlernte kosmische Wissen bei diesem Verarbeitungsprozess sehr helfen kann.

Und so lange behält euer Unterbewusstsein jede Angst so tief in euch verborgen, dass sie sich weder als Belastung noch als negative Energie in euch auswirkt. Erst wenn ihr in dem entsprechenden Leben seid, in dem ihr mit dem Verarbeiten beginnen wollt, gibt das Unterbewusstsein sie als „gefühlte Ängste" frei. Und ab dem Zeitpunkt gilt die Wichtigkeit des Gleichgewichts zwischen eurem Unterbewusstsein und eurem Bewusstsein.

Diese „gefühlten Ängste" erlebt oder empfindet ihr als bewusste Ängste, und sie sind bis zu ihrer Beseitigung als negative Energien in euch vorhanden.

> Um eure Vorlebensängste oder eure unbewusst verdrängten Ängste jedoch zu erkennen, benötigt ihr eine spirituelle Hilfe, durch die ihr eure Angstursache aus eurem Unterbewusstsein in euer Bewusstsein holen könnt, denn alles, was aus eurem Unterbewusstsein in euer Bewusstsein gelangt ist, kann angesehen und verarbeitet werden.
> Das bedeutet, **eine Verarbeitung einer Angst kann nur geschehen, wenn ihr die Angstursache kennt**.

Durch das Erkennen beginnt dann fast automatisch ein Verarbeitungsprozess, denn das Erkennen einer Angstursache ist ein positiver Vorgang in eurem Körper.

Oder anders ausgedrückt: Es beginnt ein positiver energetischer Prozess, durch den angstvolle negative Energien in angstfreie positive Energien umgewandelt werden.

Und alles Positive ist angstfrei!

Das erscheint euch jetzt viel zu einfach, und das ist auch verständlich. Aber der Weg einer Angstbeseitigung ist letztendlich so einfach. Schwierig ist der Weg vorher.

Das bedeutet, ein Leben mit Ängsten ist so lange schwer, bis ihr dazu bereit seid, euch ehrlich und bewusst damit auseinanderzusetzen. Diese Auseinandersetzung wird unter dem Thema Angsterkennung und Angstbeseitigung ausführlich dargestellt.

Und warum durch positive energetische Prozesse eine Angst beseitigt werden kann, ergibt sich aus den folgenden Erklärungen **über die Kraft der positiven Gedanken.**

Ein Beispiel mit Kindern hilft euch vielleicht dabei, diesen einfachen Weg noch zu verdeutlichen:

> Kleinen Kindern kann oftmals eine gerade entstandene Angst genommen werden, nur weil sie Vertrauen in die Erklärung ihrer Eltern haben, warum eine Angstsituation entstanden war, und warum diese Situation nicht wieder eintreten wird.
> **Sie haben also verstanden, kennen die Angstursache und vertrauen, ohne groß darüber nachzudenken.**
> **Das Ausschlaggebende dabei ist:** Vertrauen und Verstehen sind sehr positive Gedanken beziehungsweise positive Energien, die in der Lage sind, negative Energiemoleküle in positive Moleküle zu verwandeln.

Bei Erwachsenen dagegen geschieht eine Angstverarbeitung und -befreiung einer massiven Angst leider häufig nicht gleich bei dem ersten Verstehen der Angstursache, weil ihr Menschen euch auf eine so einfache Methode des Vertrauens und Verstehens nicht einlassen könnt. Denn ihr seid zu kopfgesteuert durch eure bisherige Entwicklung und durch euer Bestreben, alles genau nachzuweisen.

Darum werden massive Ängste oft in mehreren Phasen verarbeitet, denn euer Unterbewusstsein weiß genau, ob ihr eine Angst noch immer unbewusst in euch spürt. Und es spielt euch so lange eine Erinnerung an diese Angst zu, bis ihr euch endgültig von ihr befreit habt.

Diese "gefühlten Ängste" sind dann aber von Mal zu Mal harmloser und belasten euch immer weniger, weil ihr selbst erkennt, dass es nur noch Reste einer ehemals starken Angst sind.

> Oft erkennt ihr diese Restängste auch an körperlichen Reaktionen. Wart ihr zum Beispiel durch eure Ängste an unklaren starken Schmerzen, Zahnproblemen, Allergien oder anderem erkrankt und durch den verringerten negativen Energieanteil in euch weitgehend wieder geheilt, zeigen euch **kleinere Rückfälle** in eure ursprüngliche Erkrankung auf, dass ihr noch einmal diese Ängste ansehen und weiter verarbeiten sollt.
> So habt ihr vielleicht statt starker Schmerzen ein leichtes Schmerzempfinden, statt Zahnwurzelproblemen reagiert ihr nur noch mit Zahnfleischentzündungen, und Allergien treten zwar plötzlich wieder auf, aber nur noch in abgeschwächter Form.

Das endgültige Beenden eurer Ängste bedeutet dann auch das endgültige Beenden eurer Krankheit.

Und das ist das Zeichen, dass sich euer Unterbewusstsein und euer Bewusstsein auf einer Ebene befinden, da das Übergewicht der negativen unbewussten Energien beseitigt wurde, was ihr als eine wohltuende Harmonie in euch spüren werdet.

Verdrängungen

Verdrängungen geschehen zum einen unbewusst, um einen starken Schock, ein Trauma oder eine starke Angst erst einmal aus dem Gedächtnis zu entfernen und vor dem Schmerz oder einer Erinnerung geschützt zu sein.

Diese unbewussten Verdrängungen werden dann entweder zu einem späteren Zeitpunkt während des Lebens, in dem sie entstanden sind, oder in einem weiteren Leben als Angst verarbeitet. Und bis zu dem Zeitpunkt bleiben sie in eurem Unterbewusstsein gespeichert.

Hier geht es jetzt um eure bewussten Verdrängungen.

Verdrängte Gedanken sind die Gedanken, mit denen ihr euch nicht auseinandersetzen wollt, obwohl ihr wisst, dass es nötig wäre.

Diese Aktion der Verdrängung ist jedoch kein Weg, um Auseinandersetzungen mit euch selbst oder mit bestimmten Lebensumständen zu umgehen, denn verdrängte Gedanken kehren immer wieder in euer Bewusstsein zurück und können von daher auch als halbbewusste Gedanken bezeichnet werden.

Durch ein regelmäßiges Verdrängen blockiert ihr eure weitere Entwicklung, und darum versucht euer Unterbewusstsein, euch auf eure verdrängten Gedanken aufmerksam zu machen. Das geschieht zum einen durch eure **Träume**, deren Bedeutung ihr aber nur schwer erkennen könnt.

Ein weiteres Zeichen eurer Verdrängung sind **harmlose kleine Erkrankungen**, denn verdrängte Gedanken sind negative Energien.

Oft seht ihr den Hintergrund für diese Erkrankungen nicht. Oder aber ihr seht ihn, seid aber nicht bereit, euch damit auseinanderzusetzen, und verdrängt ihn wissentlich.

Und das bedeutet dann, eure Erkrankungen nehmen zu und werden eine immer stärkere Belastung für euer tägliches Leben.

Euer Unterbewusstsein weiß, **ob** und **ab wann** ihr geplant habt, eure Verdrängungen zu beenden. Das ist dann der Zeitpunkt, an dem ihr zum Beispiel durch „gelenkte Zufälle" auf Menschen trefft, die euch bei der Aufklärung eurer Träume helfen können oder euch den Zusammenhang zwischen dem Verdrängen und euren Erkrankungen aufzeigen.

Intuitionen

Intuitionen sind das Wissen eures Unterbewusstseins.
Sie sollen euch helfen, Entscheidungen zu treffen, wenn ihr beispielsweise an einer Entscheidung zweifelt. Und dabei ist es gleichgültig, ob es gravierende oder eher kleine Entscheidungen sind.
Alle Menschen verspüren diese intuitiven Gedanken, aber viele von euch reagieren darauf mit Rationalität, ersetzen also die Intuition durch Rationalität.
Oder aber euer Leben ist so voller Ängste und Verdrängungen, dass ihr die Verbindung zwischen eurem Unterbewusstsein und eurem Bewusstsein immer mehr blockiert und darum nur selten eine Intuition spüren könnt.

Intuitionen dienen auch dazu, euch auf eure geplanten, aber noch unbewussten Lebensziele hinzuweisen. Und darum verspüren vor allem die Menschen, die ihre zwei letzten Inkarnationen leben, diese Intuitionen besonders stark.

Zu Beginn traut ihr euren Intuitionen nur sehr selten, weil ihr denkt, dass nur ein vernunftgesteuertes Denken euer Leben in die richtigen Bahnen weist.
Ihr seid verwirrt von euren plötzlichen Gedanken, die euch oft von einer Entscheidung abhalten, die ihr geplant hattet, oder die euch zu einer ungeplanten Entscheidung veranlassen.
Gewinnt ihr aber durch das Erlernen von Vertrauen in das kosmische Wissen zunehmend an Sicherheit, könnt ihr eure Intuitionen immer mehr für euch nutzen, um eure geplanten Wege zu gehen. Und ihr werdet von Mal zu Mal sicherer im Umgang damit.

Das bedeutet auf keinen Fall, dass ihr eure Vernunft ausschaltet. Aber ein harmonisches Zusammenspiel zwischen eurem Unterbewusstsein als Intuition und eurem Bewusstsein als

Vernunft ermöglicht euch eine innere Zufriedenheit während eures Lebens.

Denn eure Intuitionen zeigen immer einen Weg für euch auf, der eurem Lebensziel entspricht. Ein Abwehren beziehungsweise Verdrängen eurer Intuition dagegen bewirkt eine negative Energie in euch.

Déjà-vus

Déjà-vus sind Eingebungen eures Unterbewusstseins an euer Bewusstsein, die euch durch bildhafte Vorstellungen von Situationen oder Umgebungen denken lassen, diese bereits zu kennen.

Und das stimmt auch, denn Déjà-vus sind Erinnerungen aus euren Vorleben, die euch euer Unterbewusstsein einspielt, um euch aufzuzeigen, dass ihr eine spirituelle Entwicklung geplant habt.

Sie sind als Hilfe für diese Entwicklung gedacht, was euch aber nicht bewusst ist, und eure Verwunderung darüber ist verständlich.

Und sie vergehen nach einer gewissen Zeit wieder, denn euer Unterbewusstsein zeigt euch diese Bilder nur zu Beginn eurer spirituellen Entwicklung auf, die euch aber meist noch gar nicht bewusst ist.

Aber:

Habt ihr bereits eine spirituelle Entwicklung bewusst begonnen, zweifelt aber daran, könnt ihr wieder vermehrt Déjà-vus erleben, die euch auffordern sollen, auf den geplanten Weg zurückzukehren.

Träume

Träume haben folgende wichtige Bedeutung:
- Sie dienen der Verarbeitung eurer täglichen Gedanken und
- zur Verdeutlichung und Erkennung eurer bewussten und unbewussten Ängste sowie euren Verdrängungen.
- Dann gibt es noch die Träume, die ihr Menschen als „Sehende oder Prophetische Träume" bezeichnet. Diese werden aber nur kurz am Ende dieses Themas behandelt.

Alle Träume werden durch euer Unterbewusstsein gesteuert. Denn nur das Unterbewusstsein weiß genau über eure Ängste, eure Verdrängungen und eure täglichen Gedanken Bescheid.

Träume sind durch Bilder begleitet. Aber ihr behaltet **nur** die Bilder in eurer Erinnerung, die euch auf eure Ängste und verdrängten Gedanken aufmerksam machen sollen.

Das Verstehen der einzelnen Trauminhalte gelingt euch durch eine fundierte Traumdeutung, durch die ihr den wahren Bedeutungsgrad der Traumbilder erfahren könnt. Diese Traumdeutung kann zum Beispiel durch die Menschen geschehen, die durch eine **mediale Fähigkeit** in der Lage sind, Traumbilder detailliert zu erkennen. Denn eine Traumdeutung ohne spezielle Hilfe ist sehr schwer, weil die Traumbilder selten in einem klaren Zusammenhang mit euren Ängsten stehen. Darum ist es immer hilfreich, Träume aufzuschreiben, um den wahren Hintergrund durch die erwähnte Traumdeutung zu erfahren.

Bei vielen Träumen könnt ihr natürlich auch selbst erkennen, dass ihr zum Beispiel eine unmittelbare Angst durch den Traum verarbeitet habt. Oder ihr erkennt, eine akute Angst beherrscht euch so lange, dass sie euren Schlaf belastet. Aber welche Aussage sich wirklich hinter den Traumbildern verbirgt, ist trotzdem schwer für euch zu sehen.

Außerdem zeigen sich viele eurer unbewussten oder bewussten Ängste in **verschlüsselten Bildern.** Das hängt mit der Anzahl und/oder der Heftigkeit eurer Ängste zusammen. Je mehr unverarbeitete Ängste ihr habt, die ihr aber aufarbeiten wollt – und was euer Unterbewusstsein auch weiß – umso konfuser vermischen sich die Traumbilder.

Euer Unterbewusstsein will dadurch erreichen, dass ihr euch auf die Suche nach einer Klärung eurer Träume begebt.

Das kann jede Art einer therapeutischen Hilfe sein. Wobei, wie gesagt, eine spirituelle Hilfe den Vorteil einer eindeutigeren Traumdeutung hat.

Bei einer eigenen Traumdeutung hingegen besteht folgende Gefahr:

Ihr seid schnell bereit, euch den Trauminhalt so zurechtzulegen, dass er in eure derzeitige Lebenssituation passt. Das gilt vor allem für die Träume, die euch auf ein stetes Verdrängung hinweisen wollen. Ihr träumt dann überwiegend Bildergeschichten, die ihr dann gerne so deutet, bis sie in euren Verdrängungsmechanismus passen.

Das aber ist schade, denn durch **Träume könnt ihr ehrliche Hinweise erhalten, was euch gerade am meisten belastet.**
- Ihr könnt auf eure täglichen unruhigen Gedanken aufmerksam werden (siehe 2.) sowie auf eure abendlichen gedanklichen Belastungen (siehe 3.).
- Ihr könnt Ängste erfahren, die euch zwar bekannt sind, aber von denen ihr nicht mehr spürt, wie sehr sie euch belasten (siehe 4.).
- Ihr könnt eure unbewussten Ängste träumen, die ihr tagsüber als bewusste „gefühlte Ängste" spürt oder die sich in unklaren angstvollen Gefühlen äußern. Das können sehr angstvolle Träume sein.
Ebenso können diese Träume aber auch auf starke akute Ängste

hinweisen. Und nur durch eine Traumdeutung ist zu erkennen, um welche Angst es sich handelt (siehe 5.).
- Träume können euch aufzeigen, was ihr in eurem Leben verändern könnt, weil euch euer Unterbewusstsein durch bestimmte Träume auch Lösungswege eingeben will. Und es will auf geplante Lebensveränderungen hinweisen, zu denen euch noch der Mut fehlt (siehe 6.).
- Ihr träumt eure regelmäßige Verdrängungen (siehe 7.).
- Träume sollen euch von euren täglichen Gedanken entlasten (siehe 8.).

Ihr seht also, was Träume alles bewirken können, und darum ist es hilfreich, ihnen vermehrte Aufmerksamkeit zu widmen, damit ihr mehr über euch selbst erfahrt. Das gelingt euch, wenn ihr die verschiedenen Traumbilder versteht.

Durch das Erinnern oder Nicht-Erinnern an Traumbilder werden Träume generell in zwei Arten unterteilt.
Träume ohne jede Erinnerung dienen der Verarbeitung eurer täglichen Gedanken (siehe 1. und 8.).
Träume mit einer Erinnerung an die Traumbilder dagegen sollen euch eure Ängste bewusst werden lassen.
Und daraus ergibt sich, was viele von euch vielleicht gar nicht wissen:
Ihr träumt immer während eures Schlafs, auch wenn ihr wegen der fehlenden Bilder keine Erinnerung mehr daran habt.

Und ihr träumt in verschiedenen Stadien, denn eure täglichen Gedanken werden **immer** verarbeitet. Und zusätzlich können dann noch bebilderte Träume hinzukommen.

Je ausgeglichener ihr also seid, umso seltener verbringt ihr eure Nächte mit unruhigen Träumen.

Traumdeutungen

Es gibt zahlreiche Bücher über Traumdeutungen in eurer Welt. Darum sollen hier nur einige Möglichkeiten der Traumursachen erwähnt werden.

Wobei es immer schwierig ist, bei Träumen einzelne Ursachen konkret zu benennen, denn zum einen kann es niemals gelingen, für alle Menschen ein einheitliches Bild zu schaffen, und zum anderen gibt es fließende Übergänge zwischen euren Träumen, weil ihr Menschen während eures Schlafs so viele verschiedene Tageseindrücke unbewusst verarbeitet.

Darum geben die folgenden Erklärungen nur Hinweise auf mögliche Ursachen, die euch zum Nachdenken anregen sollen. Und daher ist es ratsam, Träume aufzuschreiben und deuten zu lassen, um zu verstehen, welche Hintergründe aufgezeigt werden wollen.

1. Träume ohne Erinnerungen

Sie dienen nur zur Verarbeitung eurer täglichen Gedanken.
Damit sind zum einen die Gedanken gemeint, die ihr ständig nebenbei formuliert, ohne es zu bemerken, sowie die täglichen Gedanken, mit denen ihr eure Tage organisiert, eure Termine plant, an die Aufgaben eures Haushalts denkt, an eure Freunde, euer Auto, eure Urlaubsreisen usw.
Wenn alle diese Gedankengänge unbelastet für euch sind, werden sie von eurem Unterbewusstsein in eine positive Energie umgewandelt, die euer Körper dann in die Nervenzellen lenkt, die für eure Ruhe verantwortlich sind.
Aus diesem Grund ist euer Schlaf auch so wichtig, denn die Verarbeitung eurer täglichen Gedanken dient zur Regeneration eures Nervensystems.

Die Gedanken dagegen, die euch zum Beispiel wegen eines Termindrucks oder sonstiger Ängste belasten, werden in eine entsprechende negative Energie umgewandelt *(siehe 8.)*.

> Alle zusätzlichen positiven Gedanken neben euren Alltagsgedanken werden ebenfalls durch diese Träume in eine positive Energie verwandelt. Das ist auch ein Grund dafür, warum ihr euch nach einem schönen fröhlichen oder harmonischen Tag am nächsten Morgen so gut und aktiv fühlt. Denn je mehr positive gesundheitsfördernde Energie euer Körper erhält, umso mehr kann sich euer Nervensystem während des Schlafes erholen.

2. Träume mit unruhigen und teilweise verwirrenden Bildern und einer unzusammenhängenden Erinnerung, die euch tagsüber belastet und beschäftigt, weil ihr die Bilder immer wieder vor euch seht.

Durch diese Träume werden eure täglichen negativen Gedanken verarbeitet. Euer Unterbewusstsein will euch dadurch auffordern, euch euren Tagesablauf genauer anzusehen, um zu prüfen, was ihr verändern könnt, denn diese Gedanken sind die Folge von Stress, Zeitmangel und einer dadurch entstandenen Unruhe.

3. Unruhige Träume, die euch wenig belasten und deren Inhalt ihr schnell wieder vergesst.

Diese Träume dienen zur Verarbeitung der täglichen Gedanken, die euch vor dem Einschlafen belasten, aber nicht als starke Angst ausgeprägt sind. Diese Gedanken werden in eine leichte negative Energie verwandelt, und ihr spürt das am nächsten Morgen, weil ihr euch unausgeschlafen und müde fühlt. Darum bemüht euch, bei einer Anhäufung dieser Träume auf eure abendlichen Gedanken zu achten und durch eine Veränderung eurer Lebensgewohnheiten das belastende abendliche Denken auszuschalten.

4. Träume mit ruhigen Bildern, die ihr nach dem Erwachen schnell wieder vergessen habt.

Das sind die Träume, durch die ihr aufgefordert werden sollt, euch endlich mit altbekannten Ängsten auseinanderzusetzen. Das klingt zwar erst einmal unlogisch, weil Ängste mit ruhigen Bildern schwer zusammenpassen, aber:
Ihr träumt zwar von euren Ängsten, aber es sind **die** Ängste, die ihr gar nicht mehr als Angst registriert, weil ihr euch an sie gewöhnt habt und sie zu eurem Leben gehören. Darum sind die Traumbilder auch unbedeutend und angstfrei für euch, und ihr vergesst den Trauminhalt schnell, weil euch diese Ängste unwichtig erscheinen.
Trotzdem sind sie als eine stets negative Energie in euch vorhanden. Und darum solltet ihr gerade diese Träume aufschreiben, um durch eine gezielte Traumdeutung auf eure „Gewohnheitsängste" zu stoßen, um dann deren Ursache zu erfahren.

Eine harmlose **Gewohnheitsangst** kann wie folgt aussehen:
Ihr steht unter dem ständigen Druck, euch zu verspäten.
Das bedeutet:, bevor ihr zu einem Termin oder einer Verabredung geht, werdet ihr vorher unruhig, weil ihr euch kennt und wisst, wie ihr unter Zeitdruck geraten könnt, um nur ja pünktlich zu sein.
Aber das ist in euren Augen keine echte Angst, sondern eher eure eigene Unzulänglichkeit, über die ihr euch jedoch jedes Mal aufs Neue ärgert. Und das ist gleich die nächste negative Energie in euch. Darum versucht, die Ursache zu finden, die eure Angst vor Verspätungen ausgelöst hat. Denn eine Ursache gibt es auf jeden Fall dafür.

Habt ihr sie erkannt, weicht der Termindruck von euch, und ihr seid von einer negativen Energie in euch befreit.

Darum noch einmal zur Erinnerung:
Jede negative Energie belastet eure Harmonie!
Eine **mögliche Ursache** für diese Angst vor Unpünktlichkeit könnte durch einen harmlosen Vorfall während eurer Kindheit so entstanden sein:

Ihr seid zu spät zum Mittagessen erschienen, weil ihr euch verspielt hattet. Eure Eltern waren in großer Sorge um euch und haben aus dieser Sorge heraus überreagiert.

Das bedeutet:
Ihr kamt fröhlich und unbekümmert nach Hause, aber anstatt von eurem Spiel erzählen zu können, wurdet ihr ausgeschimpft und vielleicht sogar noch bestraft.

Ihr habt das nicht verstanden, weil ihr noch zu klein wart, um die elterlichen Sorgen nachvollziehen zu können. Aber ihr habt euch sehr erschrocken. **Dieses Erschrecken habt ihr dann unbewusst verdrängt.**

Und diese verdrängte Angst bewirkt jetzt bei euch das Gefühl: Unpünktlichkeit bedeutet Bestrafung!

Durch das Erkennen der Ursache arbeitet euer Unterbewusstsein für euch, indem es die angstvolle negative Energie in eine angstfreie positive Energie verwandelt, so dass ein pünktlich einzuhaltender Termin seinen Schrecken für euch verliert.

5. Träume mit konkreten Angstbildern, die sich zu Alpträumen entwickeln können.

Diese Träume deuten immer auf massive Ängste hin.
Es können unbewusste Vorlebensängste sein, die mit euren jetzigen „gefühlten Ängsten" in einer Verbindung stehen.

Es können bewusste oder unbewusste Ängste sein, die ihren Ursprung in eurem jetzigen Leben haben.

Oder es sind akute Ängste, die euch im Moment sehr belasten.

Das aber ist durch die Traumbilder schwer zu erkennen. Denn auch wenn ihr Bilder aus eurer Kinder-, Jugend- oder jetzigen Lebenszeit träumt, kann der Ursprung der Angst trotzdem in einem eurer Vorleben liegen.

Oder aber ihr träumt Bilder, die ihr gar nicht mit eurem jetzigen Leben in Verbindung bringen könnt, was euch noch zusätzlich ängstigt. Aber trotz der unbekannten Traumsituationen können auch hier entweder Vorlebensängste oder Angstursachen aus dem jetzigen Leben für diese Träume verantwortlich sein.

Darum ist auch hier eine gezielte Traumdeutung wichtig, um durch die Hintergründe der Traumbilder zu erfahren, um welche Angst beziehungsweise Angstursache es sich handelt.

Denn das Ziel dieser Träume ist es, sich mit dieser Angst auseinanderzusetzen. Und da euer Unterbewusstsein immer weiß, ab wann ihr welche Angst verarbeiten wollt beziehungsweise ihr zu dieser Auseinandersetzung bereit seid, **was euch selbst vielleicht noch gar nicht so bewusst ist**, beginnt es, euch durch diese Träume auf die Verarbeitung hinzuweisen.

Angst- oder Alpträume unterscheiden sich durch die Heftigkeit der Ängste. Je massiver eine Angst in euch ist – bewusst oder unbewusst, umso stärker träumt ihr von angstvollen Situationen, die euch sogar erwachen lassen können.

6. Träume mit beruhigendem, harmonischem, schönem oder fröhlichem Inhalt, an die ihr euch gerne und lange erinnert.

Auch das sind Angstträume, auch wenn es erst einmal widersprüchlich erscheint.

Aber ihr träumt von Situationen, die ihr gerne erleben beziehungsweise leben würdet. Doch euch fehlt der Mut dazu, durch eine Veränderung einer Lebenssituation diese Traumbilder in der Realität zu erreichen. Und Mutlosigkeit ist Angst.

Oder ihr bewertet euch selbst so negativ, dass ihr euch nicht vorstellen könnt, jemals in eine solche Traumsituation zu gelangen. Und das ist ebenfalls eine starke Angst in euch.

Weil euer Unterbewusstsein aber immer um eure Lebenswege Bescheid weiß und ab wann ihr bereit seid, euer bisheriges Leben zu überdenken, gibt es euch – wie bei den Alpträumen – ab diesem Zeitpunkt diese Träume ein, um auf einen neuen Lebensabschnitt hinzuweisen. Oder um euch durch bestimmte Traumbilder Lösungswege aufzuzeigen, die ihr durch Traumdeutungen dann erfahren könnt.

Folgender Sinn steht oft hinter diesen Träumen:

Ihr habt unbewusst Ausschnitte eures geplanten Lebens geträumt. Ihr habt etwas geträumt, **wonach ihr Sehnsucht habt**. Ihr vergesst diese Träume selten, und die Erinnerung daran soll euch helfen, den Mut zu entwickeln, euer Leben zu überdenken und zu prüfen, was euch fehlt und was ihr verändern könnt, damit sich eure Wunschträume realisieren lassen.

7. Träume mit zusammenhängenden Bildern beziehungsweise Bildergeschichten, deren Inhalt ihr nicht vergesst und der euch zum Teil schon bekannt ist, weil ihr ihn immer wieder träumt.

Diese Träume sollen euch auf eure **bewusst verdrängten** Ängste aufmerksam machen. Denn Bildergeschichten mit einem häufig gleichen Inhalt stehen für das Prinzip eurer Verdrängungen:

Verdrängungen sind Ängste, sich mit etwas auseinanderzusetzen. Um dieser Auseinandersetzung aus dem Weg zu gehen, schiebt ihr eure entsprechenden Gedanken immer wieder zur Seite. Da dadurch aber keine Veränderung eintritt, stagniert euer Leben auf Dauer, und viele unzufriedene Situationen eures Lebens wiederholen sich immer wieder.

Ihr Menschen liebt diese Träume, weil ihr euch am nächsten Morgen gut damit fühlt. Das Wissen, was diese Träume aber wirklich bedeuten, zerstört jetzt leider eure Illusionen, aber langfristig lebt ihr mit dieser „Ent-Täuschung" besser. Denn euer gutes Gefühl nach solchen Träumen ist ebenfalls wieder das Prinzip eurer Verdrängungen, durch die ihr aber eure eigentlichen Probleme nicht beseitigt. Sie verlassen euch erst dann, wenn ihr euch mit ihnen auseinandersetzt.

Euer Unterbewusstsein ist sehr hartnäckig und gibt euch so lange diese Träume ein, bis ihr mit euren Verdrängungen aufhört.

Zusammengefasst:
Alle Träume mit einer Erinnerung an die Traumbilder sind dazu da, euch auf Ängste, neue Lebensabschnitte oder Verdrängungen hinzuweisen.
Und das ist einer der hilfreichen Anteile eures Unterbewusstseins für euer tägliches Leben.

8. Entlastung eurer täglichen Gedanken

Träume dienen also zur Verarbeitung aller Gedanken. Das bedeutet aber nicht, dass eure Gedanken dadurch verloren gehen. Sie werden zum einen in eine positive oder negative Energie umgewandelt, deren Auswirkung ihr durch euren ruhigen erholsamen oder nicht erholsamen Schlaf spürt und kennt.

Zum anderen werden sie in eurem Unterbewusstsein gespeichert und bleiben euch so als Erinnerung erhalten.

Nur eure alltäglichen unwichtigen Gedanken, die ihr stets nebenbei unbewusst ununterbrochen formuliert, werden so umgewandelt, dass sie nur noch als positive oder negative Energie in euch vorhanden sind.

Dieser Vorgang geschieht durch eine energetische Umwandlung und ist wichtig, denn sonst würdet ihr immer wieder auf diese alltäglichen unwichtigen Gedanken stoßen, was eine ziemliche Belastung für euer Leben wäre.

Warum ihr Menschen trotz eurer gespeicherten Gedanken beziehungsweise Erinnerungen manches vergesst, oder warum manche Menschen ihr Gedächtnis immer mehr verlieren, hängt mit starken angstvollen Energieblockaden zusammen. Dadurch könnt ihr kurzfristig etwas vergessen, oder es können durch diese Angst-Energieblockaden Krankheiten entstehen, die einen Gedächtnisverlust fördern.

Das ist nur eine sehr kurze Erklärung für die Entstehung eines Gedächtnisverlusts, denn das ist nicht Thema dieses Buches.

Es sollte euch lediglich aufgezeigt werden, dass durch eure Träume keine wichtigen Gedanken verloren gehen.

Sehende Träume, Visionen und Tagträume

Es gibt noch andere Arten von Träumen, die hier angesprochen werden, ihr aber nicht zu den eigentlichen Träumen zählen dürft. Denn es sind die Träume, durch die manche Menschen sehr konkrete Informationen über ihr eigenes Leben oder über Lebenssituationen ihrer Mitmenschen erfahren können.

Diese Träume kann man als **Sehende Träume** bezeichnen, die Menschen während ihres Schlafs eingegeben werden. Sie treten – **wie Visionen und Tagträume** – meist nur bei hochspirituellen Menschen auf, weil diese einen sehr tiefen Zugang zu ihrem Unterbewusstsein haben.

Visionen dagegen erreichen Menschen überwiegend während des Tages durch intensive klare oder unklare Gedanken an andere Menschen, durch klare oder unklare Vorstellungen von eigenen Lebenssituationen oder Lebenssituationen anderer Menschen. Oder sie treten als Tagträume auf.

Tagträume

Tagträume sind nicht mit Tagträumereien zu verwechseln, sondern es sind bebilderte Botschaften eures Unterbewusstseins.

Tagträume sind die Träume, die ihr tagsüber in vollem Bewusstsein mit Bildern vor euch seht und euch aus den tiefsten Schichten eures Unterbewusstseins eingegeben werden.

Mit tiefsten Schichten ist gemeint, dass euch euer Unterbewusstsein Bilder aus **vergangenen Leben** einspielt, die euch auffordern sollen, diesen Tagtraum zu hinterfragen, um dadurch auf eine wichtige Information zu stoßen, die euch in eurem jetzigen Leben weiterhilft.

Oder ihr seht Bilder, die euch in einer zukünftigen Situation **eures jetzigen Lebens** zeigen.

Euer Unterbewusstsein ist über eure Lebensplanungen informiert und will euch damit einen Hinweis auf ein geplantes Lebensziel geben.

Das bedeutet aber nicht, sich auf diese Bilder zu verlassen und davon auszugehen, eure Lebensziele erreichen euch von ganz alleine. Sondern gerade diese Zukunftsvisionen dienen als Hinweis, verstärkt an euch zu arbeiten, um auf den geplanten Lebensweg zu gelangen.

Tagträume zeichnen sich dadurch aus, dass es die immer wieder gleichen Gedanken und Bilder sind, die euch erreichen und auch fast immer mit dem gleichen Schlussbild enden.

Das ist sehr geschickt von eurem Unterbewusstsein gelenkt. Denn so werdet ihr neugierig, wie dieser Traum enden könnte und beginnt intensiv, euch um eine Klärung beziehungsweise Deutung dieses Traumes zu bemühen. Dadurch könnt ihr eine bestimmte Lebensrichtung für euch erfahren.

Bei Tagträumen besteht die Gefahr, sie mit euren Wunschträumen zu verwechseln. Aber Wunschträume zeigen **niemals** immer wiederkehrende identische Bilder auf.

Tagträume sind auch nicht mit den Träumen zu verwechseln, die ihr während eures Schlafs als Bildergeschichten träumt und euch auf bewusste Verdrängungen hinweisen sollen. Denn Menschen, die zu Verdrängungen neigen, können keine Tagträume haben, da durch die Verdrängungen der tiefe und enge Kontakt zwischen dem Unterbewusstsein und dem Bewusstsein blockiert ist und sie nur die Hinweise ihres Unterbewusstseins erhalten, die auf diese Verdrängungen aufmerksam machen sollen.

Tagträume hören auf, wenn ihr das anstehende Thema für euch geklärt habt. Dann weiß euer Unterbewusstsein, dass ihr die Botschaft verstanden habt.

Sehende Träume, Visionen oder Tagträume erreichen aus folgendem Grund überwiegend hochspirituelle Menschen:
Diese Menschen haben ein starkes Vertrauen in den kosmischen Weltplan. Dadurch ist die Verbindung zwischen ihrem Unterbewusstsein und ihrem Bewusstsein kaum oder gar nicht blockiert, so dass sie Informationen aus den tiefsten Schichten des Unterbewusstseins erhalten können.
Durch diese unblockierte Verbindung ist es ihnen auch möglich, Visionen oder „Sehende Träume" von anderen Menschen zu erhalten.
Das geschieht über den Weg einer gedanklichen Verbindung zu einem anderen Menschen.

Gedankenübertragungen kennt ihr alle.
Sie äußern sich häufig durch ein überraschendes Telefonat von dem Menschen, an den ihr gerade gedacht habt.

Das alles geschieht durch die Kraft eurer Gedanken. Denn Gedanken sind eine sehr starke Energie und darum in der Lage, in dem Moment des Denkens weiteste Entfernungen in einer unvorstellbaren Geschwindigkeit zu überwinden. Und durch ihre starken energetischen Schwingungen können sie die Energie eines anderen Menschen durchdringen, so dass sich diese beiden Energien sozusagen „vermischen".

Durch diese Vermischung kann es dann zu den erwähnten überraschenden Kontakten zwischen zwei Menschen kommen.

Um dabei aber Visionen eines anderen Menschen zu erfahren, muss die Verbindung zwischen dem Unterbewusstsein und Bewusstsein weitgehend unblockiert sein, weil nur dann die Energie eines anderen Menschen bis in das Unterbewusstsein vordringen kann. Dort werden diese energetischen Informationen gespeichert und wieder in Form von Bildern, Gefühlen oder Gedanken an das Bewusstsein zurückgegeben.

Aber habt jetzt keine Angst vor Manipulationen durch andere Menschen. Denn Visionen oder „Sehende Träume" geschehen wirklich nur bei den Menschen, die durch ihre spirituelle Lebensplanung sorgfältig damit umgehen und auch ganz bewusst diese Informationen ihres Unterbewusstseins einschätzen können.

Das bedeutet:

> **Visionen**, die einen selbst betreffen, sind immer ein Zeichen, eine bestimmte Lebensrichtung zu verfolgen.
> **Visionen** anderer Menschen dagegen dienen als Aufforderung, diese Menschen in bestimmten Lebensrichtungen zu unterstützen oder die Bilder als Lebenshilfe für sie zu verwenden.

Gedankliche Verbindungen an andere Menschen können **bewusst** von euch gesteuert oder **unbewusst** für euch durch **euer Unterbewusstsein** gelenkt werden.

Unbewusst, weil euer Unterbewusstsein immer weiß, was gerade gut für euch ist. Darum ist es in der Lage, mit für euch unbewussten energetischen Schwingungen Verbindungen zu den Menschen herzustellen, mit denen ihr wieder in einen Kontakt kommen sollt, der dann oft völlig überraschend für euch entsteht. Und das ist auch der Grund, warum ihr plötzlich Gedanken an einen Menschen verspürt, an den ihr zum Beispiel jahrelang nicht gedacht habt.

Auf der anderen Seite zeigen **bewusste gedankliche Verbindungen** an einen anderen Menschen nicht immer eine Reaktion auf. Warum manchmal eine Verbindung entsteht und manchmal nicht, liegt wieder an eurem Unterbewusstsein, das genau weiß, ob ihr mit dem bestimmten Menschen jetzt einen Kontakt aufnehmen sollt oder nicht, da es durch „gelenkte Zufälle" Kontakte herstellen oder auch verhindern kann.

Darum noch ein Wort zu den „**gelenkten Zufällen**": Ihr Menschen könnt nicht alles verstehen, was sich zwischen eurer eigenen und der kosmischen Energie bewegt und was dadurch alles geschehen kann. Es sind alles energetische Prozesse, die da ablaufen. Dass Energie sehr viel bewegen kann, wisst ihr alle. Energie ist alles in eurer Welt und darum vertraut einfach auf diese energetisch gelenkten Zufälle.

Um noch einmal auf die Gefahr einer eigenen Traumdeutung hinzuweisen:

Ihr Menschen neigt gerne dazu, eure Träume als „**Sehende Träume**" zu interpretieren, und geht dabei unter Umständen falsche Lebenswege, weil ihr euch auf eure Traumbilder beziehst. Darum legt die Deutung eurer Träume in erfahrene Hände, um keine falschen Entscheidungen durch eure Traumbilder zu schaffen.

Gedanken

Bedeutung

Gedanken bewirken alles in eurem Leben. Sie haben Einfluss auf euer äußeres Lebens und auf euren Körper.

Gedanken sind eine der stärksten Energien auf eurer Welt.
Diese Energiestärke wird nur noch überboten von den einzelnen Worten, die euer Bewusstsein nach der energetischen gedanklichen Schwingung formt, und euren Handlungen, die aber immer ein Resultat eurer Gedanken sind.

Durch eure **Handlungen** bestimmt ihr euer Leben. Denn ihr handelt immer erst dann, wenn vorher ein entsprechender **Gedanke** zu der nachfolgenden Handlung in euch war. Und das gilt für alles, was ihr in eurem Leben tut. Sogar dann, wenn ihr zum Beispiel die Ratschläge anderer Menschen befolgt oder auch deren Befehle ausführen müsst. Ihr handelt erst, wenn vorher eure eigenen Gedanken dazu stattgefunden haben.

Das alles registriert ihr gar nicht mehr. Aber wenn es euch jetzt wieder bewusst geworden ist, merkt ihr:

In eurem Leben geschieht nichts, was nicht vorher als Gedanke in euch war.

Das soll jetzt nicht bedeuten, dass eure Gedanken für alle Lebensverhältnisse verantwortlich sind. Denn ihr alle werdet in Lebensumstände hineingeboren, die manchmal schwierig sein können. Aber ihr selbst habt es in der Hand, wie ihr mit diesen vorgegebenen Lebensumständen umgeht, ob ihr verbittert werdet, oder ob es euch gelingt, trotz vielleicht schlechter Lebensumstände ein positives zuversichtliches Denken zu entwickeln und zu erhalten. Dadurch kann jede schwere Zeit erleichtert werden, und auch nur dann seid ihr in der

Lage, Veränderungen durchzuführen, die euch wirklich guttun.

Gedanken haben also einen ganz entscheidenden Einfluss auf eure Harmonie oder eure Unzufriedenheit. Und auch das ist mit der Aussage gemeint:

Alles, was mit euch geschieht, ist von euren Gedanken abhängig.

Worte

Das gleiche gilt für eure **Worte**, denn auch hier habt ihr es in der Hand, eure Worte auszusprechen oder zu schweigen, und wie ihr mit ihnen umgeht.

Ein Wort ist Energie, und das gesprochene Wort bleibt unvergänglich, weil Energie unvergänglich ist. Und darum können Worte eine starke Macht auf andere Menschen ausüben.

Ihr könnt durch sie alle Gefühle ausdrücken, die ihr empfindet.

Ihr könnt Liebe und Freude durch sie verbreiten, ihr könnt trösten und Hoffnungen erwecken.

Aber ihr könnt durch Worte auch **Angst und Verletzungen** bei anderen Menschen hervorrufen, die sich dann leider als eine bleibende negative Energie bei dem Betroffenen manifestieren. Und das so lange, bis derjenige bereit ist, beziehungsweise dazu bereit sein kann, diese zu verarbeiten. Und das kann unter Umständen erst nach vielen Jahren geschehen.

Jede negative Energie aber wirkt sich störend auf eure Gesamtharmonie aus, wobei es egal ist, ob sie bewusst, unbewusst oder verdrängt in euch vorhanden ist.

Und daraus ergibt sich, was Worte in zwischenmenschlichen Beziehungen alles anrichten können.

Verletzungen entwickeln sich auch meistens zu Ängsten. Denn ihr fühlt euch überwiegend nur verletzt, weil genau eine Unsicherheit angesprochen wurde, unter der ihr schon lange bewusst oder unbewusst leidet.

Damit ihr aber in einem scheinbaren Frieden mit demjenigen lebt, der euch durch bestimmte Äußerungen verletzt hat, versucht ihr, alles zu vergessen. Aber Worte werden nicht vergessen, sondern von eurem Unterbewusstsein gespeichert, um dann immer wieder in euren Gedanken aufzutauchen. Oder sie werden euch plötzlich nach vielen Jahren wieder bewusst. Das wird von eurem Unterbewusstsein gesteuert. Denn es will euch durch die Erinnerungen aufzeigen, dass da eine Angst verarbeitet werden will, damit sich eine negative Energie verabschieden kann.

Natürlich dürft ihr euch streiten und auch wütend sein. Oder eure eigenen Vorstellungen eurer Sichtweise zu verschiedenen Dingen verteidigen. Aber Bemerkungen, die einen anderen bewusst treffen sollen, solltet ihr mit diesem Wissen auch bewusst vermeiden.

Worte können also ebenfalls euer Leben in bestimmte Richtungen lenken, denn ihr könnt durch sie Zuneigung, Anerkennung, aber auch Ablehnung erfahren.

Das bedeutet bezogen auf eure Harmonie und Gesundheit:

Zuneigung und Anerkennung erhöhen eine positive Energie in euch, eine Ablehnung dagegen macht euch bewusst oder auch unbewusst traurig, und das ist eine negative Energie!

Daraus ergibt sich:

Durch eure Worte und eure Handlungen steht ihr eurem Leben so gegenüber, wie ihr die Worte und Handlungen anwendet. Und da beide ihren Ursprung in euren Gedanken haben, ist eure Gedankenwelt verantwortlich für euer Leben.

Das aber gilt – wie bereits erwähnt – nicht nur für eure äußeren Lebensumstände, sondern auch für eure innere Harmonie und Gesundheit.

Denn nicht nur eure Handlungen sind eine Reaktion auf eure Gedanken, sondern auch euer Körper reagiert auf jeden einzelnen Gedanken.

Und das ist der Grund, warum euch Gedanken ermüden oder sogar erkranken lassen können.

Aber sie können auch das Gegenteil bewirken:
Sie können euch gesund und harmonisch leben lassen.
Und das soll das Ziel dieses Buches sein.

Darum soll noch einmal verdeutlicht werden, wie Gedanken in eurem Körper arbeiten.

Das wurde zwar bereits mehrfach bei den Themen der Chakren und des Unterbewusstseins erwähnt, aber es sind nun einmal **die Kernaussagen** für Gedanken, die euer Leben entscheidend beeinflussen.

Kernaussagen für Gedanken

- Gedanken gehen niemals verloren.
- Jeder Gedanke löst in dem Moment des Denkens eine energetische Schwingung in euch aus.
- Diese wird sofort von eurem Unterbewusstsein registriert, gespeichert und anschließend zusätzlich in eine positive oder negative Energie verwandelt, was wiederum abhängig ist von dem Inhalt eurer Gedanken.
- Jeder positive harmonische Gedanke erzeugt eine positive Energie, jeder angstvolle negative Gedanke dagegen eine negative Energie.
- Diese Energie wird an euren Körper zurückgegeben, der sie dann in eure Körperzellen lenkt.
- Eine **positive** Energie ist gesundheitsfördernd, eine **negative** Energie dagegen schadet langfristig eurer Gesundheit.
- Außerdem sind positive Gedanken in der Lage, negative Energien, also Ängste, in eine positive Energieform umzuwandeln, wenn ein Überschuss an positiven Gedanken beziehungsweise positiven Energien in euch vorhanden ist.
- Und alles Positive in eurem Körper richtet keinen Schaden an. Sondern es heilt!
- Darum können positive Gedanken auch als **„heilende"** Gedanken bezeichnet werden!

Neben diesen Kernaussagen für eure Gedanken gibt es eine weitere Konstellation, durch die ihr eure Harmonie, eure Gesundheit und ein zufriedenes Leben fördern oder stabilisieren könnt.

Es ist das Zusammenspiel eurer Gedanken mit eurem Bewusstsein, Unterbewusstsein und eurem Körper.

Bewusstsein, Unterbewusstsein, Körper

Bewusstsein

Gedanken entstehen durch euer Bewusstsein.

Euer Geist beziehungsweise euer Bewusstsein ist der rationale Teil eures Körpers, der für eure bewussten Gedanken verantwortlich ist, der sie formt und eure Worte bildet.

Das bewusste Denken ist eure Lebensgrundlage, denn durch eure **bewussten Gedanken** und den darauf folgenden **Handlungen** plant und lenkt ihr eure Tage und organisiert euer Leben.

Ihr denkt ununterbrochen, euer Bewusstsein ist also ständig in Bewegung, und das seit dem Tag eurer Geburt.

Unterbewusstsein

Durch eure **unbewussten Gedanken oder Gefühle** könnt ihr ebenfalls euer Leben in bestimmte Richtungen lenken, denn euer Unterbewusstsein spielt euch immer zu dem Zeitpunkt die Gedanken oder die Empfindungen zu, die ihr gerade benötigt.

Diese Zeichen eures Unterbewusstseins an euer Bewusstsein spürt ihr meistens in Form von unklaren Ängsten, als Intuition, als Harmonie oder durch eine plötzliche unklare Unruhe.

Diese **Unruhe** soll euch aufzeigen, dass ihr auf eure unbewussten Gedanken reagieren beziehungsweise versuchen sollt, auf euch und euer Unterbewusstsein zu hören. Denn die Unruhe ist ein Signal für eine Unausgeglichenheit in euch. Und eine Unausgeglichenheit ist immer etwas Negatives, was beseitigt werden sollte.

Ängste, die plötzlich verstärkt in euch sind, dienen als Hinweis, dass jetzt der Zeitpunkt ist, mit dem Verarbeiten dieser Angst zu beginnen.

Denn euer Unterbewusstsein weiß immer, für welchen Lebensabschnitt ihr diese Angstverarbeitung geplant habt. Und jede verarbeitete Angst ist eine negative Energie weniger in euch.

Durch **Intuitionen** sollen euch Entscheidungen erleichtert oder auch neue Lebenswege aufgezeigt werden. Folgt ihr euren Intuitionen, fühlt ihr euch anschließend gut, und das erhöht eure positive Energie.

Eine plötzliche **Harmonie** tritt dann auf, wenn ihr zufrieden mit euch seid. Euer Unterbewusstsein will euch damit aufzeigen, dass ihr euch durch eure momentanen Gedanken auf dem richtigen Weg befindet. Und das ist wieder eine positive Energie!

Wenn ihr bereit seid, diese Zeichen anzunehmen und umzusetzen, könnt ihr **Ängste** durch eine bewusste Angstverarbeitung endgültig beseitigen. Allein mit dem Beginn einer Angstverarbeitung könnt ihr euch schon besser fühlen. Scheut euch nicht davor, therapeutische Hilfe in Anspruch zu nehmen, denn Ängste sind alleine schwer zu bewältigen.

Durch eine Angstbefreiung seid ihr dann zum Beispiel eher in der Lage, Entscheidungen zu treffen, die eurem Leben weiterhelfen und zu denen euch bisher der Mut fehlte. **Denn bis zu diesem Zeitpunkt habt ihr vielleicht Entscheidungen getroffen, die angstgesteuert und dadurch falsch für euren weiteren Lebensweg waren.**

Das Annehmen und Umsetzen von unbewussten Gedanken erfordert zu Beginn Zeit und auch Vertrauen in euer Unterbewusstsein und seine Aufgaben. Aber wenn ihr dieses Vertrauen erreicht habt, werdet ihr spüren, dass eure Gedanken eine immer positivere Richtung annehmen.

Körper

Euer Körper ist der Teil von euch, der euch das Leben in eurer Welt ermöglicht.

Und er ist für die Umsetzung eurer Gedanken auf der körperlichen Ebene verantwortlich.

Wobei das Wort „verantwortlich" eigentlich falsch ist, denn die Verantwortung liegt in euren Gedanken.

Euer Körper ist nur dafür verantwortlich, eure gedankliche Energie in eure Körperzellen zu lenken.

Und da eure Gedanken immer in eine positive oder negative Energie umgewandelt werden, die euer Körper immer in eure Zellen lenkt, egal, ob sie positiv oder negativ ist, **eure Körperzellen aber eine positive Energie benötigen,** um funktionstüchtig arbeiten zu können, seht ihr, wie ihr durch eure Gedanken eure Gesundheit beeinflussen könnt.

Je mehr angstvolle, traurige, gestresste, verbitterte oder sonstige negative Gedanken euch beschäftigen, umso mehr fehlt eurem Körper die gesundheitsfördernde positive Energie.

Übrigens erfolgt die Umsetzung eurer Gedanken in eine entsprechende Energieform und die Rückgabe an euren Körper innerhalb von Bruchteilen einer Sekunde, und das steht für die Aussage:
Euer Körper reagiert wie ein Spiegel auf eure Gedanken.

Kernaussagen für Erkrankungen und Gesundheit

Aus dem Zusammenspiel zwischen **Körper, Geist (Gedanken) und Seele (Unterbewusstsein)** ergibt sich, dass das körperliche Geschehen immer von euren Gedanken abhängig ist, beziehungsweise:
Mit eurem Körper geschieht nur das, was zuvor als ein Gedanke in euch existiert hat.

Das bedeutet für euer Leben:
Unbewusst steuert ihr durch eure Gedanken eure Lebensqualität, die immer mit dem Gesundheitszustand eures Körpers in Zusammenhang steht.
Eure Gesundheit ist also abhängig von euren Gedanken, beziehungsweise eure Erkrankungen entstehen primär durch eure Gedanken.

Da Gedanken aus Energie bestehen, läuft jeder beginnende Erkrankungsweg demzufolge auch auf einer energetischen Basis ab.

Das Gleiche gilt für die Voraussetzungen eurer Gesundheit, für die eine positive Energie die Grundlage bildet.

Für die Erkrankungsursache und für den Erhalt eurer Gesundheit gelten diese **Kernaussagen:**

Erkrankung:
- **Jede Erkrankung** geht von euren Körperzellen aus.
- Dabei ist es egal, ob es rein körperliche oder seelisch bedingte Beschwerden beziehungsweise Erkrankungen sind.
- Der Auslöser für jede beginnende Störung in eurem Körper, bis hin zu Erkrankungen, ist immer eine **Unterversorgung** der einzelnen Zellen mit einer positiven Energie.
- Diese Unterversorgung entsteht durch einen Anstieg der negativen Energien in euch, hervorgerufen durch vermehrte **negative Gedanken oder Ängste.**

Gesundheit

Alle Körperzellen benötigen eine gleichmäßige positive Energieversorgung, um alle Vorraussetzungen für Harmonie und Gesundheit zu erfüllen. Das geschieht durch eine frei fließende und schwingende positive Energie und ist die Grundvoraussetzung für eure Gesundheit.

Um diese Energieversorgung in euch zu sichern, habt ihr alle durch eure Geburt die gleichen Bedingungen dafür erhalten (immer vorausgesetzt, es liegen keine angeborenen Krankheiten vor, wie zum Beispiel genetische Defekte):

- Eure Lebensenergie besteht aus der positiven kosmischen Energie.
- Diese Energie nehmt ihr zusätzlich ständig über eure Chakren von außen auf.
- Durch eure positiven Gedanken erzeugt ihr einen ständig weiteren Nachschub von positiver Energie in euch.

Daraus folgt:
Je stärker euer positives Denken ist, umso kontinuierlicher bleibt euch diese gesundheitsfördernde Energie erhalten.

Denn durch ein Überwiegen von positiven Energien werden kleinere Ängste und Sorgen, die sich als negative Energien in eurem Körper aufhalten, so ausgeglichen, dass sie keinen körperlichen Schaden anrichten können.

Erst wenn euer Alltag, euer Leben und/oder starke Ängste euch so belasten, dass negative Gedanken immer mehr zunehmen und zuversichtliche Gedanken gleichzeitig abnehmen, überwiegen diese negativen Energien und die positive Energie reicht nicht mehr aus, um dem gegenzusteuern.

Dadurch werden in eurem Körper die Voraussetzungen für einen beginnenden Krankheitsweg geschaffen.

Weg der Erkrankung und der Gesundung

Der **Erkrankungsweg** läuft in eurem Körper folgendermaßen ab:

- **Negative Energien haben bei längerem Bestehen die Tendenz, sich zu verdichten.**
- Dadurch entstehen Blockadefelder in eurer Lebensenergie, und der gleichmäßige positive Energiefluss wird an der Stelle behindert.
- Diese Verdichtungen können sich überall in eurem Körper bilden.
- Auf diesem Weg können zum Beispiel Nieren-, Blasen- oder Gallensteine entstehen, eure Atmungsorgane können blockiert werden, so dass ihr an Erkältungen leidet, und das alles ist abhängig von euren negativen Gedanken.

Zusätzlich **setzen sich diese negativen Energieverdichtungen in den Chakren fest.**

Dadurch wird zum einen die innere gleichmäßige Energieverteilung eurer Lebensenergie und somit die gleichmäßige Energieversorgung eures Körpers blockiert. Denn diese Verteilung ist eine der Aufgaben der Chakren.

Zum anderen wird die Aufnahme der positiven kosmischen Energie von außen behindert.

Durch all diese Vorgänge erhalten dann bestimmte Körperbereiche keine ausreichende positive Energie mehr, die entsprechenden Körperzellen werden energetisch unterversorgt, und ihre Leistungsfähigkeit nimmt ab.

Und das ist der Beginn einer Erkrankung.

Allerdings auch nur der primäre und nicht spürbare Beginn, denn **nur**, wenn eure Zellen geschwächt sind, werdet ihr anfällig für äußere krankmachende Einflüsse wie Bakterien, Viren, Strahlen, Umwelteinflüsse oder andere.

Noch ein Wort zu Babys und Kleinkindern:
Diese erkranken recht häufig. Sie bekommen Erkältungen, Durchfall, Fieber und die sogenannten Kinderkrankheiten.

Das hat seltener mit Ängsten zu tun, sondern ihre **Immunabwehr** ist noch nicht vollständig ausgebildet, so dass die Abwehrkörper fehlen, die Krankheiten verhindern sollen.

Diese Immunabwehr unterliegt aber selbstverständlich auch den Gesetzen der positiven Energie, und eine gleichbleibende positive Energie kräftigt das Immunsystem.

Und so schließt sich der Kreis:

Je zuversichtlicher und harmonischer ihr seid, umso weniger werden eure Zellen geschwächt.

Immunabwehrkörper sind natürlich auch Zellen, und je stärker und gesünder sie sind, umso schneller können sie zum Beispiel eindringende äußere Keime vernichten, so dass es zu keiner Erkrankung kommt. Oder eine Erkrankung verläuft harmlos und man ist schneller wieder gesund.

Aber zurück zu einem Erkrankungsweg.

Um eine Vorstellung der negativen Gedankenabläufe in eurem Körper zu erhalten, könnt ihr euch folgendes Bild vorstellen, denn im Vergleich zu langen Erklärungen prägen sich Bilder besser ein.

Nehmt als ein Beispiel **das Wort „Energiefluss" und vergleicht es mit einem Fluss in eurer Landschaft.**

Ein Fluss ist das Sinnbild für fließende gleichmäßige Bewegungen. Wenn dieses Fließen gewährleistet ist, ist der Fluss gesund, wie ihr sagt. Das ist vergleichbar mit einer positiven Energie in eurem Körper.

Entsteht aber eine unnatürliche Barriere, beginnt sich das Wasser dahinter aufzustauen. Zu Beginn kann es noch verzögert fließen, wird die Barriere aber dichter, kommt es letztendlich zum Stillstand, und das Wasser beginnt zu vermodern. Diese Barriere ist gleichzusetzen mit einer Verdichtung von negativer Energie durch vermehrte negative Gedanken.

Der Flussanteil vor der Barriere erhält als Folge zu wenig Wasser, und seine natürliche Umgebung wird dadurch unterversorgt. Diese Unterversorgung kann bis zur Austrocknung führen, und diese ist vergleichbar mit einer Erkrankung.

Zusammengefasst:
Erst kommt die Barriere, dann die Unterversorgung, dann die Austrocknung.

Bevor es aber zu einer Austrocknung kommt, reagiert euer Körper, indem er euch durch körperliche Warnzeichen auf die energetische Unterversorgung eurer Zellen aufmerksam macht.

Diese Warnzeichen zeigen nicht gleich eine bedrohliche Form auf, sondern kündigen sich langsam durch harmlose kleine Störungen an wie zum Beispiel durch vermehrte Erkältungen, plötzlich auftretenden Allergien oder Erschöpfungen trotz eines ausreichenden Schlafes.

Wenn ihr beginnt, bewusst auf diese Hinweise zu achten, könnt ihr einer ernsthaften Erkrankung vorbeugen, indem ihr versucht, eurem Körper zusätzliche positive Energien zuzuführen.

Das könnt ihr allein durch eure Gedanken erreichen. Darum werden im Folgenden Lösungswege aufgezeigt, mit deren Hilfe ihr eure negativen Gedanken in eine positive Richtung lenken könnt.

Seid ihr bereits erkrankt und benötigt ärztliche Hilfe, könnt ihr damit den Heilungsprozess unterstützen. Denn eine positive Energie, hervorgerufen durch eure Gedanken, bewirkt immer eine Verbesserung eurer Zellarbeit und dadurch eine beginnende Gesundung.

Darum noch einmal:

> Fröhliche Gedanken sind eine positive Energie.
> Jeder freudige Gedanken wird von eurem Unterbewusstsein in eine positive Energie verwandelt, die euer Körper dann gezielt in die Zellen lenkt, die diese positive Energie dringend benötigen.
> Angstvolle Gedanken dagegen sind eine negative Energie.
> Da euer Körper immer auf eure Gedanken reagiert, führt eine Ansammlung von negativen Gedanken langfristig zu Erkrankungen.

> Der Weg einer **Gesundung** ist einfach, und als Beispiel kann wieder der **Fluss** dienen:
> Die bestehende Barriere, durch die das Wasser gestaut wird, kann durch Helfer beseitigt werden. Das sind in diesem Fall eure positiven Gedanken, die die Barriere Stück für Stück auflösen.
> Dadurch beginnt das Wasser wieder zu fließen, das unterversorgte oder sogar schon ausgetrocknete Flussbett erhält sein „Lebenselixier Wasser" zurück und kann dadurch gesunden.
> Das ist vergleichbar mit eurer „gestauten Energie", die jetzt wieder als Lebenselixier beginnen kann, euren Körper gleichmäßig zu durchströmen, eure Zellen werden wieder ausreichend mit positiver Energie versorgt, sie nehmen langsam ihre ursprüngliche Funktion wieder auf, und **das ist der Beginn eurer Gesundung!**

> **Durch die Kraft eurer Gedanken kann also jede Erkrankung abgemildert oder geheilt werden!**
> **Das erscheint euch zu einfach?**
> **Durch die Kraft eurer Gedanken <u>ist</u> es so einfach!**

Um an dieses einfache Prinzip zu glauben, erfolgt jetzt eine kurze Erklärung über die Kraft positiver Gedanken beziehungsweise positiver Energie.

Selbstverständlich sind eure Wissenschaftler in der Lage, die folgenden Erklärungen detaillierter zu beschreiben, denn sie sind natürlich viel komplexer. Hier geht es nur darum, einen vereinfachten Weg aufzuzeigen, um ein Bild von den Vorgängen eurer Energie in eurem Körper zu erhalten.

Positive Energie

- Eine **positive Energie** ist gekennzeichnet durch ein gleichmäßiges ununterbrochenes Schwingen und Fließen.
Diese ständige Bewegung geschieht, weil ein ausgewogenes Verhältnis von positiven und negativen Molekülen vorhanden ist. Denn diese beiden unterschiedlichen Ladungen sind für den gleichmäßigen Energiefluss verantwortlich, der für eure Harmonie und Gesundheit so wichtig ist.
- Eine **negative Energie** dagegen zeichnet sich durch ein Übergewicht an negativen Molekülen aus. Dieses Ungleichgewicht zwischen positiven und negativen Molekülen verhindert ein gleichmäßiges Fließen einer Energie, stattdessen entsteht ein verzögertes Fließen, wodurch sich dann Verdichtungen und Blockaden bilden.
- Positive Energien beziehungsweise ihre positiven Moleküle haben aufgrund ihrer Kraft die Fähigkeit, negative Moleküle zurück in positive zu verwandeln. Sie werden umgepolt. Ihr könnt auch sagen: neutralisiert.
Und das bedeutet in diesem Fall:
Es wird nach einem bestehenden Ungleichgewicht eine solide Ausgangsbasis geschaffen, und auf dieser neuen Basis kann eure Lebensenergie wieder frei fließen und schwingen.
- Diese Neutralisation kann aber nur dann geschehen, wenn im Vergleich von negativen zu positiven Molekülen eine Überzahl an positiven Molekülen vorhanden ist.
- Dieses Übergewicht ist durch ein ausgewogenes positives Denken gewährleistet. Nur dann erhaltet ihr einen steten Nachschub an positiver Energie. Dadurch bleibt eure Energie frei fließend, so dass auch eure Chakren unblockiert bleiben und ihr zusätzlich die äußere positive kosmische Energie aufnehmen könnt.
- Dadurch habt ihr dann einen **immer verfügbaren Vorrat** an positiven Molekülen, der letztendlich „nur" dazu da ist, jeden negati-

ven Gedanken beziehungsweise jede neue negative Energie sofort zu neutralisieren, um so eure Energie am Fließen zu halten. Dieser Vorgang läuft tagtäglich in eurem Körper ab.

- Fällt dieser Nachschub nun durch ansteigende negative Gedanken und Ängste aus, **verringert** sich der Vorrat der positiven Moleküle, so dass eine Umpolung nur noch in kleinem Umfang geschehen kann.
- Nehmen eure negativen Gedanken dann weiter zu und eure positiven im gleichen Maße ab, beginnen die negativen Moleküle zu überwiegen, und eine Neutralisation kann nicht mehr stattfinden.
- Die Folge ist der beginnende Erkrankungsweg durch die entstehenden Verdichtungen und Blockaden, hervorgerufen durch die negativen Energien.
- Dann beginnt der Zeitpunkt, an dem ihr von eurem Körper mit **Ermüdungserscheinungen oder den erwähnten körperlichen Warnzeichen** auf euren gedanklichen Zustand und die daraus resultierende Unterversorgung eurer Körperzellen aufmerksam gemacht werden sollt.
- Und der Zeitpunkt, an dem ihr diesen Warnzeichen entgegensteuern solltet, um eine weitere Verschlechterung eurer Energieversorgung zu verhindern.

Dem könnt ihr durch bewusstes positives Denken sofort entgegentreten.

Folgender rückläufiger Prozess läuft dann in eurem Körper ab:

- Die neuen zusätzlichen positiven Gedanken erzeugen erst einmal positive Energie, die benötigt wird, um wieder einen Vorrat an positiven Molekülen zu schaffen.
- Diese neuen positiven Moleküle beginnen sofort damit, die vorhandenen überzähligen negativen Moleküle zu neutralisieren, so dass eure Energie wieder beginnen kann, frei zu fließen. **Das ist**

der beginnende Heilungsprozess!
Aus diesem Grund wird positiven Denkmustern so eine hohe Bedeutung zugemessen, denn mit ihrer Hilfe entsteht wieder ein ausgeglichenes Verhältnis zwischen positiven und negativen Molekülen in eurem Körper. Dadurch verwandeln sich blockierte Energien zurück in fließende positive Energien, und diese gleichmäßig fließende Energie ist die Voraussetzung für eure Harmonie und Gesundheit.

- Um dieses Fließen eurer Energie zu stabilisieren **und** einen stets vorhandenen Vorrat an positiven Molekülen zusätzlich zu schaffen und zu erhalten, ist es wichtig, dass ihr eure positiven Gedanken nicht vernachlässigt und euch darum bemüht, vorhandene belastende Ängste aufzuklären, um auch diese negativen Energien in euch zu beseitigen.

Positive Gedanken

Ein positives bewusstes Denken ist zu Beginn ungewohnt und manchmal auch schwer, aber eure Gedanken helfen euch dabei.
Denn:
Jeder positive Gedanke zieht automatisch weitere positive Gedanken nach sich. Das fällt euch vielleicht gar nicht mehr auf, aber ihr alle kennt das Gefühl, wie gut man sich fühlen kann, wenn man etwas Schönes getan, erlebt oder gedacht hat.

Dieses gute Gefühl ist durch das automatische Nachziehen positiver Gedanken entstanden und ein ganz unbewusster Prozess in euch.

Das Entscheidende dabei ist:
Ihr erhöht dadurch ganz unbewusst den positiven Energieanteil in euch!

Diesen Prozess könnt ihr ganz bewusst einsetzen, indem ihr eure Gedanken auf ihren Inhalt kontrolliert.

Durch ein neues, zuversichtliches und fröhliches Denken erreicht ihr dann Folgendes:
Ihr nähert euch wieder der Energieversorgung an, die ihr durch eure Geburt ursprünglich erhalten hattet. Das bedeutet:
Ihr habt wieder einen positiven Energievorrat in euch, durch den jeder neue negative Gedanke in eine positive Energie umgepolt werden kann.

Das erscheint euch jetzt wieder zu einfach, denn ihr habt dem vieles entgegenzusetzen, wie zum Beispiel:

- Ihr könnt nicht nur positiv denken, denn dazu gibt das tägliche Leben keine Gelegenheit.
- Ihr entwickelt Angst davor, dass ihr euch nicht mehr ärgern dürft.
- Ihr befürchtet, nur noch verkrampft zu denken, um ja keinen negativen Gedanken mehr in euch zu entwickeln.

All das kann euch wieder zusätzlich belasten, und es ist auch falsch!

Es gibt tatsächlich unzählige Gelegenheiten, die euch verärgern, unter Druck setzen oder unzufrieden machen.

Aber wenn ihr damit beginnt, eure Gedankenwelt bewusst umzustellen, so widersinnig euch das am Anfang auch vorkommen mag, erreicht ihr dadurch unbewusst den beschriebenen positiven Energieanstieg in euch, durch den ihr gelassener und weniger gestresst werdet.

Allein dadurch nehmt ihr viele tägliche Gelegenheiten ruhiger und emotionsfreier hin, und eure gestressten Gedanken werden automatisch gelassener.

Das könnt ihr aber erst nachvollziehen und spüren, wenn ihr diesen Weg ausprobiert habt.

Dazu gibt es Vorschläge, wie ihr durch bestimmte positive Sätze euren Tag beginnen könnt, um erst einmal eine beginnende Harmonie zu spüren.

Habt ihr erst einmal einen Erfolg wahrgenommen und dadurch Vertrauen in diese Methode entwickelt, könnt ihr damit beginnen, bewusst auf jeden negativen Gedanken zu achten. Diesem Gedanken könnt ihr dann mit positiven Gedanken entgegenwirken, so dass die gedankliche negative Energie gleich in eine positive Energie neutralisiert werden kann.

Hier ein Beispiel von bewussten positiven Gegen-Sätzen:
Ihr alle kennt den Satz: „Ich kann nicht mehr!" oder „Das schaffe ich nie!"
Dem könnt ihr bewusst gegenüberstellen: „Ich schaffe das!" oder „Ich kann das!"
Dadurch wird der negative Satz aufgehoben, und eure Tatkraft kehrt zurück.

Die Bewusstwerdung von negativen Gedanken wird euch nach einer gewissen Zeit der Übung gelingen. Außerdem könnt ihr euer Unterbewusstsein dahingehend programmieren, euch Zeichen zu geben, wenn ihr wieder verstärkt negative Gedanken habt (*siehe Selbsthilfe → Programmierung des Unterbewusstseins*).

Die Umsetzung von positiven Gedanken durch euer Unterbewusstsein in eine positive Energie und die Rückgabe dieser Energie an euren Körper geschieht sehr schnell.

Und je mehr positive Energie euer Körper erhält, umso schneller spürt ihr eine positive Wirkung. Denn dadurch können immer mehr unterversorgte Zellen mit dieser Energie aufgefüllt werden.

Und damit sind alle Zellen gemeint. Also nicht nur die Zellen von Herz, Leber, Muskeln und allen weiteren Organen, an die ihr gleich bei dem Wort Erkrankung denkt, **sondern auch eure Nervenzellen. Und da euer Nervensystem unter anderem mit den Drüsen zusammenarbeitet, die für eure Hormonregulierung verantwortlich sind, kann es durch eine verbesserte Zellarbeit dafür sorgen, dass ihr euch zufrieden, ruhig, ausgeglichen und glücklich fühlt.**

Selbstheilungskräfte

> Der Anstieg positiver Moleküle sind eure Selbstheilungskräfte.
> Oder, anders formuliert:
> **Durch ein bewusstes positives Denken mobilisiert ihr eure Selbstheilungskräfte.**
> Daraus folgt:
> **Selbstheilungskräfte entstehen dann, wenn ihr eurer eigenen Lebensenergie zusätzliche positive Energien zuführt. Das ist alles!**
> Darum können Selbstheilungskräfte auch als **positive Energie, positive Moleküle, fließende Energie** oder **positive Gedanken** bezeichnet werden.

Selbstheilungskräfte lösen Stück für Stück eure Blockadefelder in eurer Lebensenergie und die negativen Verdichtungen in euren Chakren wieder auf, so dass ihr wieder die kosmische Energie vollständig aufnehmen könnt. Sie können gezielt eure Körperzellen erreichen, um so eine verbesserte Zellarbeit zu beschleunigen, und all das könnt ihr durch eure **eigenen Gedanken** bewirken.

Um eure Selbstheilungskräfte zu verstärken, könnt ihr auch die Hilfe von Heilern in Anspruch nehmen.
Heiler sind Menschen, die durch eine spirituelle Gabe in der Lage sind, ihr eigene Energie mit der positiven kosmischen Energie erst anzureichern, um sie dann wieder an eure eigene Energie abzugeben beziehungsweise zu übertragen. Dadurch erhaltet ihr einen **Nachschub an positiven Molekülen beziehungsweise Selbstheilungskräften**, die die überzähligen negativen Moleküle erst einmal wieder ausgleichen, so dass eure blockierte Energie wieder fließen kann.

Ihr könnt nur dauerhaft gesunden, wenn ihr **gleichzeitig** eure Gedanken von Negativ auf Positiv umstellt und euch bemüht, **die Ursache für eure Erkrankung** zu finden.

Die Ursachen für Erkrankungen sind leider immer Ängste, die ihr zum Teil durch die Eigenbeobachtung eurer Gedanken erkennen könnt.

Liegt jedoch eine Angst zugrunde, die ihr nicht näher erklären könnt, benötigt ihr therapeutische Hilfe, um an die Ursachen der Angst zu gelangen.

Diese Ursachen können in eurem jetzigen Leben entstanden sein, auch wenn ihr keine Erinnerung mehr daran habt, oder es sind unverarbeitete Vorlebensängste, die euch in diesem Leben belasten.

Verlasst ihr euch jedoch **nur** auf die Heiler beziehungsweise auf die „fremde" positive Energie, steigen eure eigenen negativen Energien weiter in euch an, und die zugeführte heilende Energie reicht irgendwann nicht mehr aus, um das zu kompensieren.

Und dann befindet ihr euch wieder am Ausgangspunkt eurer Erkrankungen.

Es folgt noch einmal eine **Zusammenfassung der Wirkung eurer Gedanken** auf euren Körper, weil sich jede Wiederholung tiefer in euer Bewusstsein einprägt und ihr dadurch eine immer stärker werdende Sicherheit im Umgang mit euren Gedanken bekommt.

Jeder positive Gedanke erzeugt nicht nur eine positiven Energie, sondern auch zusätzlich eine **harmonische Schwingung**, die dafür sorgt, dass eure Lebensenergie frei fließen und schwingen kann. Und das ist die Vorraussetzung für Harmonie und Gesundheit.
Jeder negative Gedanke dagegen erzeugt eine **disharmonische Schwingung**, die einen gleichmäßigen Energiefluss verlangsamt.

Beispiel für eine bildliche Vorstellung eurer Gedanken:
Positive Gedanken sind sprudelnde Energie.
Negative Gedanken sind eine lähmende Energie.
Lähmung bedeutet Stillstand und langfristig eine Erkrankung.

Leider benutzt ihr Menschen das Wort **Selbstheilungskräfte** immer nur dann, wenn es um eure körperliche Gesundung geht. Aber sie sind ebenso wichtig, wenn es um Ängste, Ruhe und innere Harmonie geht.

Eure Harmonie ist nämlich auch „erkrankt", wenn ihr sie nicht mehr spürt.

Und ihr spürt sie nicht mehr, weil euch eure Ängste oder täglichen negativen Gedanken lähmen und blockieren.

> Dabei ist es wichtig, zu wissen:
> **Erst „erkrankt" eure Harmonie, und als Folge davon reagiert euer Körper mit gesundheitlichen Störungen bis hin zu ernsthaften Erkrankungen.**

Ziel ist es, euch eure innere Harmonie durch die Eigenarbeit mit euren Gedanken zurückzugeben.

Selbstheilungskräfte spielen bei der Auflösung eurer täglichen kleinen Ängste sowie zur Vorbereitung einer massiven Angstverarbeitung eine ganz entscheidende Rolle.

Denn kleine täglich angesammelte negative Gedanken können sich durch entsprechende positive Gegengedanken tatsächlich durch die Umpolung von negativen zu positiven Molekülen „auflösen", so dass ihr sie nicht mehr als Angst verspürt.

Bei starken Ängsten dagegen erleichtern die Selbstheilungskräfte den Verarbeitungsprozess.

Entstehung von Angst und ihre Auflösung

Jede Angst ist durch einen bestimmten Auslöser entstanden. **Eine Angstbeseitigung gelingt nur durch das bewusste Erkennen und Verstehen dieser Angstursache.**
Somit geschieht eine Angstbewältigung nur durch eure bewussten Gedanken.

Jede Angst **entsteht** während eines eurer vielen Leben.
Das kann das jetzige Leben sein, oder es geschah während eines eurer Vorleben.
Warum ihr unverarbeitete Vorlebensängste häufig erst während eines späteren Lebens aufarbeiten wollt, wird in dem Kapitel *Angst* näher erklärt.

Da es jetzt hier nur um den Weg der Angsterkennung und der Angstbeseitigung geht, ist es egal, ob es sich um eine Angst aus einem Vorleben oder eine Angstursache aus dem jetzigen Leben handelt, denn der Weg der Verarbeitung ist bei jeder Angst gleich.

Um eine **erste Hilfestellung** zu geben, ist es vorteilhaft, sich noch einmal die Auswirkung positiver Gedanken beziehungsweise die Auswirkung eurer Selbstheilungskräfte auf euren Körper vorzustellen.

- Jede Angst ist als eine negative Energie in eurem Körper vorhanden.
- Jede negative Energie kann durch eine positive Energie aufgelöst, neutralisiert oder umgepolt werden.
- Dabei ist es egal, welchem Wort ihr den Vorzug gebt, denn alle drei sagen das Gleiche aus. Entscheidend ist **das Wort**, das ihr euch in einer Verbindung mit diesem Vorgang merkt. Denn durch Worte könnt ihr jeden Verarbeitungsprozess unterstützen.

Und Neutralisation, Umpolung oder Auflösung wären dann die Worte, die ihr in einer Kombination mit einer Angstbefreiung fest in eurem Gedächtnis verankert habt.

Es sind in dieser Verbindung sehr positive Worte, die euch stets begleiten können, wenn ihr Ängste spürt, was dann wie folgt aussieht:

Ihr habt Angst und denkt automatisch dabei:

> **Diese Angst kann ich auflösen** (neutralisieren oder umpolen).
> Das alleine ist schon ein positiver Beitrag, um entspannter zu werden. Denn ihr habt plötzlich das Gefühl, nicht mehr ganz so hilflos einer Angst ausgeliefert zu sein.

Für alle wichtigen Vorgänge in eurem Körper gibt es Kernaussagen. Das gilt ebenso für alle Ängste.

Ängste beeinflussen durch ihre negativen Energien alle lebenswichtigen Abläufe in eurem Körper und stehen somit in einem störenden Zusammenhang mit eurer Harmonie und Gesundheit.

Aber trotz ihrer vielfältigen Auswirkungen beschränken sie sich auf wenige **Kernpunkte.**

- Jede Angst entsteht durch eine auslösende Ursache und wird hier als **Urangst** bezeichnet.
- Dabei ist es egal, ob diese Ursache auf einer körperlichen oder emotionalen Ebene basiert. Die Folgen sind immer gleich:
- Jede Angst bleibt nach der auslösenden Ursache als ein gefühlter Zustand in euch zurück. Und das kann auf einen Satz konzentriert werden: **Jede Angst ist ein gefühlter Zustand.**
- Dieser gefühlte Zustand bleibt so lange in euch erhalten, bis ihr eine Angst verarbeitet habt.
- Jede Angst kann erst dann verarbeitet und beseitigt werden, wenn die Ursache bekannt ist.

- Jede Urangst zieht Begleitängste nach sich, die immer in einem Zusammenhang mit der eigentlichen Angstursache stehen (*siehe Gewitterbeispiel*).
- Diese Begleitängste belasten euch gleichermaßen und können nur in Verbindung mit der Ursprungsangst verstanden und aufgeklärt werden.
- **Denn die Urangst hat mit den entsprechenden Begleitängsten einen Angstkomplex gebildet.**

Da Angst also immer ein gefühlter Zustand ist, könnt ihr diesen Zustand auch nur durch eure bewussten Gedanken beheben beziehungsweise beenden.

Damit sind alle Ängste gemeint.

Eure kleineren Sorgen und Probleme, die ihr während eures Alltags angesammelt habt und die überwiegend durch Unruhe oder Unzufriedenheiten entstehen, könnt ihr schnell durch gezielte positive Gegen-Sätze auflösen. **Denn jede Angst hat ihre eigene negative Energie, die durch eine entsprechende positive Gegenenergie beseitigt werden kann.**

Dieser energetische Auflösungsprozess einer Angst geschieht jedoch nicht nur bei euren alltäglichen negativen Gedanken, sondern auch bei den Ängsten, die euch bewusst oder auch unbewusst belasten und sich in Form von negativen Energien in eurem Körper aufhalten. Aber ihr könnt dieser entsprechenden Angstenergie erst dann eine gezielte positive Energie entgegensetzen, wenn ihr die Angstursache beziehungsweise die spezielle negative Energie kennt.

Denn:

Ihr könnt nur etwas Negatives bearbeiten oder entfernen, wenn ihr genau wisst, was ihr entfernen wollt.

Oder, anders ausgedrückt:

Ihr könnt nichts Negatives in etwas Positives umkehren, wenn ihr nicht wisst, was ihr umkehren sollt.

> Das Differenzieren einer Angstursache ist häufig schwer. Denn die Begleitängste können euch ebenso massiv oder sogar noch stärker belasten wie die eigentliche Angstursache.
> Ein Beispiel eines solchen Angstkomplexes wird auf den folgenden Seiten vorgestellt.

Außerdem habt ihr eure Ängste wahrscheinlich nicht als einen zusammenhängenden Angstkomplex, sondern unabhängig voneinander angesehen, was auch verständlich ist, denn sie zeigen nicht immer einen direkten Zusammenhang auf.

Ihr wisst also nicht, wo ihr mit eurer Suche beginnen sollt?

Dazu bietet sich eine spirituelle Hilfe an, denn spirituelle Menschen sind in der Lage, die eigentliche Angstursache mit den Begleitängsten schnell zu erkennen.

Bevor ihr jedoch ehrlichen Herzens damit beginnt, euch um die Beseitigung eurer Ängste zu bemühen, ist es wichtig, erst einmal eine gewisse Grundruhe zu erreichen.

Denn ihr habt zu euren eigentlichen Ängsten ja auch noch eure alltäglichen Sorgen und Probleme, die euch belasten und eure Gesamtharmonie stören. Das dürft ihr nicht unterschätzen, denn aus dieser Unruhe heraus könnt ihr euch meistens **nicht** um elementare Ängste kümmern, da ihr gedanklich viel zu blockiert dazu seid.

Um dieser Blockade zu begegnen, versucht erst einmal, euren negativen Gedankenkreislauf zu unterbrechen.

Dabei helfen positive harmonisierende Sätze, wie zum Beispiel: **„Der Tag ist schön!"** oder **„Ich freue mich auf diesen Tag!"** Dadurch erreicht ihr einen positiven Energieanstieg in euch, der euch automatisch entspannter werden lässt.

Wenn euch bewusst geworden ist, wie ihr euren Tag durch kleinere Ängste belastet habt, könnt ihr damit beginnen, euch mit positiven Gegen-Sätzen zu helfen.

> Hier ein Beispiel einer **kleinen Angst, die euch täglich treffen kann:**
> Ihr seid mit eurem Aussehen unzufrieden. Das sind Gedanken, die ihr alle kennt, und von denen euch zum Teil auch die Begleiterscheinungen bekannt sind. Denn ihr habt Angst, dass ihr kritisch beobachtet werdet, fühlt euch dann auch beobachtet und dadurch immer unwohler. Ihr beginnt damit, euch selbst abzulehnen, und so baut ihr eine negative Energie nach der anderen in euch auf. Dann wundert ihr euch, dass ihr euch abends erschöpft und ausgelaugt fühlt.

Dieser erschöpfte Zustand ist durch den Anstieg der negativen Energien in euch entstanden.
Und der auslösende Faktor war eure Unzufriedenheit.
Das ist euch auch bewusst, aber trotzdem gelingt es nicht immer, euch aus diesem negativen Gedankenkreislauf zu befreien.
Das wiederum bedeutet:
Eure positiven Gedanken haben zurzeit so nachgelassen, dass sie keine negativen Energien mehr ausgleichen können.

> Diesem Zustand könnt ihr ab jetzt mit folgenden positiven Gegen-Sätzen bewusst entgegentreten:
> „**Ich bin zufrieden mit mir!**" oder „**Ich bin schön!**" oder „**Ich habe eine schöne Ausstrahlung!**"
> Die dadurch entstehende positive Energie wird eure negativen Gedanken neutralisieren, so dass ihr euch weniger unzufrieden fühlt.
> Ein gutes Gefühl gelingt vielleicht nicht gleich beim ersten Mal. Aber der zweite oder dritte Versuch wird deutlich spürbar für euch sein. Vertraut einfach auf diese Aussage!

So könnt ihr auch in Zukunft mit jedem weiteren negativen Gedanken, der euch bewusst auffällt, verfahren. Entsprechende Sätze mit ihrer Wirkung auf euren Körper werden dazu vorgestellt.

Hier ein Beispiel, wie sich aus einer Angst weitere Ängste entwickeln können, die aber zunächst nicht gleich in einem Zusammenhang zu erkennen sind, und die ohne eine Bewusstwerdung des gesamten Angstkomplexes auch nicht einzeln zu lösen sind.

Es beginnt mit den **bestehenden verschiedenen Ängsten**:

> Ihr habt Angst vor Gewitter.
> Ihr könnt euch diese Angst nicht erklären, denn rational seht ihr, dass euch bei einem Gewitter ja nichts passieren kann, wenn ihr euch entsprechend verhaltet.
> Zusätzlich habt ihr Angst davor, abgelehnt oder ungeliebt zu sein.
> Ihr fühlt euch in dunklen Räumen sehr unwohl.
> Laute Geräusche sind euch unangenehm.
> Und ihr habt Angst vor dem Alleinsein in geschlossenen Räumen.

Das alles sind Ängste, die durch eine Gewitternacht entstanden sind. Diese Nacht habt ihr tief in eurem Unterbewusstsein vergraben, weil ihr nicht mehr daran erinnert werden wolltet, eure Ängste zu schrecklich waren.

Das bedeutet:

Die Gewitternacht als Ursache ist nicht mehr als bewusste Erinnerung da, lediglich eure Ängste sind geblieben.

Da die Ursachen für eure Ängste euch dadurch unbekannt sind, hilft es nicht, mit reinem Vernunftsdenken zu versuchen, sie zu beseitigen.

Ihr könnt das immer wieder versuchen, indem ihr euch vorhaltet, dass es keinen Grund für eure Ängste gibt, ihr könnt das Licht im Raum einschalten, ihr könnt Türen offenlassen, aber es wird sich nichts ändern, denn ihr arbeitet gegen eine unbekannte Größe an.

Und die unbekannte Größe sind die negativen Energien, die in dieser Nacht entstanden sind, und die euch so lange belasten, bis ihr sie durch eine entsprechende positive Gegenenergie ins Positive verwandelt habt. Und alles Positive ist angstfrei!

Die einzelnen Ängste können folgendermaßen entstanden sein:

> Ihr werdet als kleines Kind nachts wach, weil es ein schweres Gewitter gab.
> Ihr hattet große Angst, denn die grellen Blitze erhellten immer wieder den dunklen Raum, was gespenstisch aussah, und dann war wieder alles dunkel um euch.
> Diese Dunkelheit wurde durch ein starkes Donnern begleitet, was euch zusätzlich Angst machte.
> Ihr rieft nach euren Eltern, aber sie kamen nicht. Daraufhin glaubtet ihr, sie hätten euch nicht mehr lieb. Denn sonst hätten sie euch ja geholfen.

Das Gewitter war in diesem Fall die **auslösende Angstursache**, die Ängste vor dunklen geschlossenen Räumen, vor lauten Geräuschen und vor der Ablehnung durch andere Menschen sind die **entstandenen Begleitängste**.

> Jede dieser einzelnen Ängste zieht weitere Kreise.
> Vor allem die **Angst vor Ablehnung durch andere Menschen ist eine starke emotionale Belastung, aus der sich immer mehr Ängste entwickeln können, wodurch die Lebensfreude immer mehr eingeschränkt wird.**
> **Ihr traut euch zum Beispiel immer weniger zu, entwickelt Angst vor neuen Aufgaben, vor Menschen und** könnt euch einen angstfreien Zustand immer schwerer vorstellen. Ihr bemüht euch, alles zu ignorieren, um trotzdem zufrieden zu leben. Aber ein Ignorieren ist ein Verdrängen eurer Ängste und eine erneute zusätzliche negative Energie, die euch unbewusst noch mehr blockiert.

Wenn ihr euch dann vorstellt, dass jeder negative Gedanke eine negative Energie in euch erzeugt, die in eurem Körper stetig ansteigt und sich immer störender auf eure Harmonie und Gesundheit auswirkt, könnt ihr jetzt nachvollziehen, warum ihr euch irgendwann nur noch müde und lustlos fühlt. Oder warum plötzlich trotz einer gesunden Ernährung, ausreichendem Schlaf, regelmäßigem Sport oder sonstigen gesundheitsfördernden Aktivitäten vermehrt körperliche Symptome auftreten.

Darum beginnt jetzt damit, einzelnen Ängsten mit konkreten Gedanken zu begegnen.

Ihr könnt euch **Bilder** vorstellen, die euch – bezogen auf eine eurer Ängste – in einer entsprechenden angstfreien Situation zeigen, wie zum Beispiel das Bild eines schönen Raums, in dem ihr euch wohlfühlt. Dieses Bild wäre bezogen auf eure Angst vor Dunkelheit und geschlossenen Räumen.

Ihr löst dadurch nicht die Angstursache, jedoch eure einzelnen Ängste, die, wie in diesem Fall, in der Gewitternacht entstanden sind, können gelockert werden und euch in den entsprechenden Situationen durch eine gezielte positive Satzenergie entspannen. Von Mal zu Mal werdet ihr sicherer werden und immer offener dafür, eure Ängste endgültig zu beseitigen.

Ein weiteres Beispiel:

> Ihr habt aufgrund eurer Angst, abgelehnt oder nicht geliebt zu werden, immer öfter das Gefühl, wertlos oder uninteressant für andere Menschen zu sein.
> Ein positiver Satz dagegen könnte sein:
> „**Ich bin ein liebevoller Mensch!**"

Allein das Wort **Liebe** erzeugt schon eine positive Energie. Wenn ihr dieses Wort dann noch auf euch bezieht, verdoppelt sich der positive Energieanteil in euch. Dadurch hat euer Körper viel Kapazität, um gleichzeitig viele Zellen mit dieser Energie zu versorgen.

Zusätzlich lenkt er sie in euer Nervensystem, das für eure Ruhe und Harmonie verantwortlich ist.

Durch die beginnende Ruhe seid ihr plötzlich von den störenden Nebengedanken befreit, die sich nur noch um eure Angst der Wertlosigkeit drehten. Und ihr könnt damit beginnen (und ihr werdet es auch tun), euch mit kritischen Fragen zu beschäftigen, warum ihr glaubt, dass euch andere Menschen wertlos oder langweilig finden. Eigentlich erhaltet ihr doch viel Bestätigung durch eure Mitmenschen, nur ihr könnt es nicht glauben und annehmen.

Und so beginnt ihr die ersten langsamen Schritte, um euch einer Ursprungsangst zu nähern.

Oder:

> Ihr habt mittlerweile aus der Angst heraus, abgewertet zu werden, eine starke Abneigung entwickelt, unter fröhlichen Menschen zu sein. Dem könnt ihr mit den Sätzen entgegensteuern:
> **„Ich freue mich auf Menschen!"** oder **„Menschen sind mir wohlgesonnen. Sie mögen mich!"**

Das erscheint in dieser Situation unsinnig. Aber neben der entstehenden positiven Energie dieses Satzes ist da auch noch euer Unterbewusstsein, das euch in diesen positiven Gedanken bestärkt. Denn es weiß immer, wann ihr es ehrlich mit euren Wünschen und Gedanken meint. Und es hilft euch dadurch, dass es euch zum Beispiel durch „gelenkte Zufälle" positive Begegnungen und Erlebnisse mit anderen Menschen beschert.

Und noch ein Beispiel für einen positiven Satz:

> **„Ich lebe gerne!"** oder **„Ich liebe mein Leben!"**

Leben ist ursprünglich Freude, Lebendigkeit und Fröhlichkeit. Und die sollt ihr zurückgewinnen trotz eurer Arbeitssituationen, Sorgen und täglicher Belastungen.

Euer Unterbewusstsein weiß auch immer genau, was ihr mit euren Sätzen erreichen wollt. Darum spielt es euch in diesem Fall intuitiv Gedanken zu, die euch fröhlich stimmen.

Das bedeutet:

Eure fröhlichen Gedanken ziehen weitere positive Gedanken nach sich. Und eure Harmonie verstärkt sich zusehends.

Der entscheidende Vorteil dieses Satzes bei einer regelmäßigen Anwendung ist:

Ihr verliert nach und nach eure Zukunftsängste.

Und zwar darum, weil der tiefere Inhalt des Satzes „Ich lebe gerne!" bedeutet, sich auf das weitere Leben und somit auf die Zukunft zu freuen.

Eine Zukunft ist bereits der nächste Moment und nicht erst ein Zustand in vielen Jahren!

Durch die regelmäßige Anwendung dieses Satzes zeigt ihr eurem Unterbewusstsein immer wieder auf, dass ihr bereit seid, euch über alles zu freuen. Und so entsteht eine kontinuierliche Erneuerung oder Fortsetzung von intuitiven fröhlichen und harmonischen Gedanken, die euch euer Unterbewusstsein immer wieder eingibt.

Dadurch werdet ihr automatisch zuversichtlicher, eure Zukunftsgedanken belasten euch immer weniger, und ihr könnt euer weiteres Leben gelassener angehen.

Ihr Menschen versucht leider immer wieder, alles genau zu hinterfragen, wie etwas geschehen kann, wenn ihr es nicht im Detail nachvollziehen könnt. Aber dadurch entstehen **Zweifel und Skepsis**, die den Weg einer Angstbeseitigung sowie den Weg zu einer spürbaren Harmonie verlängern.

Denn Zweifel sind sehr negative Energien, die die Wirkung eines positiven Satzes sofort aufheben.

Darum bemüht euch, unverkrampft mit positiven Gedanken zu arbeiten und vertraut auf die eintretende Wirkung. Dann werdet ihr sie auch spüren, und euer Vertrauen hat sich bestätigt, wodurch wiederum neues und tieferes Vertrauen entsteht!

Wenn ihr euch jetzt noch einmal verdeutlicht, was positive Gedanken beziehungsweise positive Energien in eurem Körper erreichen, nämlich eine Auflösung angstvoller negativer Energien, könnt ihr noch leichter nachvollziehen, was ihr durch die bewusste positive gedankliche Umstellung erreicht habt:

- Viele eurer täglichen unruhigen oder unzufriedenen Gedanken konnten durch harmonisierende Sätze aufgelöst und beseitigt werden.
- Dadurch erkennt ihr immer mehr eure eigentlichen Ängste, die zum Teil durch die daraus resultierenden negativen Gedanken überlagert waren.
- Ihr werdet durch eine beginnende Ruhe und plötzliche Zufriedenheit bald spüren, dass dieser Weg wirklich so funktioniert.
- Durch das neue Gefühl dieser inneren Zufriedenheit entwickelt sich immer mehr das Bedürfnis, diesen Zustand zu vertiefen.
- Gleichzeitig belasten euch eure eigentlichen Ängste immer stärker **neben** der harmonischen Grundstimmung, die ihr erhalten wollt.
- Euch wird klar, dass ihr diese Harmonie aber nur über den Weg einer konkreten Angstbeseitigung dauerhaft behalten könnt.
- Deshalb seid ihr dazu bereit, euren Ängsten **„auf den Grund zu gehen"**, wie ihr so gerne sagt.

Das ist ein schönes Beispiel für die unbewusste Auswahl eurer Worte. Denn **„auf den Grund gehen"** bedeutet ja, in eine Tiefe zu gehen. Oder in einer Tiefe etwas zu suchen. Oder etwas aus der Tiefe hervorholen, denn das meint ihr ja eigentlich damit.

Und die Ursache für eine Angst liegt so lange tief in eurem Unterbewusstsein, bis ihr sie hervorgeholt habt und erkennen könnt.
Das gelingt euch durch eine therapeutische Hilfe. Denn eine Angstursache mit den daraus entstehenden Begleitängsten als einen ganzen zusammenhängenden Komplex zu erkennen, ist alleine sehr schwer. Und es hilft euch wenig, wenn ihr nur die Ursache findet und eure Begleitängste bestehen bleiben. Oder wenn ihr einige Begleitängste klärt und die Ursache dabei vernachlässigt. Denn dadurch erhaltet ihr euch weiterhin die negativen Energien der unverarbeiteten Ängste.

Um ein Erkennen einer Angstursache mit allen Begleitängsten schnell zu erreichen, bietet sich, wie bereits zu Beginn erwähnt, eine spirituelle Hilfe an. Denn mediale Menschen sind in der Lage, **alle gespeicherten Erfahrungen und Ängste aus eurem Unterbewusstsein in euer Bewusstsein zu holen**.
Und dabei ist es gleichgültig, ob es sich um Vorfälle eures jetzigen Lebens handelt oder um Erinnerungen aus vorherigen Inkarnationen.
Ein Bewusstwerden ist gleichzusetzen mit einem Verstehen.
Das bedeutet:
Alles, was aus eurem Unterbewusstsein in euer Bewusstsein gelangt ist, kann angesehen und verarbeitet werden!
Die Entscheidung, welche Art der Therapie ihr wählt, werdet ihr meistens intuitiv entscheiden, vertraut einfach darauf. Und die getroffene Entscheidung ist dann auch die richtige Entscheidung für euch!

Durch das Erkennen eines gesamten Angstkomplexes, wie zum Beispiel die beschriebene Gewitternacht mit ihren entstandenen Begleitängsten, seht ihr plötzlich, wie sich eure einzelnen Ängste wie bei einem Puzzle zu einem Bild zusammenfügen.
Dieses geschlossene Bild erfüllt euch mit einer starken Erleichterung, die ganz unbewusst eintritt, weil ihr plötzlich spürt, wie verständlich und klar etwas geworden ist, was euch jahrelang durch unklare Empfindungen belastet hat.

Ihr kennt alle das Gefühl aus eurer Schulzeit:
Wenn ihr etwas verstanden habt, hat das weitere Arbeiten keine Probleme mehr bereitet.

> Genauso ist es mit euren bisherigen Ängsten:
> Ihr werdet sie – wie ein Schulthema – nicht vergessen.
> Es bleibt euch immer bewusst, dass ihr einmal diese Ängste hattet und wie sehr sie euch belastet haben.
> Aber ihr spürt sie nicht mehr als angstvolle Gefühle, sondern als befreiende Gedanken.
> Befreiend darum, weil ihr immer mehr seht, wie positiv sich euer Leben entwickelt, weil ihr mutiger, gelassener und selbstbewusster geworden seid.
> Und das habt ihr durch euren kontinuierlichen Weg des positiven Denkens alleine geschafft.
> Und allein der Gedanke daran ist immer wieder so aufbauend und freudig, dass eure positive Energie dadurch weiter ansteigen kann.

Das ist also der Weg einer Angstbefreiung beziehungsweise Angstauflösung.

Er erfüllt euch erst einmal mit Skepsis, denn er erscheint euch zu einfach.

Das ist auch verständlich, und darum verzweifelt nicht, wenn ab und zu noch einmal Restängste einer ehemaligen Angst in euch auftauchen. Diese sollen euch nur daran erinnern, dass ihr euch noch einmal bewusst damit auseinander setzen sollt. Und den Weg dazu kennt ihr ja jetzt.

Um noch einmal zu verdeutlichen, dass sich eine Angst tatsächlich nur durch das Verstehen einer Angstursache auflösen kann und sich auch keine weiteren Begleitängste entwickeln, gilt noch einmal das Beispiel der Gewitternacht:

Eure einzelnen Ängste wären **nicht** entstanden, wenn eure Eltern damals wach geworden wären und euch erklärt hätten, dass Blitz und Donner Naturgewalten sind und es **keine** Gespenster waren, die den Raum erhellten.

Ihr wärt beruhigt gewesen und hättet euch nicht verlassen gefühlt, woraus sich ja die Angst entwickelt hatte, von anderen Menschen abgelehnt zu werden.

> Oder nehmt ein Beispiel von einem Kind, das beim Spielen von der Schaukel gefallen ist und vor Schreck weint.
> Wenn ihm erklärt wird, dass es **nur** gefallen ist, weil es geregnet hat und das Schaukelbrett rutschig war, dass es aber **nicht** wieder fallen wird, wenn es beim nächsten Regen vorsichtiger ist, hat es den Zusammenhang des Fallens mit dem Regen verstanden. Es vertraut seinen Eltern und wird in Zukunft weiter angstfrei schaukeln.
> Es wird nicht vergessen, warum es gefallen ist, wird aber trotzdem im Regen wieder schaukeln, nur etwas bewusster.

Das bedeutet jetzt nicht, dass man Kindern jede Angst sofort nehmen kann. Denn auch sie können mit ungeklärten Vorlebensängsten auf die Welt kommen, deren Ursache erst wieder erkannt werden muss.

Entscheidend bei dem Beispiel des Kindes ist aber Folgendes:
Kinder haben normalerweise ein starkes **Vertrauen** zu ihren Eltern. Und durch das **Verstehen** der Angstursache (Regen) und das **Vertrauen** in diese Erklärung sind sie sofort beruhigt und entwickeln keine Folgeängste.

Das bedeutet:
Vertrauen und Verstehen sind zwei sehr starke positive Energien.

Wenn ihr darauf **vertraut**, dass das **Verstehen** eurer bisherigen Ängste ausreicht, um sie zu beseitigen, habt ihr automatisch diese beiden positiven Energien in euch, die den Neutralisierungsvorgang der negativen Energien in angstfreie positive Energien fördern.

> Damit kann eine Angstauflösung auf folgende drei Worte konzentriert werden:
> **Erkennen, Verstehen und Vertrauen!**

Es ist völlig gleichgültig, wann eine Angst in euren vielen Leben beseitigt wird. Das kann sofort, nach Wochen, Jahren oder erst nach mehreren Leben geschehen.

Warum manche Menschen eine Angst in dem Leben auflösen, in dem sie entstanden ist, andere dagegen ein gesamtes Leben mit Ängsten verbringen und manche Ängste erst ein oder mehrere Leben später verarbeitet werden, hängt mit euren Lebenszielen der einzelnen Inkarnationen zusammen.

Wichtig ist, zu wissen:

Jede Angst kann aufgelöst werden.

Der Zeitpunkt spielt keine Rolle, weil jede einzelne Erfahrung eurer Leben so lange in eurem Unterbewusstsein gespeichert wird, bis ihr sie hervorholt, um sie zu verarbeiten. Und somit sind auch alle angstauslösenden Ursachen in eurem Unterbewusstsein vorhanden.

Ziel ist das bewusste Umdenken von negativen auf positive Gedanken, damit ihr euch selbst heilen könnt.

Für alle folgenden Vorschläge gilt:
- Durch jeden veränderten negativen Gedanken in einen positiven Gedanken;
- durch jede erkannte Angst, und sei sie noch so klein;
- durch jedes Vertrauen und Verstehen in alles, was euch betrifft;
- durch jedes Zeichen der kleinsten positiven Veränderung in eurer Umgebung

erreicht ihr eine **neue positive Energie** in euch.

Eine Veränderung eurer Gedanken in eine positive Richtung kann unter Umständen **eine Veränderung eures Lebens oder eine veränderte Grundeinstellung** zu eurem Leben bedeuten.

Aber häufig reicht es auch aus, wenn ihr nur eure negativen Gedanken in eine zuversichtliche Richtung verändert, um dadurch harmonischer zu leben.

Der Anfang einer gedanklichen Veränderung ist die Beobachtung eurer ständigen Gedanken.

Sie durchströmen euch ununterbrochen, und ihr spürt selten, wie euer Bewusstsein arbeitet, denn ihr habt euch an euren Gedankenkreislauf gewöhnt.

Leider bemerkt ihr dabei nicht mehr, wie oft ihr negative Gedanken formt und diese gegen euch selbst richtet und ihr euch dadurch unbewusst angreift und belastet. Ihr wundert euch nur, dass ihr immer unzufriedener werdet.

Das könnt ihr beenden, wenn ihr dazu bereit seid, bewusst auf euren Gedankenkreislauf zu achten, um dann bewusst gegen negative Gedanken vorzugehen.

Ein Glaube kann Berge versetzen, wie ihr Menschen sagt.
Ein Glaube entsteht durch eure Gedanken.
Darum könntet ihr auch sagen: **Ein Gedanke kann Berge versetzen!**
Das bedeutet:
Das Wissen über die Kraft der Gedanken ist so tief in eurem Unterbewusstsein vorhanden, dass ihr es sogar in euren Sprichwörtern verwendet.
Seht es als ein besonders positives Zeichen an, denn euer Wissen über die Kraft der Gedanken ist richtig.

Negative Gedanken

Dass ihr durch negative Gedanken eure Harmonie und Gesundheit belastet, ist bereits ausführlich angesprochen worden. Hier geht es jetzt um eine Kombination von zwei Ängsten, die eine sehr starke negative Auswirkung auf euren Körper ausüben.
Und das ist die Kombination einer Angst, verbunden mit Zweifeln, die gegen euch selbst gerichtet sind.

Zweifel an rationalen Entscheidungen, die genau abgewägt werden müssen, oder Zweifel an einer Entscheidung, die lebenswichtig für euch sein kann, sind nicht damit gemeint. Sondern es geht um Zweifel, die dann auftreten, wenn ihr eure eigene Persönlichkeit damit belastet.

Negative Gedanken, die ihr gegen euch selbst richtet, sind fast immer mit Zweifeln und Schuldgefühlen belegt.
Schuldgefühle entstehen aus der Angst heraus, sich falsch verhalten zu haben oder sich gerade falsch zu verhalten. Und stehen somit wieder mit Zweifeln in einer Verbindung.

Ein angstvoller Gedanke ist immer eine negative Energie.
Und Zweifel an sich selbst verstärken diesen negativen Einfluss auf euren Körper.
Denn Zweifel bewirken zusätzliche Verkrampfungen.
Und das bedeutet Krampf im Denken und im Körper.
Ein verkrampftes Denken hat unter anderem zur Folge, die Verbindung zwischen eurem Unterbewusstsein und eurem Bewusstsein wird so blockiert, dass euch keine intuitiven Gedanken mehr erreichen können, die aber gerade bei einem zweifelnden Denken wichtig wären, um dadurch neue positive Denkimpulse zu bekommen.
Ein Krampf im Körper bedeutet verkrampfte Gefäße, so dass noch schneller Blockadefelder in eurer Energie entstehen und so vermehrt Erkrankungen auftreten können.

Eine schnelle Folge eines verkrampften Denkens sind plötzliche Kopfschmerzen, Schwindel oder Bauchschmerzen.

Zweifel entwickeln sich zum Beispiel folgendermaßen:

- Ihr spürt etwas intuitiv, seht aber keinen Weg, diese Intuition in die Realität umzusetzen.
Je stärker eure Zweifel werden, umso weniger Intuitionen spürt ihr, und es bleiben nur noch unklare ängstliche Gefühle zurück.
- Ihr wünscht euch etwas, wertet euch aber selbst so ab, dass ihr nicht glauben könnt, dass die Erfüllung des Wunsches eintreten könnte.
- Ihr würdet gerne etwas verändern, wovon ihr wisst, es wäre gut für euch, aber ihr habt Angst vor einer Veränderung. Denn das Vertraute ist bekannt und „sicher", das Unbekannte erfordert Mut, Glauben und Vertrauen!

Wenn ihr euch also selbst anzweifelt, steht immer die Angst dahinter, nichts Positives zu erreichen, oder nichts Positives durch andere Menschen zu erfahren. Denn Zweifel sind die Ängste vor dem eigenen Versagen.

Das kann am **Beispiel eines unzufriedenen Lebens** gut deutlich gemacht werden.

> Bevor jetzt aber die unterschiedlichen Formen einer Unzufriedenheit aufgezeigt werden, noch ein kurzer Hinweis:
> Die Aussagen klingen oft sehr absolut, aber so sind sie nicht gemeint. Denn es gibt keine Absolutheit bezogen auf Menschen. Jeder Mensch empfindet, reagiert und handelt anders. Hier sollen immer nur Richtungen aufgezeigt werden, wie emotionale Abläufe mit den daraus resultierenden körperlichen Folgen in euch entstehen können.

Eure täglichen Gedanken drehen sich um alles, was euer Leben ausmacht. Also um euch selbst, eure Familie, eure Kinder, eure Arbeit, Geld, Haushalt, Freunde, Termine usw.
Daraus können sich **zufriedene oder unzufriedene Gedanken** entwickeln. Das steht in Zusammenhang mit euren Lebenserwartungen und dem derzeit geführten Leben.

Ein unzufriedenes Leben kann verschiedene Varianten aufzeigen:
Entweder man nimmt es so hin und versucht durch kleine Veränderungen, das Beste daraus zu machen.
Oder aber man beginnt, es zu hinterfragen, um einschneidende Veränderungen vornehmen zu können. Das ist jedoch häufig der Beginn eines bewussten ängstlichen und zweifelnden Weges.

Zur Verdeutlichung:
Zum einen gibt es Menschen, die ein **zufriedenes** Leben führen. Sie haben wenig oder keine Zweifel an sich und ihrem Leben und sind frei von neidvollen Gedanken und Bewertungen anderer Menschen gegenüber, denn es gibt für sie keinen Grund dafür.

Dann gibt es Menschen, die **ihre eigene Unzufriedenheit akzeptieren**, sich dadurch ebenfalls wenig mit bewussten Zweifeln auseinandersetzen, ihre Mitmenschen so hinnehmen, wie sie sind, und sich auf ein Leben ohne große Höhepunkte einstellen.

Andere Menschen wiederum kompensieren ihre Unzufriedenheit mit dem eigenen Leben, indem sie ihre negativen Gedanken auf andere Menschen ausrichten.

Diese Gedanken äußern sich dann zum Beispiel durch Eifersucht, Missgunst, Macht, Neid, Habgier, zum Teil sogar durch Rache **sowie durch Bewertungen** in verschiedensten Richtungen.

Und sie richten sich meistens gegen die Menschen, die einen anderen Lebensstil haben, mit sich zufrieden wirken, den Alltag durch eine finanzielle Unabhängigkeit besser bewältigen können, in besseren Wohnsituationen leben, mehr Urlaub machen können, also zusammengefasst gegen die Menschen, die **ein scheinbar besseres Leben führen.**

Diese Bewertungen entstehen aus der **unbewussten Abwehrhaltung** heraus, das eigene Leben mit der Enttäuschung, weil es anders verläuft, als man es sich gewünscht hätte, nicht zu hinterfragen.
Denn ein Hinterfragen könnte zum einen bedeuten, das die Unzufriedenheit sich verstärkt, und zum anderen, dass Gedanken auftauchen, die sich auf die eigene Unzulänglichkeit beziehen.
Und so arrangiert man sich mit seinem Leben, bis man selbst glaubt, zufrieden zu sein, und kein Interesse mehr daran hat, die eingefahrenen Bahnen des Alltags zu verändern.

Auch wenn man sich dabei scheinbar wohlfühlt, nimmt man sich trotzdem **unbewusst** einen Teil der Lebensfreude.
Fehlende Freude, bewusst oder unbewusst, entsteht durch negative Gedanken und eine falsche Lebensführung, was in diesem Fall bedeutet:
Die unbewusste Angst, etwas zu verändern, zeigt sich als eine lähmende Energie, die sich als ein stets vorhandener negativer gleichmäßiger Energiestrom in eurem Körper befindet.

Jeder negative Gedanke an einen anderen Menschen ist ein negativer Gedanke gegen sich selbst (*Edward Bach, Entdecker der Bachblüten*, siehe Buchempfehlungen).

Dann gibt es die Menschen, die ebenfalls eine starke Unzufriedenheit spüren, diese aber nicht auf andere verlagern, sondern gegen sich selbst richten.
Das sind oft die Menschen, die eine spirituelle Entwicklung geplant haben und häufig verunsichert sind durch ihre Lebensunzufriedenheit, da sie unbewusst einen Widerspruch in sich spüren.

Das bedeutet:
Sie sind auf der Suche nach etwas, was ihrem Leben einen Sinn gibt.
Das tut ihr alle!

Aber hier sind die Unzufriedenheiten gemeint, die immer wieder unbewusst durch unklare Gefühle auftreten, oder bewusst ständig vorhanden sind und sich bisher **durch keine konkrete Veränderung der Lebenssituation auf Dauer beseitigen ließen.**

Und das trotz eines Lebens, das durch eine gesicherte familiäre Umgebung, Freunde und einen vielleicht sogar gesicherten Beruf doch Zufriedenheit bedeuten müsste.

Daraus entwickeln sich **Zweifel** an eurer eigenen Lebenserwartung, weil ihr glaubt, sie zu hoch zu stecken. Und **Gedanken**, wie eine Veränderung stattfinden könnte, ohne andere Menschen zu verletzen. Es entstehen **Schuldgefühle**, weil ihr euer Leben nicht in den Griff bekommt, und **Verunsicherungen**, jemals einen richtigen Weg zu finden, der euch wirklich befriedigt.

Aus all diesen Gedankengängen heraus entstehen dann einige oder alle der folgenden Ängste, die überwiegend mit Zweifeln verbunden sind:

- Angst wegen eurer derzeitigen Lebenssituation, die mit Mutlosigkeit gekoppelt ist, da ihr Angst vor einer Veränderung habt.
- Angst vor Entscheidungen, die euer Leben verändern würden, weil ihr spürt, dass ihr anders leben wollt.
- Angst vor der Unsicherheit, weil ihr gar nicht genau wisst, wie ihr anders leben wollt.
- Angst vor der Einsamkeit, wenn ihr euch für ein anderes Leben entscheidet.
- Angst vor Traurigkeit.
- Angst vor der Verantwortung für das eigenes Leben.

- Angst vor ehrlichen Auseinandersetzungen, wenn es um die eigenen Bedürfnisse geht.
- Angst vor einer neuen Liebe, die euch aus einer vertrauten Umgebung ziehen würde.
- Angst vor Schuldgefühlen, wenn ihr euer Leben nach euren Vorstellungen verwirklichen wollt.
- Angst vor der Ablehnung durch andere Menschen.
- Angst vor der körperlichen Verfassung im Alter. Aber dahinter steht die eigentliche Angst, lebenswichtige Entscheidungen zu spät zu treffen.
- Und schließlich habt ihr Angst vor eurer eigenen Angst.

Alle diese Gedanken verändern euer Leben bereits ohne eine getroffene Entscheidung in eine bestimmte Richtung, denn ihr entwickelt als Folge Hoffnungslosigkeit und Traurigkeit.

Und das lähmt eure Lebensfreude ungemein.

Leider beginnt dann oft ein Prozess der **Verdrängung** in euch, denn ihr habt Angst davor, euch weiterhin mit euren Gedanken auseinanderzusetzen, weil euch das zu sehr belasten würde.
Später habt ihr dann unbewusst Angst davor, das jahrelang scheinbar gut funktionierende Konzept der Verdrängung aufgeben zu müssen, denn euer Leben erscheint euch mittlerweile gut organisiert. Nur ihr selbst seid in dieser Organisation gefangen.
Durch die Verdrängung geschieht aber nur Folgendes:
Ohne eine Veränderung geratet ihr immer wieder in die gleichen Situationen, die euch so unzufrieden machen. Und ab einem gewissen Zeitpunkt kann euer Körper dann diese vielen negativen Energien nicht mehr ausgleichen, denn euch fehlen immer mehr positive Gedanken.
Und somit erreicht ihr durch ein Verdrängen außer beginnender Erkrankungen nichts.

Seid ihr an diesem Punkt angelangt, ist es höchste Zeit, euch um Hilfe zu bemühen, um aus dem negativen Gedankenkreislauf wieder herauszufinden. Dazu könnt ihr jede therapeutische Hilfe auswählen, die euch weiterhilft.

Hierbei bietet sich wieder spirituelle Hilfe an.
Denn diese hat den Vorteil, dass ihr neben den Ursachen für eure Ängste zusätzlich eure geplanten Lebensziele erfahren könnt. Was bedeuten kann, dass ihr plötzlich die Ursache für euer unzufriedenes Leben entdeckt.

Denn durch das Erfahren der Lebensziele seht ihr auf einmal einen Weg, der euch intuitiv stark anspricht, sich aber mit eurem derzeitigen Leben in einigen oder sogar vielen Punkten nicht deckt.

Dadurch versteht ihr eure unbewussten unklaren Gefühle und Vorstellungen auf der Suche nach einem Sinn in eurem Leben. Das alleine nimmt bereits Ängste und Zweifel.

Wenn ihr diese Zusammenhänge verstanden habt, könnt ihr damit beginnen, eine Übereinstimmung zwischen dem geplanten Lebensweg und eurer derzeitigen Lebenssituation herzustellen.

Und das ist auch wichtig, denn eure Unzufriedenheit ist entstanden, weil euer Unterbewusstsein eure Lebensziele kennt und versucht hat, euch durch intuitive Gedanken und immer wiederkehrende Situationen darauf hinzuweisen. Intuitionen sind schließlich das Wissen eures Unterbewusstseins.

Um euch gleich eine Angst vor Veränderungen zu nehmen:
Jeder Weg hin zu einem geplanten Lebensziel bewirkt eine beginnende Harmonie in euch. Und diese Harmonie bleibt auch erhalten, trotz eventuell auftretenden Schwierigkeiten bei einer Umstellung eures bisherigen Lebens. Und sie verstärkt sich bei jedem weiteren Schritt, den ihr in diese Richtung geht. Denn Lebensziele sind dazu da, um gelebt zu werden!

> Beendet ihr aber trotzdem eure bisherigen Verdrängungen nicht und bleibt in eurem unzufriedenen Leben stecken, bleibt euch auch eure Unzufriedenheit erhalten. Dadurch können beginnende Krankheiten zunehmen, denn die negativen Energien bleiben euch ja ebenfalls erhalten.

Erkrankungen sind immer eine Reaktion auf Ängste beziehungsweise auf negative Energien, und ihr Menschen reagiert auf eure verschiedenen Ängste mit den verschiedensten Erkrankungen (→ *Erkrankungssinn*).

Da hier von Zweifeln gesprochen wurde, folgen jetzt einige Beispiele von Erkrankungen, die durch Ängste **mit und ohne Zweifel** entstehen können. Es sind natürlich keine absoluten Aussagen, denn Menschen reagieren in einer vergleichbaren Situation unterschiedlich. Es sollen nur Hinweise sein, wie verdrängte Gefühle oder starke Zweifel bestimmte Krankheiten fördern können.

> Aber vorweg:
> Euer Körper weist euch immer durch körperliche Warnzeichen auf einen Anstieg negativer Gedanken hin. Und dabei ist es gleichgültig, ob diese mit Zweifeln belegt sind oder nicht.
> Nur die Häufigkeit kann sich verstärken, wenn zu viele Zweifel im Spiel sind. Plötzlich auftretende Sehstörungen deuten zum Beispiel auf eine starke Kombination von Angst mit Zweifeln hin.

Um noch einmal zu verdeutlichen, wie Erkrankungen überhaupt durch Ängste beziehungsweise negative Energien entstehen, hier ein Beispiel einer **harmlosen Erkältung**.

Jede Erkrankung lagert sich an den Organen an, die mit einer Angst in Verbindung stehen. Und das können unbewusste oder bewusste Ängste sein, denn die negativen Energien sind bei beiden gleich.

> Ihr habt Angst, euch zu erkälten. Ihr denkt ständig daran, weil eine Erkältung absolut nicht in euren geplanten Alltag passt. Die dadurch entstehenden negativen Energien lagern sich in Form von negativen Energieblockaden dann an den Orten in eurem Körper an, die durch diese Angst belegt sind. Und das sind in diesem Fall eure Atmungsorgane. Die entsprechenden Organzellen werden geschwächt und sind anfällig für von außen eindringende Keime, wie in diesem Fall Erkältungsviren.

Dieser Erkrankungsweg ist euch allen bekannt, denn es hat sich mittlerweile bei euch festgesetzt, dass, wenn ihr voller Angst an eine Erkrankung denkt, euer Körper auch mit einer erhöhten Bereitschaft reagiert, daran zu erkranken, weil er „euren Gedanken folgt".

Eine Erkältung kann allerdings auch dann entstehen, wenn ihr euch unbewusst oder bewusst durch entsprechende negative Gedanken eure Lebensfreude nehmt. Das wird unter dem Thema Erkrankungssinn verdeutlicht.

Jetzt zu den Unterschieden:

Ein Leben mit einer scheinbaren Zufriedenheit erzeugt einen konstanten negativen Energiestrom, der selten durch Verkrampfungen unterbrochen wird. Denn Menschen, die mit einer verdeckten Unzufriedenheit leben, **zweifeln selten an sich selbst**, sondern verlagern ihre Ängste auf andere Menschen.

Die Folge können Erkrankungen sein, die plötzlich und ohne jede Vorwarnung nach vielen Jahren auftreten können und dann meist auch noch chronischer Art sind, wie zum Beispiel Herzerkrankungen, Diabetes oder Lähmungserscheinungen, die eure Bewegungen einschränken und euch zwingen, stillzustehen und innezuhalten.

Also alles Erkrankungen, die jetzt bewusst eure Lebensfreude einschränken, so, wie ihr euch vorher unbewusst eure Lebensfreude durch eure Gedanken genommen habt.

Das soll jetzt **nicht** bedeuten, dass diese erwähnten Erkrankungen immer auf eine vorangegangene Unzufriedenheit hindeuten oder nur durch Bewertungen entstanden sind. Aber es können Hinweise dafür sein.

Eine plötzliche Herzerkrankung kann auf folgendem Weg entstehen:

> Hinter einer Unzufriedenheit des eigenen Lebens verbirgt sich die unbewusste oder bewusste Angst, etwas nicht erreicht zu haben oder etwas nicht mehr zu erreichen.
> Dadurch werden die eigenen Gefühle blockiert, um nicht intensiver über das Leben nachzudenken, woraus sich dann eine scheinbare Zufriedenheit entwickeln kann.
> Dieses jahrelang blockierte Gefühl erzeugt dann **den negativen Energiestrom**, der sich in diesem Fall am Herzen festsetzt und die Herzzellen so lange kontinuierlich schwächt, bis sie nicht mehr voll funktionsfähig sind.
> Denn das Herz steht für Emotionen und Gefühle.

Aber auch hier gilt:
Nicht jede Herzschwäche deutet auf Unzufriedenheit hin, es können durchaus andere Faktoren dafür vorliegen.

Erkrankungen hingegen, die sich durch starke Zweifel entwickeln, treten häufig während oder unmittelbar nach einer Angst- und Zweifel-Phase auf.

- Sie können sich durch **krampfhafte unklare Schmerzen** äußern. Und das überall in eurem Körper.
- Zweifel verstärken die Bildung von Gallen-, Blasen- oder Nierensteinen, die sich plötzlich durch **Koliken** bemerkbar machen können.

- Ängste erzeugen **Entzündungen,** denn Entzündungen stehen für „entzündete Gedanken". Und Zweifel verstärken diese Entzündungen.

Zweifel lassen **Schwindel und Ohrgeräusche** entstehen.
Schwindel ist ein Zeichen für ein verkrampftes Denken. Die Ursache dafür sind unzählige bewusste, unbewusste oder bewusst verdrängte Ängste, die euch an einem harmonischen Leben immer mehr zweifeln lassen.

Ihr spürt eure Unzufriedenheit immer stärker, ihr wisst um eure Probleme, seht aber keinen Weg, diese zu verändern beziehungsweise wisst nicht, wie ihr euch selbst verändern könnt, um dann anschließend eure Schwierigkeiten zu lösen.

Eure Gedanken verstreuen sich in immer weitere unzufriedene Richtungen, und das bedeutet langfristig ein Gedankenchaos, was sich schwer wieder auf einen Punkt konzentrieren lässt.

Als Folge blockiert ihr durch eure Ängste **unbewusst** die Gefäße, die für die Durchblutung eurer Gleichgewichtsorgane zuständig sind.

Und ein gestörtes Gleichgewicht bedeutet ein gestörtes ausgeglichenes Denken.

Genau das war euer unbewusstes Ziel: Nicht mehr nachdenken müssen! Und der unbewusste Wunsch, sich fallen zu lassen!

So geschieht es auch mit **Kopfschmerzen.**
Ihr blockiert die Durchblutung des Gehirnanteils, der für euer bewusstes Denken verantwortlich ist.

Denn Kopfschmerzen bedeuten, dass ihr **unbewusst euer bewusstes Denken ausschalten wollt.**

Ohrgeräusche entstehen auf eine ähnliche Art und Weise.
Eure Ängste und Zweifel an eurem Leben verstärken sich immer mehr. Häufig spürt ihr auch intuitive Gedanken, die euch von euren

Zweifeln abbringen wollen. Aber ihr wollt weder eure Ängste noch eure intuitiven Gedanken „hören" und verschließt die Ohren. Als Reaktion darauf entstehen Geräusche, die euch auf eure Vorgehensweise aufmerksam machen wollen.

Zweifel können dafür verantwortlich sein, dass sich eure **Augen verschlechtern**. Damit sind jetzt nicht die plötzlichen Sehstörungen gemeint, die erst einmal als Warnzeichen eures Körpers auftreten, sondern eine Verschlechterung des Sehens.

Dabei spielt selbstverständlich euer Alterungsprozess eine Rolle, denn jedes Alter zeigt bestimmte nachlassende Vorgänge in euch, und das ist auch normal.

Hier dagegen sind jetzt auftretende Verschlechterungen gemeint, die sich beispielsweise trotz einer angepassten Brille einstellen können.

Und sie sollen – wie alle Erkrankungen – als Zeichen dienen, eure Gedanken zu hinterfragen.

Zweifel sind aus dem Grund eine so störende Energie, weil sie sich aus eurem rationalen und intuitiven Denken entwickeln. Sie sind somit Ängste, die durch einen ständigen unbewussten Kampf zwischen eurem Unterbewusstsein und eurem Bewusstsein entstehen.

Diese störende Energie sorgt auch dafür, dass ihr **schlecht schlaft** beziehungsweise nur in kurzen Abständen schlaft und ständig aufwacht. Das liegt daran, dass sich immer wieder zweifelnde Gedanken in euer Bewusstsein schieben, die eine Entspannung während der Nacht verhindern.

Habt ihr Ängste und Sorgen, die sich ohne starke Zweifel äußern, könnt ihr meistens durchschlafen. Ihr seid nicht unbedingt erholt am nächsten Morgen, vor allen dann nicht, wenn euch Ängste schon lange belasten, aber ihr schlaft wenigstens, so dass sich eure Gedanken trotzdem entspannen können.

Das Wort Zweifel verwendet ihr Menschen gerne und oft.
Denn es bedeutet ein Abwägen zwischen verschiedenen Möglichkeiten.
Darum sind Zweifel nicht nur negativ, was jetzt noch einmal zusammengefasst werden soll.

Zweifel können bei **rationalen Entscheidungen** sehr wichtig sein und somit auch als ein bewusstes Denken oder bewusstes Abwägen bezeichnet werden.

Zweifel entwickeln sich dann zu **Ängsten**, wenn ihr euch damit angreift, denn hinter jedem Zweifel steht die Angst, falsche Entscheidungen zu treffen. Oder falsche Wunschvorstellungen zu haben, wo die Angst hinter steht, enttäuscht zu werden, Enttäuschung birgt wieder die Angst in sich, nicht gut genug zu sein – ihr seht also, wie schnell eine Angst eine andere nach sich ziehen kann.

Zweifel können mit **Intuitionen** gleichgesetzt werden.
Allerdings nur dann, wenn ihr weitgehend angstfrei und unblockiert seid, denn Zweifel in Verbindung mit Ängsten blockieren die Verbindung zwischen eurem Unterbewusstsein und eurem Bewusstsein.

Intuitionen sind unter anderem dazu da, weil euch euer Unterbewusstsein bei Entscheidungen helfen will, die gut für euch sind.

Habt ihr Zweifel wegen einer Entscheidung, könnt ihr ganz **bewusst** euer Unterbewusstsein befragen und auf die Antwort warten. Und ihr werdet diese gefühlte Antwort in Form einer Intuition auch spüren, und sie nach einer gewissen Zeit der Übung richtig deuten können.

Wünsche und Unterbewusstsein

Wünsche entstehen dann, wenn ihr mit euch selbst und/oder eurer derzeitigen Lebenssituation unzufrieden seid. Damit sind jetzt alle Arten von Wünschen gemeint, von kleineren Äußerlichkeiten bis hin zu Wünschen, die euer Leben gravierend verändern sollen.
Hier sollen jetzt diese gravierenden Wünsche angesprochen werden, die sich auf diese Veränderungen beziehen, wie zum Beispiel ein neuer Lebenspartner, eine finanzielle Unabhängigkeit, ein neuer Beruf, ein Wohnortwechsel oder andere Wünsche, die nicht so leicht zu realisieren sind.

Eure Wünsche entstehen in euren Gedanken und beschäftigen euch so lange, bis ihr euch darüber im Klaren seid, welcher Weg euch Erfüllung bringt.
Eine Hilfe, die ihr bei diesen Denkprozessen um Lösungswege oder Alternativen benutzen könnt, ist euer Unterbewusstsein. Ihr habt diese Hilfe immer in euch, könnt sie aber häufig nicht nutzen, weil ihr die Zeichen eures Unterbewusstseins nicht versteht.
Darum erfolgt noch einmal eine kurze Zusammenfassung der Wirkung eures Unterbewusstseins auf euer tägliches Leben.

1. Euer Unterbewusstsein kennt alles von euch:
   - Eure geplanten Lebensziele für das jetzige Leben.
   - Eure derzeitige Lebenssituation.
   - Eure Erwartungen und Hoffnungen.
   - Eure täglichen Gedanken.

2. Euer Unterbewusstsein ist stets darum bemüht, euch durch **intuitive Gedanken oder „gelenkte Zufälle"** so zu helfen, dass ihr eure geplanten Lebensziele erfüllen könnt, um dadurch harmonisch leben zu können. Denn jedes begonnene und gelebte

Lebensziel erfüllt euch unbewusst und bewusst mit einer inneren Zufriedenheit. Und manche Wünsche in euch entstehen aus dem unbewussten Wissen heraus, dass ihr auf der Suche nach eurem Lebensziel seid.

3. Das bedeutet jedoch nicht, dass ihr diese Zeichen immer als hilfreich empfindet. Sie können sich auch durch unzufriedene Gedanken, plötzlich auftretende Missgeschicke oder ständige Fehlschläge äußern.
Diese Zeichen sind aber trotzdem Hilfen, denn euer Unterbewusstsein kennt, wie gesagt, eure Lebensziele, die ihr vor eurer Inkarnation geplant habt, sowie euren derzeitigen Lebensweg. Es weiß darum auch immer, ab wann ihr Hilfe benötigt, und es bemüht sich ab diesem Zeitpunkt, euch durch die folgenden Zeichen auf folgende Punkte aufmerksam zu machen:
Euer derzeitiger Lebensweg entfernt sich zu stark von eurem geplanten Lebensziel.
Oder ihr habt jetzt den Zeitpunkt erreicht, an dem ihr durch eine Veränderung eures bisherigen Lebenswegs weiter in die Richtung eures geplanten Lebensziels gehen sollt.

4. Euer Unterbewusstsein weiß ebenfalls, dass manche Wünsche nicht gut für euch sind, und es versucht alles, euch aus folgenden Gründen davon abzubringen:
    - Sie passen **zeitlich** noch nicht in euer Lebensziel.
    - Sie sind nur aus der **bewussten Verdrängung eurer jetzigen Lebenssituation heraus entstanden**, um einen unbequemen Weg zu umgehen. Denn ihr spürt sehr genau, dass euer Leben unharmonisch verläuft, ihr kennt zum Teil sogar den Grund dafür, habt aber noch nicht den Mut, etwas zu verändern. Also wünscht ihr euch etwas Neues, von dem ihr erhofft, dass es euer Leben wieder in Ordnung bringt.

- Ihr habt eure Wünsche **nicht als Lebensziel geplant,** wie zum Beispiel plötzlicher Reichtum.

Die Erfüllung eurer Wünsche würde euch langfristig keine Zufriedenheit bringen. Euer Unterbewusstsein spielt euch darum **die** Gedanken zu oder führt euch mit **den** Menschen zusammen, die euch andere hilfreiche Wege aufzeigen sollen, um euch von diesen Wünschen abzubringen.

Diese Zeichen wollt ihr jedoch häufig nicht sehen, weil ihr euch zu sehr auf eure Hoffnungen und Erwartungen fixiert habt, sondern euch darüber wundert, dass sich trotz der steten Auseinandersetzung mit den Wünschen sich nichts in eurem Leben in die entsprechende Richtung verändert.

5. Hier wurden jetzt zwar nur die Wünsche angesprochen, die euer Leben grundlegend verändern sollen, aber ihr könnt darauf vertrauen:

   Selbst, wenn es sich „nur" um ein neues Auto, neue Kleider oder andere Kleinigkeiten handelt, versucht euer Unterbewusstsein, euch auf die gleiche Art und Weise wie bei dem Erreichen eurer Lebensziele zu helfen, nämlich durch plötzliche hilfreiche Gedanken oder durch „gelenkte Zufälle".

6. Neben diesen Hilfestellungen erfüllt das Unterbewusstsein aber auch eine ganz **neutrale Funktion.** Es verwandelt jeden einzelnen Gedanken in eine positive oder negative Energie, abhängig von dem Inhalt eurer Gedanken. Wie sich diese beiden Energieformen in eurem Körper auswirken, ist bereits ausführlich besprochen worden. Aber noch einmal zur Erinnerung:

   Negative Energien haben bei längerem Bestehen die Tendenz, sich zu verdichten.

Eure Gedanken um Veränderungen oder Wünsche können positive Auswirkungen zeigen, aber es kann auch das Gegenteil eintreten. **Und das bedeutet in diesem Fall,** ihr beginnt, über Lösungswege nachzudenken, euch fehlt aber der Mut oder eine Idee, euch selbst oder bestimmte Lebenssituationen zu verändern, um euren Wünschen näher zu kommen. Ihr geratet immer mehr in einen negativen Gedankenkreislauf hinein, was sich dann wie folgt äußert:

- So, wie jeder positive Gedanke weitere positive Gedanken nach sich zieht, ziehen negative Gedanken destruktive Gedanken nach sich.
- Dadurch steigt die negative Energie in eurem Körper an, verdichtet sich, und ihr blockiert die immer bestehende Verbindung zwischen eurem Unterbewusstsein und eurem Bewusstsein, so dass ihr keine intuitiven Gedanken mehr spüren könnt.
- Außerdem bewirkt dieser negative Energieanstieg ein körperliches Ermüden.
- Negative Energien verhindern ein zuversichtliches Denken und die Sicht auf positive Gegebenheiten in eurem Umfeld.

Diese Fakten verhindern auf Dauer, dass ihr auf weiterbringende Gedanken in Bezug auf eure Wünsche und deren Erfüllung kommt.
Das könnt ihr verändern, wenn ihr lernt, auf die Stimme eures Unterbewusstseins zu hören.

Bevor aber der Weg dazu beschrieben wird, folgen einige Beispiele, die euch die Zeichen eures Unterbewusstseins näherbringen sollen.

Ihr **wünscht euch, perfekt auszusehen,** denn ihr glaubt, nur dann mehr Aufmerksamkeit von anderen Menschen zu erhalten. Dahinter steht meistens die Angst, ungeliebt zu sein.
Schon allein der Gedanke, dass nur das Aussehen entscheidend da-

für ist, von anderen Menschen positiv wahrgenommen zu werden, ist sehr traurig. Aber ihr denkt ihn leider. Auf solche gleich bleibenden negativen Gedanken reagiert euer Körper mit einer steten negativen Energie. Diese negative Energie bewirkt, dass sich euer Aussehen auch tatsächlich verändert und jeder Blick in den Spiegel eure Unzufriedenheit vermehrt.

Euer Aussehen verändert sich zum Beispiel durch **kleine Gesichtsentzündungen oder Rötungen**. Beides sind Zeichen für „entzündete Gedanken".

Eure **Haut erscheint euch aufgedunsen**, was auch stimmen kann. Denn durch eure abwertenden Gedanken bewirkt ihr einen negativen Energieanstieg in euch, dadurch entsteht eine Blockade in eurer Lebensenergie und als Folge daraufhin ein Energiestau, der das gleichmäßige Fließen eurer Lebensenergie in diesem Bereich verhindert. Und diese Blockade wird meistens genau in dem Körperbereich entstehen, den ihr an euch ablehnt.

Dieser Stau kann sich auch auf eure **Haare** auswirken, die ihren Glanz verlieren oder dünner werden, denn auch eure Haarwurzeln werden nicht mehr ausreichend mit positiver Energie versorgt.

Das alles hat zur Folge, dass ihr im täglichen Leben nicht mehr fröhlich, sondern bedrückt seid. Ihr seht nicht mehr, wenn euch andere Menschen anlächeln oder durch kleine Zeichen ihre Sympathie kundtun.

Das alles bewirkt euer Unterbewusstsein als Reaktion auf eure negativen Gedanken.

Diesen Zustand könnt ihr unterbrechen, indem ihr euch durch aufbauende positive Sätze, wie zum Beispiel „Ich bin schön!" oder „Ich bin geliebt!" zusätzliche positive Energie zuführt.

Denn so, wie euer Unterbewusstsein auf eure negativen Gedanken reagiert, reagiert es selbstverständlich auch auf positive Gedanken, so dass sich die heilende positive Energie in euch erhöht.

Und verzagt bitte nicht, wenn ihr nicht gleich den gewünschten Erfolg spürt oder seht. Denn erst einmal benötigt euer Körper die positive Satzenergie, um die überzähligen negativen Energien zu neutralisieren und so den Energiestau aufzulösen.

Aber durch eine kontinuierliche positive Satzanwendung erreicht ihr eine Verbesserung eures Aussehens und eurer Grundstimmung. Das alleine bewirkt dann wieder eine zusätzliche positive Energie in euch.

Das Beispiel eines unzufriedenen Aussehens wurde bereits schon einmal erwähnt. Aber dort sollte aufgezeigt werden, wie eine negative Energie euren Körper insgesamt schwächen kann, während hier verdeutlicht werden sollte, wie ihr durch negative Gedanken erkranken könnt. Denn auch die kleinste Entzündung ist eine Erkrankung. **Eine Erkrankung wiederum entsteht durch eine Disharmonie in euch, auf die euch euer Unterbewusstsein aufmerksam machen will.**

Hier ein weiteres Beispiel für die neutrale Funktion eures Unterbewusstseins, die sich im täglichen Leben bemerkbar macht:

Ihr sollt in der Öffentlichkeit eine Rede halten. Es ist das erste Mal für euch, und ihr seid überzeugt davon, euch zu versprechen, den Faden zu verlieren und ein schlechtes Bild abzugeben.

Bei diesem steten Denken wird eure Angst vor der Rede immer stärker und euer Unterbewusstsein reagiert wieder mit negativen Energien. Diese negativen Energien verhindern eine innere Gelassenheit und Ruhe, so dass ihr euch tatsächlich versprechen und unsicher wirken könnt.

Das Gegenteil wäre dann wie folgt:

Auch wenn ihr Angst habt, könnt ihr dieser Angst mit zuversichtlichen Gedanken begegnen, wie zum Beispiel: **„Ich kann das!"**, **„Ich freue mich darauf!"**, **„Ich bin gut!"** usw. Ihr erhöht dadurch die positive Energie in euch, die eurer Angstenergie entgegenwirkt und dafür sorgt, dass ihr beginnt, euch auf diese Rede zu freuen. Ihr glaubt diesen überraschenden freudigen Gedanken erst nicht, spürt aber, trotz eurer noch vorhandenen Angst, eine beginnende Sicherheit, die ihr durch weitere positive Sätze verstärken könnt. Bei eurer Rede werdet ihr vielleicht trotzdem aufgeregt sein, aber die Worte werden euch leicht fallen, und ihr werdet konzentriert und hinterher sehr glücklich sein.

Dieses Beispiel könnt ihr auf alle Lebenssituationen übertragen, denn jeder positive Gedanke hilft euch, Erfolg zu haben, sei es bei Bauvorhaben, beim Autofahren, Nähen, Kochen, bei zwischenmenschlichen Problemen usw.
Versucht es einfach einmal und vertraut auf euer eigenes Können, euch positiv zu motivieren.

Ein weiteres Beispiel soll verdeutlichen, wie ihr von eurem jetzigen Lebensweg auf ein geplantes Lebensziel aufmerksam gemacht werden sollt.

Da hier aber neben den Gedanken, die euch euer Unterbewusstsein eingibt, auch die „gelenkten Zufälle" eine Rolle spielen, soll noch einmal näher darauf eingegangen werden.

Die „gelenkten Zufälle" lassen euch Menschen immer wieder skeptisch werden, weil euch die Vorstellungskraft fehlt, wie euer Unterbewusstsein diese herbeiführen kann. Diese Skepsis kann verhindern, dass ihr euch ernsthaft mit diesen Zeichen auseinandersetzt.

Es wurde bereits erwähnt, dass die „gelenkten Zufälle" durch energetische Prozesse entstehen, die sich zwischen eurer eigenen und der kosmischen Universalenergie abspielen.
Durch Energie geschieht alles in eurer Welt. Gedanken setzen durch ihre Schwingungen Energie in Bewegung, jede Handlung be-

wirkt eine energetische Schwingung, die sich fortsetzt, und so können auch kosmische Energien etwas in Bewegung setzen.

Damit ist gemeint, die „gelenkten Zufälle" spielen sich zwischen eurem Unterbewusstsein und euren begleitenden Engeln ab, die euch mit ihrer Energie stets umgeben.

Engel bestehen aus reiner kosmischer positiver Energie.

Euer Unterbewusstsein besteht ebenfalls aus dieser Energie, die ihr für eure erste Inkarnation erhalten habt und durch jede weitere Inkarnation in euch tragt.

Jeder Mensch hat seinen eigenen Schutzengel und zusätzlich noch seinen eigenen Führungsengel. Beide wissen wie euer Unterbewusstsein alles über euch und können euch darum ebenfalls stets die Hilfe geben, die ihr gerade benötigt.

Engel kommunizieren untereinander. Sie können von daher auch mit den Schutz- und Führungsengeln anderer Menschen Kontakt aufnehmen.

Und so entstehen die „gelenkten Zufälle", durch die ihr plötzlich an Menschen denkt, die ihr jahrelang „vergessen" hattet, oder durch die ihr den Menschen begegnet, die euch auf irgendeine Art und Weise weiterhelfen können. Oder durch die ihr in Situationen geratet, die ebenfalls sehr überraschend für euch sind, sich aber bei näherem Hinsehen ebenfalls als Hilfe zeigen.

Eine klare Trennung zwischen eurem Unterbewusstsein und eurem Führungsengel gibt es bei diesen Hilfestellungen nicht, sondern es besteht immer eine Zusammenarbeit zwischen ihnen, da beide die gleiche Grundvoraussetzung für diese Hilfen aufweisen, nämlich die kosmische Energie.

Wie sich diese lenkbaren Planungen abspielen und welchen vorausschauenden Zeitplan sie beinhalten, ist für euch Menschen nicht nachvollziehbar. Darum belastet euch auch nicht mit diesen Überlegungen, sondern freut euch über diese vorhandene Unterstützung in eurem Leben.

Jetzt erhalten auch die Worte „gelenkte Zufälle" einen Sinn, denn sie geschehen durch die Lenkung eures Unterbewusstseins und eurer Engel.
Und das Wort Zufall könnt ihr trennen in „Zu-Fallen" was dann bedeutet:
Euch fällt etwas zu, auf das ihr achten solltet und was euch zum Nachdenken anregen soll.

Warum manchen Menschen trotz der Schutz- und Führungsengel Schreckliches in eurer Welt geschehen kann, wird in einem geplanten Buch über Inkarnationen näher erklärt.
Jetzt ist es nur wichtig, dass ihr damit beginnt, auf eure Intuitionen und diese „gelenkten Zufälle" verstärkt zu achten. Der Weg dahin wird noch erläutert.

Und nun das Beispiel der intuitiven Gedanken und gelenkten Zufälle:

Ihr arbeitet in einem Beruf, der euch eigentlich Freude bereitet.
Er ist mit Verwaltungsaufgaben verbunden, die euch immer leichtfielen.
Aber plötzlich beginnt euch, eure Arbeit zu langweilen, was ihr nicht versteht, vielleicht unterlaufen euch Fehler, die ihr euch nicht erklären könnt, ihr bekommt neue Kollegen, mit denen ihr nicht harmonisiert, ihr seid unzufrieden und könnt trotz aller Bemühungen diese Unzufriedenheit nicht beseitigen.
Die unzufriedenen Gedanken, die ihr durch euer Unterbewusstsein erhaltet, und die neuen Kollegen, die durch die „gelenkte Zufälle" jetzt mit euch gemeinsam arbeiten, sind Zeichen, die euch auffordern

sollen, über eure Arbeitssituation und euer Leben im Allgemeinen nachzudenken. Vielleicht seid ihr ja schon länger unzufrieden und wolltet es nur noch nicht wahrnehmen. Oder ihr sehnt ihr euch nach etwas ganz anderem, wisst aber nicht genau, wonach.

Euer Unterbewusstsein aber weiß, dass ihr ab einem bestimmten Zeitpunkt in eurem Leben neben der reinen Schreib- und Verwaltungsarbeit noch etwas anderes geplant habt, wie zum Beispiel die Organisation einer Seniorenanlage.

Und da der Zeitpunkt jetzt gekommen ist, euch mit dieser Planung auseinanderzusetzen, macht es euch auf seine Art darauf aufmerksam.

An diesem Beispiel wird deutlich, dass sich eure Lebensziele nicht einzeln und isoliert durch euer Leben ziehen, sondern ihr kontinuierlich während vieler Stationen eures Lebens an ihnen arbeitet, ohne euch dessen bewusst zu sein.

Hier habt ihr als ein Lebensziel einen Beruf geplant, der sich mit **Menschen und der gesellschaftlichen Problematik der älteren Generation befasst**. Das war die grobe Planung, aus der sich dann während eures Lebens die Feinheiten entwickelten, die sich über eure gelebten Interessen und eine entsprechende Ausbildung bis hin zu der Idee der Organisation einer Wohnanlage erstreckten. Und um diese Organisation bewerkstelligen zu können, war das vorherige Erlernen von Verwaltungsaufgaben notwendig.

Daran wiederum ist zu erkennen, dass alles in eurem Leben einen Sinn hat, der aber zugegebenermaßen nicht immer sofort für euch zu erkennen ist. Denn häufig könnt ihr die Wichtigkeit und den Zusammenhang vieler Lebensabschnitte erst Jahre später sehen.

Das alles gehört zum Lernprozess eures jetzigen Lebens, der euch das Leben häufig sehr erschwert hat. Aber ab jetzt könnt ihr euch euren Weg erleichtern, wenn ihr auf euer Unterbewusstsein und auf eure Engel vertraut. **Dabei kommt es nur darauf an, dass ihr euch allen Lebenssituationen gegenüber offen und unverkrampft verhaltet und versucht, auf die Zeichen eures Unterbewusstseins zu achten.**

Darum folgen noch einige Beispiele, um euch diesen Lernprozess zu erleichtern, - weitere klassische Zeichen, die euch auf etwas aufmerksam machen wollen:

- Euch **fallen Dinge aus der Hand**, die euch nicht guttun oder die ihr nicht mehr benötigt.
- Es passieren euch **Missgeschicke oder es unterlaufen euch Fehler**, wenn ihr etwas verkrampft erreichen wollt, von dem ihr aber tief in euch bereits spürt, dass der Weg falsch ist.
- Ihr **verliert Gegenstände**, die euch negativ belastet haben, oder aber auch Gegenstände, die euch eigentlich sehr lieb waren. Das kann zum Beispiel ein Ring sein, und der Verlust ist erst einmal sehr traurig für euch.
Dieses ist jedoch ein Hinweis dafür, dass ihr euch mit der Situation auseinandersetzen sollt, in der ihr wart, als ihr diesen Ring erhalten habt. Denn diese war damals vielleicht nicht schön und daher noch immer als eine unbewusste oder bewusste Belastung in euch. Oder die Menschen, die mit diesem Ring in Zusammenhang stehen, belasten euch ebenfalls noch unbewusst oder bewusst. Und jetzt ist der Zeitpunkt, das aufzuarbeiten.
- Euch **kommen Sachen abhanden**, die ihr gerade benötigt und dann verzweifelt sucht. Habt ihr jedoch die Suche aufgegeben, weil der Verlust im Moment nicht zu ändern ist, liegt der vermisste Gegenstand plötzlich greifbar vor euch.
Das soll ein Hinweis darauf sein, dass ihr in eurem Leben zurzeit sehr verkrampft denkt und handelt, weil ihr unzufrieden oder überlastet seid.

Oder, anders ausgedrückt:
Es soll ein Zeichen sein, unverkrampft durch das Leben zu gehen, trotz mancher Sorgen und Probleme.

Dieses letzte Beispiel verdeutlicht sehr gut den Weg zur Erfüllung eurer Wünsche beziehungsweise den Weg zu der Erkenntnis, dass eure Wünsche falsch für euch waren.

Denn **ein verkrampftes Denken verhindert** – wie das Auffinden von gesuchten Gegenständen – eine gedankliche Analyse, was ihr wirklich wollt.

Ebenso verhindert es ein intuitives Spüren der Gedanken, die euch Ideen aufzeigen sollen, wie ihr euren Wünschen näherkommen könnt, oder die euch Lösungsmöglichkeiten eröffnen, nach denen ihr schon lange gesucht habt.

Und es verhindert eure Aufmerksamkeit gegenüber den „gelenkten Zufällen", denn ihr seht **weder** die Menschen noch die Situationen, die euch als Hilfe geschickt wurden.

Durch ein unverkrampftes Denken erreicht ihr, dass der stets negative Gedankenkreislauf um eure Wünsche aufhört, ihr spürt wieder eure alltäglichen Gedanken, ihr achtet wieder mehr auf eure Umgebung und euer Umfeld, ihr reagiert gelassener auf euer tägliches Leben und **seht vor allem wieder vermehrt die positiven Seiten eures Alltags.**

Und aus dieser unverkrampften Situation heraus könnt ihr dann weiter über Alternativen eures Lebens nachdenken, und dabei hilft euch euer Unterbewusstsein durch seine intuitiven Gedanken.

Um diese Unverkrampftheit zu erreichen, ist Folgendes notwendig:

Das Loslassen eurer ununterbrochenen Gedanken an die Wünsche, Hoffnungen und Erwartungen, die ihr an euer Leben stellt.
Loslassen bedeutet nicht Hoffnungslosigkeit und auch nicht die resignierte Aufgabe eurer Wünsche, sondern nur eine veränderte Sichtweise, aus der heraus ihr neu planen und nachdenken könnt.
Euch Menschen fällt dieser Schritt oft schwer, aber es ist lediglich die ehrliche und bewusst getroffene Entscheidung vor euch selbst, dass alle bisherigen Bemühungen erfolglos waren und sich dadurch keine positiven Veränderungen in eurem Leben ergeben haben.

Ein gedankliches Loslassen von Wünschen ist vergleichbar mit Situationen aus dem praktischen Leben.
Es kann nichts verändert werden, wenn der ursprüngliche Zustand erhalten bleibt.
Das bedeutet:
Eine Veränderung kann nur dann stattfinden, wenn etwas bewegt wird. Aber es kann sich nur etwas bewegen, was nicht festgehalten, sondern losgelassen wird.

Um das zu verdeutlichen, hier ein letztes Beispiel:

Ihr sucht verzweifelt eine preiswerte, aber schöne Wohnung, die in einer bestimmten Gegend eurer Stadt sein soll.
Ihr habt alle Anzeigen der gängigen Zeitungen gelesen, im Internet gesucht, eure Bekannten gefragt, alles ohne Erfolg. **Daraufhin gebt ihr die Suche erst einmal auf und denkt über andere Alternativen nach.**
Und ganz plötzlich habt ihr eine Idee:
Ihr wendet euch direkt an die Geschäfte der unmittelbaren Umgebung, verteilt Handzettel auf dem Wochenmarkt und habt Glück, denn eine entsprechende Wohnung wurde gerade frei und „fällt euch regelrecht zu".

Dieses Beispiel mag euch sehr banal vorkommen, aber es verdeutlicht sehr gut, auf welche einfachen Lösungswege ihr durch euer Unterbewusstsein gebracht werden könnt. Und es zeigt die Kombination mit den „gelenkten Zufällen" auf. Denn es war **kein** Zufall, dass genau zu dem Zeitpunkt eurer erneuten Suche die Wohnung frei wurde, die euch gefällt und finanzierbar ist. Und das verdeutlicht die Zusammenarbeit zwischen eurem Unterbewusstsein und eurem Führungsengel.

Genauso könnt ihr euch auf das Zusammenspiel zwischen euren Gedanken und eurem Unterbewusstsein verlassen. Dieses Zusammenspiel bestimmt immer euer Leben, und die Wichtigkeit kann auf eine Formel gebracht werden:

Alles, was ihr denkt, kehrt zu euch zurück.

Denn alle Gedanken kehren in Form von energetischen Schwingungen in euren Körper zurück. Und diese Energien bewirken Harmonie oder Disharmonie, Gesundheit oder Erkrankung, Tatkraft oder Ermüdung, die Erfüllung eurer Wünsche, wenn sie in euer Lebensziel passen, und eure Lebensführung.

Denkt ihr positiv und freudig, fühlt ihr diese Freude körperlich, und es geht euch alles leicht von der Hand.

Denkt ihr negativ und destruktiv, spürt ihr das ebenfalls körperlich, und eure Planungen und Handlungen sind anstrengend, ermüdend und häufig von Missgeschicken begleitet.

Darum achtet auf Folgendes:
Spürt ihr zwischen euch und eurem Körper einen Einklang und fühlt euch wohl in ihm, lebt ihr harmonisch mit euch und euren Gedanken. Fühlt ihr euch unzufrieden und uneins mit eurem Körper, fühlt ihr euch auch uneins mit eurem Leben, was immer auf disharmonische Gedanken hinweist.

Und das bewirkt euer Unterbewusstsein, indem es euch eure Gedanken in energetischer Form zurückgibt, um euch so eure eigene Stimmung aufzuzeigen.

Selbsthilfe

Bedeutung

Das Wort Selbsthilfe beinhaltet, wie ihr jetzt vorgehen könnt.
Ihr könnt durch praktische Anwendungen der folgenden Vorschläge durch positive Gedanken eure fehlende Harmonie zurückerobern und dadurch auch eure Gesundheit fördern.

> Darum noch einmal als Hinweis vorweg:
> Erst wenn eure Harmonie „erkrankt" ist, reagiert euer Körper mit körperlichen Störungen, bis hin zu ernsthaften Erkrankungen.

Eine **bewusste Umstellung eurer Gedanken in eine positive Richtung** erfordert zu Beginn eine gewisse Zeit und Ausdauer, denn eine jahrelange unbewusste Gewohnheit ist nun einmal schwer zu durchbrechen. Aber es funktioniert, wenn ihr es ehrlich versucht.

Aus einer negativen Gewohnheit kann eine positive Gewohnheit werden, und das sollte euer Ziel sein.

Und Ziele sind zu erreichen, ihr probiert dieses schließlich während eures gesamten Lebens aus.

Das eigentliche Problem bei einer bewussten Umstellung sind eure Zweifel an einem Erfolg.

Ihr habt bestimmt schon oft gehört, dass ein positives Denken glücklicher macht und es daraufhin vielleicht auch ab und zu einmal ausprobiert, aber den Versuch dann wieder aufgegeben oder vergessen, weil sich der gewünschte Erfolg nicht gleich eingestellt hat. Und weil ihr außerdem durch euren Alltagsstress davon abgelenkt wurdet.

Durch euren hektischen Alltag fühlt ihr euch mittlerweile kaum noch in der Lage, euch einige Minuten Zeit am Tag zu nehmen, euch auf euch selbst zu konzentrieren. Und das ist schade, denn mehr Zeit benötigt ihr nämlich zu Beginn nicht. Und später erfolgt ein positives Denken fast automatisch, wenn ihr euch dafür entschieden habt.

Eine **erste bewusste spürbare Verbesserung** durch eure neuen positiven Gedanken ist häufig ein erholsamerer Schlaf, und das ohne eine Veränderung eurer Schlafgewohnheiten.

Aber ihr fühlt euch am nächsten Morgen frischer, erholter und tatkräftiger.

Das kommt daher, weil euer Unterbewusstsein während eurer Träume diese positiven Gedanken in positive Energien verwandelt, die euer Körper dann in die Nervenzellen lenkt, die für eure Ruhe und Entspannung verantwortlich sind.

Ein **weiteres Zeichen** ist eure **einsetzende Aktivität**.
Das wiederum zieht weitere Kreise, ihr fühlt euch durch diese Aktivitäten gut, und so häufen sich die positiven Gedanken.

> Aber da beginnt ein kritischer Punkt:
> Ihr beginnt, euch wohl zu fühlen, der Versuch ist also gelungen. Nur leider vergesst ihr dann allzu schnell wieder euer Vorhaben und fallt in euren gewohnten negativen Gedankenkreislauf zurück.

Der Weg der Selbsthilfe

Seid ihr in einem Kreislauf negativer Gedanken behaftet, könnt ihr eure Gedanken als ein **eigenes Werkzeug ansehen,** um diesen Kreislauf zu durchbrechen.

> Eure Gedanken sind immer euer eigenes Werkzeug, um alles in euch zu reparieren.
> Oder, anders ausgedrückt:
> Sie sind das Werkzeug, mit dem ihr euch ganz alleine helfen könnt.
> Und dieses Werkzeug habt ihr zu jeder Zeit zur Hand!

Um euch davon zu überzeugen, dass euch eine gedankliche Veränderung guttun würde, achtet auf Folgendes:

- Wenn euch bewusst geworden ist, dass ihr ununterbrochen Gedanken in euch formt und jeder einzelne Gedanke eine energetische Schwingung in eurem Körper auslöst, ist das der erste Schritt.
- Wenn euch dann auffällt, wie oft ihr negative Gedanken formuliert, mit denen ihr euch selbst angreift, habt ihr den zweiten Schritt erreicht.
- Der dritte Schritt ist dann das bewusste Spüren, wie euer Körper auf die Ansammlung negativer Gedanken reagiert.

Ihr spürt es
- durch beginnende Müdigkeit trotz ausreichenden Schlafs oder durch plötzliche Schlafstörungen;
- durch vermehrte bildhafte Träume, da Träume Angstverarbeitung sind;
- durch Zunahme eurer Erkrankungen ohne konkrete Ursache;
- durch Zunahme eurer Unzufriedenheit.

- Eure Tage werden anstrengend, weil euch die Lebensfreude fehlt.
- Ihr werdet nervös, weil das unruhige Denken in euch zunimmt.
- Eure heimlichen Wünsche nach Veränderungen nehmen zu.
- Das starke Bedürfnis, endlich angstfrei zu leben, nimmt zu.
- Eure Zukunftsängste werden immer größer.
- Eure Traurigkeiten oder Depressionen nehmen für euch unbegründet zu.
- Eure Wünsche nach Ruhe und Einsamkeit nehmen zu, obwohl ihr eigentlich lebensfroh seid.

Durch all diese Zeichen erkennt ihr, wie weit euch eure negativen Gedanken inzwischen blockieren.

- Der vierte Schritt ist dann der Beginn, euch bewusst damit auseinanderzusetzen.

Schreibt als Erstes alle Gedanken auf, die ihr als Angst verspürt.
Dadurch beginnt ihr, euren negativen und für euch mittlerweile gewohnten Gedankenkreislauf zu durchbrechen, was folgenden Sinn hat:
Jeder geschriebene Gedanke kann nicht mehr verdrängt werden, denn er liegt euch schriftlich vor. Das erfordert einen gewissen Mut und eine Ehrlichkeit euch selbst gegenüber, aber Verdrängungen wollt ihr ja nicht mehr, wenn ihr euch für diesen Weg entschieden habt.
Zusätzlich schreibt eure positiven Gedanken auf, um zu erkennen, wie wenig ihr zurzeit davon spürt.
Überwiegen bei dieser Gegenüberstellung eure negativen Gedanken, könnt ihr erkennen, wie tief ihr euch mittlerweile in euren angstvollen Gedanken vergraben habt.

Um euch aus diesem Graben wieder herauszuholen, folgen auf den nächsten Seiten Beispiele mit **positiven, harmonisierenden, gesundheitsfördernden und angstbefreienden Bildern und Sätzen** mit den entsprechenden Erklärungen, welche Wirkungen diese auf euch beziehungsweise euren Körper ausüben.
Außerdem bekommt ihr folgende Anregungen:

- Wie ihr eure **mangelnde Selbstliebe** in Liebe und Akzeptanz euch selbst gegenüber verwandeln könnt.
- Wie ihr eure **Vergangenheit** bewältigen könnt, die für viele von euch eine große Belastung ist.
- Hinweise darauf, warum manche **Partnerschaften** nicht so harmonisch verlaufen können, wie ihr es euch erhofft hattet.
- Auch das **Rauchen** ist ein Thema, denn es ist neben den eigentlichen schädlichen Stoffen auch fast immer eine gedankliche negative Energie in euch.
- In einem weiteren Kapitel könnt ihr erkennen, wie **Erkrankungen mit euren Gedanken in Zusammenhang stehen**.

Durch all diese Vorschläge sollen die negativen Energien in euch beseitigt werden, damit ihr harmonisch leben könnt.

Satzformulierungen

Bevor jetzt Beispiele von positiven Bildern mit begleitenden Sätzen erfolgen, ist es noch wichtig, euch auf die richtigen Satzformulierungen hinzuweisen.

Denn ihr könnt euch zu allen Situationen eures Lebens neben den vorgeschlagenen Formulierungen eigene positive Sätze bilden, die euch gefallen.

Verwendet bei euren Sätzen immer die Gegenwart, und niemals die Zukunft.
Denn die Gegenwart bedeutet:
Ihr wollt jetzt etwas erreichen, während die Zukunft ein späterer Zeitpunkt ist.

Eine Zukunft beginnt nicht erst nach vielen Jahren, sondern gleich nach dem Moment der Gegenwart, doch für euer Unterbewusstsein ist der jetzige Moment ausschlaggebend.

Beginnt eure Sätze also mit den Worten:
„**Ich bin**", „**ich erreiche**", „**ich kann**" usw.
Verwendet niemals die Worte, die ihr alle so gerne benutzt:
„ich werde...", es wird...", wie zum Beispiel: „Es wird alles gut."

Eure Worte werden von eurem Unterbewusstsein wie folgt registriert: „Ich werde" bedeutet: Ihr werdet irgendwann einmal etwas tun.
Also umgesetzt: Ihr werdet irgendwann einmal gesund, fröhlich, usw.

Diese Worte: „Irgendwann einmal" sind in diesem Fall eine unschlüssige Information und werden daher als leicht negative Energie verarbeitet.
Darum spürt ihr auch durch diese Formulierungen trotz des ehrlichen Willens keine Veränderungen an euch.

Sätze dagegen wie „Ich bin gesund!", Ich lebe gerne!", Ich bin fröhlich!" sind klare positive Gedanken und werden dementsprechend auch in eine positive Energie umgewandelt.

Vermeidet außerdem das Wort „nicht" in euren Formulierungen, denn dieses ist ein ganz besonderes Wort.

Bei **verneinenden Sätzen** wie: „Ich kann nicht mehr!", „Ich schaffe das nicht!", „Das geht nicht" usw. gilt das Wort „nicht" als Bestätigung der gedanklichen negativen Abwehr, was bedeutet:
Diese Formulierung wird von eurem Unterbewusstsein genauso verstanden, wie ihr es meint, und darum auch sofort in eine negative Energie verwandelt.

Bei positiven Formulierungen dagegen wird das Wort „nicht" von eurem Unterbewusstsein nicht registriert, denn es ist eine Verneinung. Und eine Verneinung passt nicht zu einer positiven Denkweise.

Denkt ihr also „Ich bin nicht traurig!", „Ich bin nicht krank!", **hört** euer Unterbewusstsein nur die Worte: „ich bin traurig", „ich bin krank" und reagiert wieder in Form von negativen Energien.

Sagt ihr aber: **„Ich bin gesund"** anstatt: „Ich bin nicht krank"; **„Ich bin fröhlich"** anstatt: „Ich bin nicht traurig", reagiert euer Unterbewusstsein auf die Worte gesund und fröhlich und verwandelt diese in eine positive Energie.

Positive Bilder

Bevor ihr mit positiven Sätzen eure Tage erleichtert, beginnt erst einmal, euch freudige Bilder vorzustellen.

Dieser Weg ist zu Beginn eines bewussten positiven Denkens meistens leichter. Denn wenn ihr euch noch schlecht fühlt, ist es schwer, gegen eine innere Überzeugung positive Sätze zu formulieren.

Positive Bilder dagegen haben den Vorteil, dass ihr euch darin vertiefen und eure Fantasie spielen lassen könnt. Das allein ist ein positiver gedanklicher Ablauf in euch, durch den ihr ohne große Anstrengung eure positive Energie erhöht. Und ihr werdet den Erfolg schnell spüren, da ihr euch automatisch beschwingter fühlt.

Alle Bilder werden von eurem Unterbewusstsein gespeichert, und ihr könnt sie immer wieder hervorholen. Und bei jedem erneuten Denken an eines dieser Bilder erzeugt ihr sofort wieder eine positive Energie in euch.

Beginnt zum Beispiel mit Vorstellungen, die zurzeit in eurem Leben fehlen. Denn dadurch beginnt bereits ein Prozess in euch, der euer Leben verändert, weil ihr ein Bewusstsein dafür entwickelt, wie eingeschränkt ihr euch im Moment fühlt.
  Oder stellt euch schöne Bilder vor, wie zum Beispiel Sonnenaufgänge, Blumenwiesen, Wind- oder Wolkenbilder.
  Oder vertieft euch in Bilder, die ihr als eine schöne Erinnerung in euch habt.
  Der Vorteil dieser Vorstellungen ist, ihr werdet von euren täglichen sorgenvollen Gedanken abgelenkt und reagiert dadurch gelassener auf euren Alltag.

Denn – wie bereits erwähnt – ein positiver Gedanke zieht ohne euer Dazutun weitere fröhliche Gedanken nach sich. Ihr müsst nur erst einmal mit einem positiven Gedanken beginnen.

Jetzt folgen einige Vorschläge, die euch aufzeigen, dass ihr für jede belastende Situation ein entsprechendes Gegenbild visualisieren könnt.

Zusätzlich könnt ihr die begleitenden Sätze anwenden. Diese können natürlich nach euren eigenen Vorstellungen umformuliert werden, achtet jedoch auf Satzformulierungen, die sich auf die Gegenwart beziehen.

- Arbeitet an der Vorstellung **einer inneren Harmonie in euch,** die ihr durch die zusätzliche **Vorstellung leuchtender Farben** verinnerlichen könnt.
  Harmonie ist die Grundvoraussetzung für ein zufriedenes Leben. Ihr könnt sie spüren, indem ihr euch vorstellt, wie euch eine warme Welle von Zufriedenheit und Freude durchflutet, auch wenn euch das erst sehr schwer erscheint.
  Später erreicht ihr diese Harmonie automatisch durch eure positiven Gedanken.
  Diese Vorstellung könnt ihr durch folgenden **Satz** unterstützen: „Ich bin von Wärme und Friede durchflutet".

- Arbeitet an der Vorstellung **eines schönen Körpers,** wenn ihr mit eurem unzufrieden seid.
  Jeder Körper ist schön, aber ihr seid oft unzufrieden durch zum Beispiel Gewichtszunahmen, die euch leider immer sehr belasten. Durch diese Ablehnung habt ihr eine zusätzliche stete negative Energie in euch, die eine Gewichtsreduzierung mit verhindert. Denn ihr blockiert durch eure unzufriedenen Gedanken genau die Zellen, die für eine Fettverbrennung verantwortlich sind.
  Durch diese Blockade arbeiten sie nur noch mit halber Kraft, und

eure Diäten zeigen nur einen mühsamen Dauererfolg. Außerdem ist eine Gewichtszunahme immer durch die weitere Angst begleitet, noch mehr zuzunehmen. Oder es entsteht die Angst, nach einer Gewichtsabnahme wieder zuzunehmen. Dadurch häuft ihr ständig weitere negative Energien in euch an.

Diesen destruktiven Gedankenkreislauf könnt ihr unterbrechen, indem ihr durch eine entsprechende Therapie versucht, die Ursache für euer ungebremstes Essverhalten herauszufinden. Denn es steht meistens eine ungeklärte Angst dahinter, die ebenfalls fast immer mit einer Angst nach fehlender Liebe in Zusammenhang steht. Das ist euch zum Teil bekannt, nur warum ihr diese Angst habt, wisst ihr nicht.

Und es gibt auch absolut keinen Grund, übergewichtige Menschen zu bewerten, wie es leider in eurer Gesellschaft oft geschieht. Denn Ängste sind niemals zu bewerten!

Bis ihr eure Angst herausgefunden habt, unterstützt den Vorgang der Gewichtsreduzierung durch ein gedankliches Bild von eurem Körper, wie ihr ihn euch wünscht.

Euer Körper kann sich grundlegend nicht nur durch eure Gedanken verändern, aber er „folgt" diesen und beginnt, die gedankliche positive Energie in die Zellen zu leiten, die eure Fettverbrennung ankurbeln.

Es ist ein einfacher Weg, was euch jetzt vielleicht erstaunt.
Probiert ihn aus und lasst euch überraschen.
Arbeitet dazu mit dem **Satz:** „Ich bin schlank".

- Stellt euch Bilder vor, die euch in einer **freudigen Freundschaft oder Partnerschaft zeigen, wenn ihr euch einsam fühlt,** dadurch verändert ihr eure Auraausstrahlung.
Diese Ausstrahlung zeigt immer die Grundstimmung an, in der ihr euch gerade befindet und auf die andere Menschen unbewusst reagieren. Seid ihr traurig, werdet ihr diese Stimmung auch verbreiten.

Durch die gedankliche Vorstellung einer freudigen Freundschaft oder Partnerschaft dagegen erreicht eure Aura eine fröhliche Ausstrahlung, die auf andere Menschen anziehend wirkt. Dadurch können sich Begegnungen eröffnen, mit denen ihr oft nicht gerechnet habt. Und auch euer Unterbewusstsein wird euch mit „gelenkten Zufällen" unterstützen.
Der Satz dazu: „Ich freue mich auf eine Partnerschaft oder Freundschaft".
Bedenkt aber bitte Folgendes:
Eine Partnerschaft ist etwas anderes als eine Freundschaft. Wenn ihr euch eine Partnerschaft wünscht, aber noch viele Ängste bezogen auf ein Zusammenleben mit einem anderen Menschen habt, wie zum Beispiel
- die Angst, eure Freiheit aufzugeben trotz des Wunsches nach Gemeinsamkeit,
- die Angst vor Sexualität, die leider viele von euch haben,
- die Angst, euch an einen Menschen zu binden, der euch nicht so akzeptiert, wie ihr seid, blockieren euch diese Ängste so sehr, dass ihr diese Unsicherheit auch ausstrahlt. Und diese gedämpfte Ausstrahlung verhindert ihr auch nicht durch die oben genannten Sätze.
Darum versucht erst, eure Ängste zu klären, versucht, euch selbst zu akzeptieren und beginnt dann mit dem Satz: „Ich bin bereit für eine Partnerschaft", euch anderen Menschen gegenüber zu öffnen.

- Stellt euch Bilder vor, die euch gesund und glücklich zeigen, vor allem dann, wenn ihr erkrankt seid. Diese Bilder unterstützen eine beginnende Heilung beziehungsweise einen Heilungsprozess. Arbeitet dabei unverkrampft, denn jede zusätzliche Verkrampfung bedeutet eine erneute negative Energie in euch.
Dazu benutzt bitte den Satz: „Ich bin gesund", sowie spezielle Sätze und Bilder, die eure Gesundheit fördern.

- **Malt euch Bilder aus, die euch zeigen, wie ihr gerne leben würdet.**

  Ein Bild am Strand, am Fuße eines Berges, eines gemütlichen Kaminfeuers, alles, was euch gefällt, ist erlaubt.

  Auch diese gedanklichen Bilder werden von eurem Körper befolgt. Er kann euch natürlich nicht an den Strand versetzen, aber er sorgt – unbewusst für euch – für veränderte Bewegungen.

  Diese veränderten Bewegungen entstehen, weil euer Körper eng mit eurem Nervensystem zusammenarbeitet, was wiederum mit verantwortlich ist für eure Bewegungen.

  Durch die gedankliche Übertragung verändern sich also eure Bewegungen (erst unbewusst), und dadurch nehmt ihr eine Haltung ein, als würdet ihr mit nackten Füßen durch das Meer laufen, euch auf Klettern einstellen, oder was immer ihr euch gewünscht habt.

  Diese Bewegungen passen zu einer Lebensführung, die euer Wohlbefinden stärkt. Allein diese veränderte neue Bewegung bewirkt eine positive Energie in euch, denn ihr geht unbewusst einem fröhlichen Bild von euch nach, was euch fröhlicher und unbekümmerter werden lässt.

  Auch das Bild eines Kaminfeuers wird von eurem Körper so umgesetzt, dass ihr die Wärme und Gemütlichkeit so spüren könnt, wie ihr sie euch vorgestellt habt. Denn euer Körper lenkt diese positive Bildenergie in die Nervenzellen, die für eure innere Ruhe und Harmonie verantwortlich sind. Und diese gefühlte Harmonie wirkt sich dann positiv auf eure Gesamtstimmung aus.

  Diese Versuche solltet ihr unbedingt probieren, denn diese Bilder werden schnell von eurem Körper umgesetzt.

  Ein begleitender Satz kann so aussehen: „Ich fühle mich gut!", „Ich lebe gerne!"

- Arbeitet mit der gedanklichen Vorstellung **einer eingetretenen Ruhe, stellt euch vor, wie ihr Zeit habt, etwas zu tun, was euch Spaß macht.**

Ihr denkt so oft, Zeit ist ein Luxus, der erst verdient werden muss. Dabei ist Zeit etwas, was euch Erholung bringen soll. Aber eure Zeit ist verplant durch Termine, die euch wichtig erscheinen.

Habt ihr Kinder, verplant ihr auch deren Zeit durch Termine, von denen ihr glaubt zu wissen, dass sie sie brauchen. Ihr hetzt durch den Tag, um eure Alltagspflichten sorgfältig zu erledigen, wie zum Beispiel eine stets aufgeräumte Wohnung, und gebt euch dabei immer mehr auf.

Ihr habt es verlernt, was es bedeutet, einmal Zeit für sich zu haben. Denn wenn ihr sie euch nehmt, denkt ihr trotzdem an eure alltäglichen Pflichten. Nur eure erst unbewusste und später bewusste Sehnsucht nach Zeit für euch wird immer stärker.

Und da beginnt euer neuer positiver Gedankenkreislauf zu wirken. Denn Zeit ist etwas, was ihr euch meist als Letztes wünscht, da ihr bisher ohne sie ausgekommen seid und die innere Ruhe dafür nicht hattet. Habt ihr euch Zeit gewünscht, hat euer Unterbewusstsein auch reagiert, aber ihr habt es selten gespürt oder umgesetzt, da euer Alltag zu unruhig war.

Aber durch die bis jetzt geschehene positive Verwandlung eurer Gedanken, die ihr nun als positive Energie in euch habt, seid ihr bereits tatkräftiger und fröhlicher geworden, ihr fühlt euch besser und eure Gedankenwelt ist ruhiger.

Und plötzlich habt ihr Zeit. Genießt sie ohne Schuldgefühl und mit innerer Freude!

Zeit ist auch durch folgenden **Satz** zu erreichen: „Ich habe Ruhe in mir".

Dadurch erreicht ihr tatsächlich eine innere Ruhe, die es euch ermöglicht, eure Zeit auch in Ruhe zu genießen.

Der Satz **„Ich habe Zeit"** bewirkt natürlich auch etwas.

Aber ihr erreicht dadurch eher Zeit für andere Menschen oder für eure üblichen Tagesgeschehnisse. Das kann auch befriedigend sein, aber hier geht es um eure eigene Zeit.

- Arbeitet durch die bildliche Vorstellung, **dass euch Kinder geboren werden, wenn ihr Probleme habt, schwanger zu werden.** Allerdings ist das ein Thema, das zwei Seiten aufwirft. Habt ihr vor eurer Inkarnation ein Leben ohne Kinder geplant, hilft natürlich auch keine Wunschvorstellung, um schwanger zu werden. Denn ihr werdet durch eure eigene Lebensplanung nicht schwanger. Aber das wisst ihr natürlich nicht, und eure Tage sind von Unsicherheit und Angst begleitet, ob es nun endlich klappt oder nicht. Um dieser Unsicherheit entgegenzuwirken, habt den Mut und sucht spirituelle Hilfe auf, durch die ihr erfahren könnt, ob ihr ein kinderloses Leben geplant habt.

Wenn ihr dabei eine geplante Kinderlosigkeit erfahrt, ist das erst eine starke Enttäuschung für euch, aber eine Enttäuschung ist das Ende einer Täuschung, und euer Leben zeigt trotzdem eine positive Veränderung auf. Positiv darum, weil das stets angstvolle Hoffen und Warten ein Ende hat, ihr euer Leben bewusst anders plant und sich eure Lebensqualität dadurch verbessert. Und: Jede beendete Angst oder Unsicherheit ist eine negative Energie weniger.

Habt ihr aber vor eurer Inkarnation geplant, schwanger zu werden, und es weist nichts auf einen Erfolg hin, arbeitet durch gedankliche Bilder.

Stellt euch zum Beispiel eine Eizelle vor, die fröhlich auf ihre Bestimmung wartet.

Oder stellt euch eure Gebärmutter vor, die ein fröhliches Heim für euer zukünftiges Kind bieten will.

Eine fröhliche Vorstellung bewirkt nämlich, dass sich euer Körper bemüht, euch mit fröhlichen Energiewellen zu durchströmen. Fröhlichkeit ist Lebendigkeit. Und Lebendigkeit macht eine Schwangerschaft aus.

Natürlich bedeutet ein gedankliches Bild keine Gewähr für eine eintretende Schwangerschaft, denn wenn ihr durch Sorgen oder eigene Ängste belastet seid, ist eure Energie dadurch blockiert,

und eine Schwangerschaft kann sich verzögern. Aber es ist ein lohnenswerter Versuch.
Ein entsprechender **Satz** kann wie folgt aussehen: „Ich bin bereit für eine Schwangerschaft."
Aber, wie bereits erwähnt: Blockieren euch Sorgen und Ängste, kann auch dieser Satz eure Bereitschaft nicht unbedingt erhöhen.

- Stellt euch fröhliche Bilder von euch vor, wenn ihr traurig seid.

Traurigkeit deutet immer auf bewusste oder unbewusste Ängste hin und ist immer ein Hinweis darauf, dass etwas in eurem Leben verändert werden sollte.
Traurigkeit entsteht entweder **durch einen Verlust**, wodurch automatisch eine Veränderung eintritt, mit der ihr dann leben müsst, wovor ihr verständlicherweise erst einmal Angst habt. Das kann der Verlust eines Menschen sein, der Verlust eines lieb gewonnenen Gegenstandes oder andere schmerzhafte Verluste.
Die zweite Art der Traurigkeit entsteht, wenn **ihr von anderen Menschen enttäuscht wurdet oder euer Leben sich nicht so entwickelt**, wie ihr es wünscht oder plant. Euch ist dann eigentlich klar, dass eine Veränderung eintreten muss, um wieder ein freudvolles Leben zu führen.
Dann gibt es noch die Traurigkeit, die euch **plötzlich überfällt und für die ihr keinen greifbaren Grund seht.** Diese traurigen Gedanken werden euch von eurem Unterbewusstsein eingegeben, weil ihr etwas in eurem Leben verarbeiten sollt, was euch unbewusst belastet.
Eine traurige Zeit bedeutet für euch:
Eure Gedanken sind so gelähmt, dass ihr um euch herum nichts Erfreuliches mehr wahrnehmen könnt und auch keine freudigen Gedanken mehr in euch habt. Daraus entwickelt sich **Mutlosigkeit**, und Mutlosigkeit bedeutet Resignation.
Um dieser Mutlosigkeit entgegenzuwirken, stellt euch mutige Bilder von euch vor, um dadurch auf andere Gedanken zu

kommen, und zwar auf solche, die nichts mit eurer Traurigkeit zu tun haben.

Der Weg, eine Traurigkeit zu unterbrechen, ist häufig sehr schwer für euch, denn ihr habt wenig Gedanken frei, um euch mit einer Veränderung befassen zu können. Darum soll noch einmal kurz auf die einzelnen Formen der Traurigkeit eingegangen werden, denn trotz der verschiedenen Ursachen ist der Weg der Unterbrechung gleich.

Bei der Trauer um einen verloren Menschen ist es ganz wichtig, diese auszuleben und nicht zu verdrängen. Denn Verdrängungen kehren immer wieder in Form von traurigen Gedanken zurück.

Ihr solltet euch Zeit für die Trauerarbeit nehmen, denn der Verlust eines Menschen ist ein so gravierender Lebenseinschnitt, dass ihr euch nur langsam an die neue veränderte Lebenssituation und den Verlustschmerz gewöhnen könnt.

Um in eurer Zeitrechnung zu bleiben, die sich stark von den kosmischen Zeiten unterscheidet, umfasst diese Trauerarbeit ungefähr die Zeit bis zum einjährigen Todestag.

Trauerarbeit geschieht durch eure Gedanken, die zwar eine negative Energie in euch erzeugen, aber in diesem Fall helfen sie euch, denn ihr beschäftigt euch dadurch unbewusst bereits damit, wie ihr euer Leben mit der neuen Situation einrichten wollt.

Durch die Traurigkeit, die euch befällt, wenn ihr **enttäuscht wurdet oder unzufrieden mit eurem Leben seid,** lähmt ihr eure Gedanken ebenso wie bei einem erlittenen Verlust. Und beides ist vergleichbar, denn ihr leidet unter dem Verlust eurer Lebensfreude.

Die **scheinbar unbegründete Traurigkeit** ist am schwierigsten zu verarbeiten, denn ihr wisst ja nicht, was ihr verarbeiten sollt.

Diese drei Formen der Traurigkeit dürfen euer Leben aber nicht auf Dauer belasten, denn ihr spürt sonst das eigentliche Leben nicht mehr.

Durch eure gedankliche Unbeweglichkeit kommt ihr jedoch aus diesem Lebenstief nur schwer wieder heraus, darum bemüht euch um ein verändertes Denken, auch wenn es noch so schwerfällt. Die Vorstellung eines mutigen Bildes soll euch dabei helfen.
Durch ein mutiges Bild erzeugt ihr eine gegenteilige Energie zu euren mutlosen Gedanken, und diese beiden verschiedenen Energieformen heben sich dann gegenseitig auf.
Das bedeutet: Eure negativen Gedanken werden in positive Energien umgewandelt.
Ein mutiges Bild ist schwer vorstellbar, denn wenn ihr traurig seid, fühlt ihr euch nicht mutig. Versucht es trotzdem, und hier ein Vorschlag:
Ihr steht eurem Chef, einem anderen Menschen, der euer Leben sehr machtvoll beherrscht, oder einer imaginären Person gegenüber und diskutiert eine bestimmte Vorstellung, die ihr durchsetzen wollt.
Vertieft euch in dieses Bild und arbeitet bei eurer Bildvorstellung mit klaren Sätzen, wie zum Beispiel
- Der Schreibtisch steht ab heute am Fenster.
- Ich bin mit der Arbeitssituation unzufrieden.
- Mit den Aufgaben komme ich alleine zurecht.
- Ich denke über das Angebot nach *(und nicht: Ich werde darüber nachdenken)*.
- Ich kann selbstständig arbeiten.

Diese Sätze sind positive Formulierungen, die euer Unterbewusstsein eurem Körper in Form von positiver Energie zurückgibt. Dadurch verändern sich nicht gleich eure traurigen Gedanken, aber euer Allgemeinbefinden verbessert sich und ihr spürt wieder vermehrte Aktivität.
Eure traurigen Gedanken haben nämlich zusätzlich eure Lebensenergie blockiert, so dass ihr euch neben der Traurigkeit auch antriebslos, müde und erschöpft fühlt. Und dieser Zustand wird durch die positive Satzenergie unterbrochen.

Hier ein weiterer Vorteil einer regelmäßigen Vorstellung dieses Bildes:
- Ihr übt automatisch ehrliche und klare Satzformulierungen, die euch später angstfreies Reden ermöglichen.
- Mutige Gedanken sind positive Gedanken. Auf jeden positiven Gedanken folgen automatisch weitere positive Gedanken, und ihr werdet dadurch unbewusst von eurer Traurigkeit abgelenkt.
- Das bewirkt, dass ihr euch wieder vermehrt mit den täglichen Dingen eures Alltags befasst und plötzlich Gedanken in euch spürt, die nichts mit eurer traurigen Stimmung zu tun haben, sondern eher fröhlich und aufbauend sind.

Das sind dann die Gedanken, die euch euer Unterbewusstsein eingibt, um euch bei der Verarbeitung eurer Traurigkeit zu helfen.

Wenn ihr jetzt darauf vertraut, dass euer Unterbewusstsein immer weiß, was gerade gut für euch ist, könnt ihr euch auch auf diese neuen Gedanken verlassen.

Sie können euch Wege aufzeigen,
- durch die ihr den Mut und das Interesse entwickelt, der scheinbar unbegründeten Traurigkeit auf die Spur zu kommen, indem ihr euch bemüht, die auslösende Angstursache dafür herauszufinden.
- Oder ihr könnt euch aktiv mit einer Veränderung eures Lebens befassen, weil ihr euch plötzlich mutig genug dazu fühlt. Dieser Schritt kann jedoch erst geschehen, wenn eure gedankliche Lähmung vorbei ist.

Auch wenn es zu Beginn nur kleine Schritte sind, um eine traurige Zeit zu beenden:

Eine beginnende Veränderung ist immer der Anfang einer weiteren Veränderung, wenn ihr dazu bereit seid.

Die Vorstellung des positiven Bildes könnt ihr noch mit zusätzlichen positiven Sätzen unterstützen, wie zum Beispiel:

„Ich bin glücklich!"
„Ich liebe mein Leben!".
Ich lebe gerne!"
„Der Tag ist schön!"

Auch wenn es euch schwerfällt, während einer Traurigkeit zu formulieren: „Ich bin glücklich", probiert es einfach aus. Der Versuch lohnt sich, denn ihr bekommt die Sätze immer als aufbauende positive Energie zurück. Es dauert einige Sekunden Überwindung. Aber was sind ein paar Sekunden gegenüber einem traurigen Tag!

- Stellt euch folgendes Bild vor, wenn ihr euch überfordert fühlt:
Ihr steht mit nackten Füßen am Ufer eines klaren Baches und spürt das kühle erfrischende Wasser sowie denn leichten Sog. Dann stellt euch vor, wie eure Ängste, Sorgen oder alltäglichen Probleme aus euren Gedanken in eure Füße wandern, durch den leichten Wassersog aus eurem Körper gezogen werden und sich in Richtung des fließenden Wassers verabschieden.
Ihr erreicht dadurch ein Gefühl der Leichtigkeit und Unbeschwertheit. Das alleine reicht schon aus, um den negativen Gedankenkreislauf in euch zu unterbrechen.
Dieses Bild ist auf jede Angst übertragbar und dient als kleines Hilfsbild, das euch erfreuen und erleichtern soll.

- Angstfreie Bilder
Ängste sind Gefühle. Ihr seht parallel zu diesen Gefühlen häufig ein entsprechendes Bild, das euch in der angstvollen Situation zeigt. Diese Gefühle und Bilder kehren als starke negative Energie in euren Körper zurück, und ihr könnt oft spüren, wie euer Körper auf diese Energierückgabe reagiert. Euch wird heiß oder kalt, ihr bekommt eine Gänsehaut oder ihr werdet **„starr vor Angst"**. Dieses Sprichwort ist durchaus realistisch, denn je mehr Angst ihr

habt, umso mehr negative Energie ist in euch, die eure **fließende Energie erstarren** lässt.

Um diesen Zustand abzuschwächen, könnt ihr euch gegenteilige angstfreie Bilder vorstellen, die euch in einer bis jetzt angstbeladenen Situation angstfrei und sicher darstellen.

Diese Bilder dürfen ruhig etwas überzeichnet sein, Hauptsache, sie sind positiv, so dass sie eine gegenteilige positive Energie zu eurer angsterstarrten Energie bewirken.

Alle Bilder bleiben in eurem Unterbewusstsein gespeichert und sind sofort abrufbar, wenn ihr sie benötigt.

Das bedeutet:

Habt ihr Angst und denkt in dem Moment an ein entsprechendes angstfreies Bild, steht es sofort vor euch. Wenn ihr euch dann in dieses Bild vertieft, steht eure Angst etwas abgeschwächter vor euch, und das löst eure Verspannung.

Dadurch können sich kleinste Ängste von alleine auflösen, während größere und massivere Ängste euch nicht mehr so stark lähmen. Das wiederum ist ein hilfreicher Schritt, der die Suche nach der eigentlichen Angstursache und den daraus entstandenen Begleitängsten erleichtert. Denn je weniger euch eure Ängste umklammern, umso mehr wächst euer Interesse, sich endlich angstfrei zu fühlen.

Das gleiche Prinzip gilt auch für angstbefreiende Sätze, durch die ihr ebenfalls Ängste abschwächen könnt.

Um die angstfreien Bilder sofort in einer angstvollen Situation vor euch zu sehen, könnt ihr euer Unterbewusstsein dahingehend programmieren.

Nun zu den Beispielen:

Ihr habt **Angst vor engen Räumen und Dunkelheit:**

Stellt euch einen Raum vor, der in warmen Farben leuchtet und durch warmes Licht erhellt ist. Ihr seid in diesem Raum und fühlt euch sicher, geborgen und sehr wohl.

Durch das Sehen eines **angstfreien Bildes in einer angstbelade-**

nen Situation gehen zwei Informationen an euer Unterbewusstsein – eine negative und eine positive Information. Dadurch entstehen positive und negative Energien in euch, die sich praktisch aufheben, wenn ein Gleichgewicht zwischen beiden besteht.

Dieses Gleichgewicht wird sich zu Beginn der Vorstellung von angstfreien Bildern vielleicht nicht gleich einstellen, weil ihr noch zweifelt. Dadurch bleiben die angstvollen Energien in der Überzahl, und ihr verspürt nicht gleich den gewünschten Erfolg. Aber bei einem wachsenden Vertrauen in diese Methode werdet ihr sicherer im Umgang mit euren Bildern und empfindet von Mal zu Mal ein immer intensiveres Gefühl von Geborgenheit und weniger Angst.

Wenn ihr **vor** einer angstbeladenen Situation steht, könnt ihr euch ebenfalls ein angstfreies Bild dazu ansehen, weil ihr euch dann **in** der Situation ruhiger und gelöster fühlt.

Habt ihr zum Beispiel **Angst vor dem Autofahren,** stellt euch folgendes Bild **vor** eurer Fahrt vor (und natürlich auch während der Fahrt, wenn ihr es dann noch braucht):

Ihr sitzt im Auto und genießt eure Selbstständigkeit. Stellt euch vor, wie euer Auto von lichtvollen Energien umgeben ist, weil euch euer Schutzengel auf eurer Reise begleitet.

Stellt euch dann weiter vor, dass auch ihr von diesen Energien durchströmt werdet, die euch mit Ruhe und Harmonie erfüllen. Auch der Autoinnenraum ist von warmer, leuchtender Energie erfüllt. Und so bildet ihr und euer Auto eine Einheit, die sich wie eine unsichtbare Schutzwand gegenüber anderen Autos auswirkt.

Das bedeutet natürlich nicht, dass ihr unaufmerksam fahren könnt, aber ihr entwickelt Spaß auf eurer Reise.

Zusätzlich könnt ihr noch den Satz formulieren: „Ich bin angstfrei und freue mich über diese Fahrt."

So könnt ihr mit jeder Angst verfahren. Arbeitet mit angstfreien Bildern, die euch im Umgang mit anderen Menschen zeigen, wenn ihr Angst davor habt.

Stellt euch Bilder vor, die euch im täglichen Leben helfen, auch wenn eure Ängste noch so klein sind, denn jedes Bild hilft euch, sicherer im Umgang mit euren Ängsten zu werden.
Eurem Unterbewusstsein ist es egal, wie viele Bilder es speichern soll. Und es weiß immer, wann ihr welches Bild benötigt.

- Eurer Vorstellungskraft für Bilder sind keine Grenzen gesetzt, aber es gibt ein Bild, das ihr immer in euch haben solltet.
Es ist das **Bild eines positiven Gedankens.**
Das Erlernen von positivem Denken kann euch leicht wieder entgleiten, wenn euch euer Alltag zu sehr einnimmt. Um dem vorzubeugen, gibt es neben der Programmierung eures Unterbewusstseins ebenfalls eine Vision eurer positiven Gedanken.
Stellt euch ein blühendes Feld mit leuchtenden Kornblumen vor.
Jede Blume ist ein positiver Gedanke.
Alle Blumen blühen, weil ein positiver Gedanke immer einen weiteren positiven Gedanken nach sich zieht. Fallt ihr jedoch wieder in euren gewohnten negativen Gedankenkreislauf zurück, beginnen die ersten Blumen zu verwelken.
Und das gleiche Prinzip funktioniert auch bei negativen Gedanken – einer folgt dem anderen. So wird dann aus dem blühenden Kornfeld eine traurige Fläche von verkümmerten Pflanzen, die aber wieder blühen können, wenn sie ausreichend mit Wasser versorgt werden. Und Wasser sind in diesem Fall eure Gedanken!
Stellt euch dieses Bild immer wieder vor, malt es euch auf oder fotografiert ein blühendes Kornfeld. Hängt es euch als Erinnerung an euer bewusstes positives Denken an einer Stelle auf, wo ihr es einmal täglich seht.
Vertraut auf eure Vorstellungskraft, die euch durch dieses Bild immer wieder motiviert, euch auf freudvolle und schöne Gedanken einzustellen.

Programmierung des Unterbewusstseins

Um sicherzugehen, dass ihr weder euren Vorsatz des positiven Denkens noch die Rückholung eurer angstfreien Bilder aus eurem Unterbewusstsein vergesst, könnt ihr mit euch und eurem Unterbewusstsein Körperzeichen vereinbaren, durch die es euch stets darauf aufmerksam macht, dass ihr diese Vorsätze tatsächlich vergessen habt.

Diese Programmierung ist kein großer Aufwand, sondern bedeutet nur, dass ihr euch für ein paar Minuten konzentriert.

Programmierung von Bildern

Ihr überlegt euch ein ganz bestimmtes Körperzeichen, wie zum Beispiel das Bilden einer Faust, das Zusammenfalten der Hände, das Krümmen eines Fingers oder was euch sonst gefällt.

Dann stellt euch ein Bild vor, vertieft euch darin, bildet dabei eine Faust oder anderes und vereinbart mit eurem Unterbewusstsein, dass dieses Zeichen ab jetzt das Signal dafür ist, euch bei jeder Faust ein angstfreies Bild einzugeben.

Dadurch habt **ihr eurem Unterbewusstsein** ein Zeichen gegeben, auf das es immer reagieren wird.

Dabei ist es egal, welches angstfreie Bild ihr später meint, ihr könnt euch so viele vorstellen, wie ihr wollt. Euer Unterbewusstsein speichert sie alle und weiß immer, welches Bild ihr auf euer programmiertes Zeichen hin benötigt.

Und vertraut darauf:

Dieses Zeichen wird euch in jeder Angstsituation, zu der ihr ein entsprechendes Gegenbild entworfen habt, zu einer Gewohnheit, die euch nicht mehr verlässt.

Programmierung als Reaktion auf negative Gedanken

Ihr überlegt euch wieder ein Zeichen, das aber dieses Mal von eurem **Unterbewusstsein an euch** weitergegeben wird. Das kann ein Stoßen sein, ein Stolpern, ein Ohrgeräusch usw.

Euer Unterbewusstsein kennt eure Gedanken und weiß, was ihr mit diesem Zeichen erreichen wollt.

Fallt ihr wieder in einen negativen Gedankenkreislauf zurück, wird es euch mit diesem Zeichen daran erinnern, wieder positiv zu denken.

Stoßt ihr euch also zum Beispiel vermehrt, werdet ihr so auf eure negativen Gedanken aufmerksam und könnt bewusst dagegen angehen.

Programmierung zur inneren Sicherheit

Ihr könnt ein weiteres Zeichen mit eurem Unterbewusstsein vereinbaren, wie zum Beispiel ein Kribbeln auf eurer Haut, das euch aufzeigt, dass ihr euch gerade so verhaltet, wie es eurer eigenen Persönlichkeit entspricht.

Das bedeutet:

Ihr verhaltet euch gerade so, wie es euch guttut und wie ihr weiter denken und handeln solltet. Das erhöht eure Sicherheit im Umgang mit anderen Menschen, und vor allem im Umgang mit euch selbst.

Das alles sind kleine Tricks mit einer großen Wirkung, durch die ihr eure innere Harmonie steigern könnt.

Selbstliebe

Selbstliebe und die beiden folgenden Themen Vergangenheitsbewältigung und Partnerschaften stehen alle in einem Zusammenhang, denn sie beziehen sich auf einen wichtigen Punkt in eurem Leben, und zwar auf die **Akzeptanz**.

Akzeptanz bedeutet ein wertfreies Annehmen von allem.
Das heißt, bezogen auf euch Menschen:
Ein bewertungsfreies Annehmen eurer selbst und der Menschen, die euch umgeben.
Aber das gelingt euch nicht immer, als Folge können Schuldgefühle entstehen, und diese Belastung soll euch jetzt genommen werden.

Leider könnt ihr euch selbst selten so akzeptieren, wie ihr seid.
Das kann manchmal berechtigte Gründe haben, und zwar dann, wenn ihr euch auf einem Weg befindet, der eurer eigenen Persönlichkeit widerspricht, ihr das spürt und euch dafür verurteilt.
Da diese Verurteilung aber parallel mit einer starken Abwehr verbunden ist, erreicht ihr nur, dass ihr euch gedanklich immer mehr gelähmt fühlt. Und diese Lähmung verhindert eine positive Veränderung eures Weges.

Ihr lehnt euch auch selbst häufig ab, weil ihr kein Vertrauen in euch, in eurer Können und eure Lebensführung habt. Dabei gilt ebenfalls:
Je stärker eure eigene Ablehnung ist, umso schwerer fällt es euch, wieder freudig durch das Leben zu gehen.

Um diese fehlende Akzeptanz euch selbst gegenüber zu beenden, gilt als erster Schritt:
Vermeidet Sätze, durch die ihr euch selbst angreift.
Wie sich negative Gedanken in eurem Körper auswirken, ist bereits ausführlich angesprochen worden.

Daher wird es euch kaum überraschen, was ihr euch und eurem Körper antut, wenn ihr einmal bewusst auf eure Gedanken achtet.
Ihr habt euch leider angewöhnt, unkontrolliert zu denken.
Das bedeutet:
- Ihr seid stets dabei, euch durch eure eigenen Gedanken selbst anzugreifen.
- Ihr zerstört dadurch unbewusst die Harmonie in euch.

Ihr kennt alle die folgenden Sätze:
- „Das kann ich nicht, das schaffe ich nicht, das gelingt mir nicht!"
- „Das geht bei meiner jetzigen Belastung nicht!"
- „Alle sind schön, nur ich bin hässlich!"
- „Davor habe ich Angst!"
- „Mein Leben ist schrecklich!"

Dadurch bewertet ihr euch ablehnend, macht euch klein und nehmt euch euer Selbstvertrauen. Und setzt folgenden traurigen Kreislauf in Gang:

- Selbstvertrauen ist eine wichtige Voraussetzung für eure innere Harmonie.
- Eine innere Harmonie wiederum ist Vorraussetzung für eure Selbstliebe.
- Diese Selbstliebe aber könnt ihr nur erhalten, wenn ihr eure Harmonie erhaltet.
- Da ihr euch durch eure negativen Gedanken auch noch zusätzlich eure Lebensfreude nehmt, seid ihr immer mehr innerlich zerrissen. Die Folge sind langfristige Erkrankungen.

Der Weg zur Unterbrechung dieses Kreislaufs geht über eure eigenen Gedanken.
Kehrt jeden negativen Satz, der euch bewusst auffällt, sofort in eine positive Formulierung um, wie zum Beispiel:

- „Ich kann das, ich schaffe das, es gelingt mir!"
- „Ich habe Kraft!"
- „Ich bin schön!"
- „Ich bin angstfrei!"
- „Mein Leben ist schön!"
- „Der Tag ist schön!"

Es kann nicht oft genug wiederholt werden:
Dieser Weg funktioniert! Auch wenn ihr euch zu Beginn vielleicht seltsam dabei vorkommt, denn ihr fühlt euch momentan noch anders und habt eher das Gefühl, euch selbst zu betrügen.

Aber ruft euch noch einmal die **neutrale Funktion eures Unterbewusstseins** in Erinnerung:

Euer Unterbewusstsein verwandelt jeden Gedanken, egal, ob er positiv oder negativ ist, in die entsprechende Energieform um, die dann wieder euren Körper erreicht. Ihr könnt also gar nicht verhindern, dass ihr mit positiven Gedanken euren Körper mit positiver Energie auffüllt. **Ihr könnt jedoch diesen Vorgang gezielt einsetzen,** um eure Selbstliebe dadurch zu erhöhen.

Macht euch im Gegenzug noch einmal klar, was ihr mit euren Selbstangriffen erreicht:

Ihr werdet regelrecht von negativen Energien überschwemmt, die verhindern, dass ihr euch körperlich und gedanklich gut fühlt. Dadurch werdet ihr immer mehr negative Seiten an euch und eurem Leben finden. So könnt ihr euch natürlich weder akzeptieren noch selbst lieben! Stellt euch dazu folgendes Bild vor:

Eure negativen Gedanken werden in eine graue Energie verwandelt, die euch niederdrückt, depressiv werden lässt und eure Aura ausfüllt, so dass ihr diese traurige Grundstimmung auch ausstrahlt. Positive Gedanken hingegen werden in eine strahlende, sprudelnde Energie verwandelt, die euch mit Wärme, Harmonie und Aktivität erfüllt. Und diesen Glanz strahlt ihr dann ebenfalls aus.

Darum noch einmal:
Beendet eure eigenen Bewertungen euch selbst gegenüber!

> Denn hinter den Sätzen:
> „Das kann ich nicht", „Andere Menschen sind viel besser, viel schöner, viel intelligenter!" steht immer:
> „Ich bin dumm, feige, andere Menschen haben viel mehr Glück!" usw. Und das **ist negatives Denken in Höchstform!**

Unterbrecht stattdessen diesen Prozess durch positive Satzformulierungen, dann erhöht ihr die positive Energie in euch und beginnt euch körperlich besser zu fühlen, wodurch ihr fröhlicher lebt, und durch jede Fröhlichkeit erhöht ihr eure Lebensfreude.

Und das ist entscheidend, denn ohne Lebensfreude könnt ihr euch nicht auf eure eigene Akzeptanz besinnen und euch selbst lieben.

Bevor der weitere Weg zur Erlernung der Selbstliebe beschrieben wird, sollten euch einige positive Sätze und ihre Wirkung auf euren Körper bewusst werden.

Der Satz: **„Das kann ich!"**, bewirkt zum Beispiel, dass ihr selbstbewusster an eine Aufgabe herangeht, weil euch euer Unterbewusstsein das neue Gefühl des Selbstvertrauens eingibt. Und dadurch fühlt ihr euch automatisch wohler.

Der Satz: **„Der Tag ist schön!"** klingt sehr banal und hat trotzdem eine sehr große Bedeutung.
Euer Unterbewusstsein hat verstanden, ihr wollt euch auf diesen Tag freuen. Dadurch löst sich eine Blockade in euch, die bisher bewirkte, dass ihr die positiven Seiten eures Tages nicht mehr registrieren konntet. Jetzt aber seid ihr wieder offen dafür, ihr seht erfreuliche Dinge um euch herum und könnt euch auch darüber freuen.

Da jeder freudige Gedanke weitere fröhliche Gedanken nach sich zieht, wird euer Tag dadurch leichter, euch geht alles besser von der Hand und ihr fühlt euch zufrieden.

Es gibt Sätze, die sich auf eure Aura beziehen.
Die Aura ist die energetische Schicht um euch, durch die ihr eure eigene Energie ausstrahlt und auch Energien von außen aufnehmt.

Durch die Aussage: **„Ich bin schön!"**, entwickelt ihr automatisch eine andere Aura Ausstrahlung, denn euer Körper lenkt diese positive Energie in eure Aura.
Ihr seht diese Ausstrahlung nicht, aber ihr spürt, dass es euch besser geht, auch wenn ihr keine Erklärung dafür habt.
Neben dieser Ausstrahlung geschieht aber unbewusst für euch noch etwas in eurem Körper:

- Durch eure negative Einstellung euch selbst gegenüber habt ihr eure Körperhaltung verändert und geht leicht gebeugt.
- Eine gebeugte Haltung ist Unterwürfigkeit. Und das bedeutet: Ihr zeigt euch selbst durch eure Haltung auf, dass ihr euren negativen Gedanken gegenüber unterwürfig seid.
- Wird eure Aura aber mit einer positiven Energie erfüllt, geht ihr automatisch aufrechter. Beobachtet das einmal an euch.
- Eine aufrechte Haltung bedeutet: **„Ich stehe zu mir!"**

Dieser Vorgang läuft erst einmal unbewusst für euch ab, aber die Wirkung ist spürbar.
Darum versucht, diese drei Sätze regelmäßig anzuwenden, um eure Harmonie und beginnende Selbstliebe in euch zu stabilisieren. Und ihr werdet den Erfolg spüren.
Ihr beginnt, immer zufriedener zu werden. Und das ist der erste Schritt zu eurer Selbstliebe. Eure Tage werden leichter und fröhlicher.

Um aber eure eigene Akzeptanz zu festigen und eine dauerhafte Harmonie zu erreichen, ist es wichtig, nicht nur das Bewerten euch selbst gegenüber einzustellen, sondern auch allen anderen Menschen ohne Bewertung entgegenzutreten.

Denn:
Jede Bewertung ist eine Verurteilung!
Und dabei ist es egal, wen ihr bewertet, euch selbst oder andere Menschen. Es ist immer ein Angriff gegen euch selbst.

Das mag euch erst einmal zusammenhanglos erscheinen, aber wenn ihr euch ehrlich damit auseinandersetzt, warum ihr andere Menschen bewertet, könnt ihr erkennen, dass diese Bewertungen nur aus der eigenen Enttäuschung heraus entstehen.

Bewertet ihr beispielsweise den Lebensstil eines anderen Menschen, steht eure eigene Unzufriedenheit mit eurem jetzigen Leben dahinter, dass ihr zur Zeit nicht so lebt oder leben könnt, wie ihr es euch wünscht oder vorgestellt habt.

Daraus folgt:
Durch jede Bewertung denkt ihr wieder negativ über euch selbst und macht euch klein, weil ihr nicht hinter euch, eurem Aussehen, hinter eurem derzeitigen Leben, oder was ihr sonst gerade bewertet, steht.

Darum ist es so wichtig, euch selbst zu akzeptieren. Denn wenn ihr mit euch und eurem Leben zufrieden seid, gibt es keinen Grund, andere für etwas zu bewerten, nur weil es deren persönliche Entscheidung ist.

Um diese Zufriedenheit und Harmonie in euch zu erreichen, beginnt jetzt damit, euch zu lieben.

Aber ihr müsst erst einmal lernen, euch selbst zu lieben. Denn viele von euch wurden durch ihre Kindheit so geprägt, dass sie meinen, nur dann geliebt zu werden, wenn sie sich entsprechend verhalten.

Dieses Verhaltensmuster – **Liebe wird nur gegeben, wenn eine Gegenleistung erbracht wird** – ist so tief in euch verwurzelt, dass ihr euer Leben dadurch belastet. Denn ihr habt heute noch Angst davor, von anderen Menschen bewertet zu werden, wenn ihr euch „falsch" verhalten habt.

Und „falsch verhalten" ist ein Begriff, der leider ständig in euren Auseinandersetzungen mit euren Eltern, Partnern, Kindern, Kollegen oder Mitmenschen angewandt wird.

Aber:

Habt ihr nicht gerade die Firma bankrott gemacht, eure Kollegen, Eltern, Freunde, Kinder oder Partner wissentlich sehr verletzt oder hintergangen oder eure Mitmenschen mit Betrug und Verbrechen schweres Leid zugefügt, bedeutet das Wort „falsch" doch nur, dass jeder eine andere Meinung zu einem Thema hat.

Und die Meinung oder Lebenshaltung anderer zu kritisieren ist eine Bewertung, die durch eine Akzeptanz anderen gegenüber überflüssig wird.

Erschwerend zur Erlernung der Selbstliebe kommt hinzu, dass das Wort „Selbstliebe" oft mit Egoismus gleichgestellt wird. Aber das eine hat mit dem anderen absolut nichts zu tun.

Egoismus bedeutet, überwiegend an die eigenen Vorteile zu denken. Das wiederum geschieht nur aus Angst und der Unsicherheit heraus, ungeliebt zu sein oder nicht genug Anerkennung zu bekommen.

Das aber ist bei Selbstliebe nicht mehr nötig. Wenn man in sich gefestigt ist, sind diese Ängste überflüssig. Und man kann Liebe, Freude und Hilfe aus einer inneren Freude heraus geben, ohne die Erwartung einer Gegenleistung.

Das **Erlernen von Selbstliebe** ist einfach.

Der Beginn ist eure bewusste gedankliche Einstellung. Darum beginnt, eure bisherige Meinung von euch zu korrigieren

> Denkt ihr beispielsweise, ihr seid so unscheinbar, dass ihr unter anderen Menschen verloren geht, macht euch klar, dass jeder Mensch etwas Einzigartiges und Besonderes ist. Und das gilt auch für euch!

Ein zweiter Schritt ist, damit zu beginnen, euch ganz bewusst die **Ängste** aufzuschreiben, die euch im Umgang mit anderen Menschen verunsichern lassen. Arbeitet dann durch bewusste Sätze gegen diese Ängste an:
- „Ich bin schön, ich bin wertvoll!"
- „Ich stehe zu meinen Ängsten!"
- „Ich liebe mich so, wie ich bin!"
- „Ich habe eine positive Ausstrahlung!"
- „Ich liebe mein Leben trotz aller Widrigkeiten!"

Als Drittes überlegt, was ihr an **euch und eurem Leben verurteilt,** wie zum Beispiel
- eure Schuldbildung.
- eure Arbeitslosigkeit, die euch oft das Gefühl von Sinnlosigkeit und eigener Überflüssigkeit bereitet.
- eure Ängste, die von anderen oft belächelt werden, weil ihnen das Verständnis dafür fehlt.
- eure gescheiterten Partnerschaften, die euch leider auch häufig durch Schuldgefühle belasten.

Kehrt nun alles ins Positive um:
- „Ich habe Selbstachtung vor mir!"
- „Ich akzeptiere meine Arbeitslosigkeit!"
- „Ich stehe zu meinen Entscheidungen!"

> Zusätzlich beginnt, **euch mit eurem Aussehen so zu akzeptieren**, wie ihr seid.
> Dadurch verändert ihr eure Ausstrahlung in eine positive, und das ist entscheidender als ein gut gebauter, ebenmäßiger Körper.

Habt ihr euch so mit eurem Leben ausgesöhnt, steht euch alles offen, denn ihr ruht in eurer Mitte.
Und in der eigenen Mitte zu sein bedeutet Harmonie.

Ihr seid unabhängig von Bewertungen anderer, denn ihr selbst wisst, dass ihr wertvoll seid.
Ihr bewertet euch selbst nicht mehr und habt dadurch wieder mehr Lebensfreude.
Ihr bewertet andere Menschen nicht mehr, sondern akzeptiert, dass alle Menschen unterschiedlich sind. Denn jeder Mensch hat aufgrund seines eigenen Lebens seine Vorstellungen darüber, wie er leben möchte.
Ihr habt Freude daran, anderen Menschen zu helfen, und diese Freude wird auch nicht getrübt, wenn eure angebotene Hilfe abgelehnt wird.
Ihr seid durch eure innere Stabilität offen für weitere schöne Dinge in eurem Leben, aber ihr fordert sie nicht mehr, sondern könnt gelassen abwarten.
Ihr könnt euch wieder über Kleinigkeiten freuen und erreicht dadurch eine zusätzliche Harmonie in euch.
Und ihr seid endlich frei davon, euch stets mit anderen Menschen zu vergleichen.

Dadurch habt ihr euch selbst eine große Angst genommen, nämlich nicht mehr in diesem ständigen Konkurrenzkampf mit anderen zu stehen, der in eurer Welt leider herrscht.

> Durch die Harmonie, die ihr ausstrahlt, wenn ihr euch so akzeptiert, wie ihr seid, werdet ihr auch nicht mehr von anderen Menschen belächelt oder bewertet, denn eine positive Ausstrahlung ist nicht zu bewerten.

Die Akzeptanz anderen Menschen gegenüber bedeutet allerdings nicht, dass ihr auf andere Menschen nicht mehr wütend sein dürft.

Ihr dürft wütend oder enttäuscht sein, nur beachtet dabei, denjenigen, der euch gekränkt oder enttäuscht hat, trotzdem so zu akzeptieren, wie er ist.

Denn ihr werdet im Laufe der Zeit erkennen, dass eure Wut oder Enttäuschung nur entstanden ist, weil ihr andere oder zu hohe Ansprüche an andere Menschen gestellt hattet.

Diese Erkenntnis aber erreicht ihr erst, wenn eure Akzeptanz euch selbst gegenüber gefestigt ist. Darum überfordert euch nicht, denn Wut oder Enttäuschung sind Gefühle, die ihr auch loswerden sollt, damit sie euch nicht negativ belasten.

Steht also ohne Einschränkung zu eurer Selbstliebe, und euer Leben wird von Tag zu Tag leichter und schöner.

Wut

Wut ist ein Gefühl, das ihr Menschen häufig für euch ablehnt, weil ihr Wut mit Aggression vergleicht. Und Aggressionen haben einen negativen Beigeschmack in eurer Welt.

Wut ist ein sehr wichtiges Gefühl. Sie entsteht aus einer Mischung von Enttäuschung, Ärger und Traurigkeit.

Gefühle, die euch belasten, verdrängt ihr gerne erst einmal, um zum Beispiel den Schmerz über eine Enttäuschung nicht zu spüren. Aber genau das ist falsch.

Durch Wut, die ihr gedanklich zulasst, werden nämlich alle Gefühle sichtbar für euch. Dabei spielt es erst einmal keine Rolle, um welchen Eigenanteil es sich bei euch handelt, durch den die Wut entstanden ist, und welcher Anteil durch andere Menschen ausgelöst wurde.

Entscheidend ist nur, dass keines dieser Gefühle verdrängt wird.

Denn dadurch erhaltet ihr die Möglichkeit, über den gesamten auslösenden Vorfall zu reflektieren.

Durch diese Reflektion seid ihr dann in der Lage, eure Gedanken zu sortieren (am besten schriftlich), wodurch eure Wut in geordnete Bahnen gelenkt wird. Dadurch seht ihr klarer, könnt eure Eigenverantwortlichkeit besser erkennen, und eure Gefühle werden dadurch verarbeitet und nicht verdrängt.

Daraus entwickelt sich eine spürbare Ruhe, die euch hilft, sachlich eine Aussprache mit jemandem zu führen, durch den das hilflose Gefühl von Wut entstanden ist. Oder ihr könnt sachlich an eine Sache herangehen, die durch eure Eigenverantwortung daneben ging, weshalb ihr wütend auf euch seid.

Wut ist nur dann negativ, wenn sich daraus ein unreflektierter Dauerzustand entwickelt. Eure wütenden Gedanken kehren nämlich immer wieder in euer Bewusstsein zurück und belasten euch jedes Mal aufs Neue.

Vergangenheitsbewältigung

Vergangenheitsbewältigung bedeutet:
Schließt in Frieden mit eurer Vergangenheit ab, indem ihr eure Schuldgefühle aus dieser Zeit beseitigt.

Dazu folgt vorweg eine kurze Erklärung:
Ihr habt eure Zeit in Vergangenheit, Gegenwart und Zukunft aufgeteilt.
Die Gegenwart ist der jetzige Moment, die Vergangenheit der Moment davor und die Zukunft der Augenblick nach der Gegenwart.

Hier soll jetzt die Vergangenheit angesprochen werden, die bereits lange Zeit zurückliegt, denn es geht um eure Kinder- und Jugendzeit.

Für viele von euch ist diese Zeit negativ belastet, und euer Unterbewusstsein spielt euch diese Erinnerungen immer wieder zu, damit ihr sie verarbeitet, denn eure negativen Erinnerungen verhindern – wie eure Selbstangriffe – eine Vertiefung eurer Harmonie.

Ihr kennt alle plötzlich auftauchende Gedanken an eure Vergangenheit. Es sind verkürzte Bilder, die euch an traurige oder angstvolle Situationen in eurer Kindheit und Jugendzeit erinnern, an eure Schulzeit, an Freundschaften, die auseinandergingen und denen ihr noch immer nachtrauert, an Situationen, für die ihr euch noch immer schuldig fühlt, an bestimmte traurige Anlässe und vieles andere mehr.

Mit all diesen Gedanken setzt ihr euch immer wieder auseinander. Ihr habt euch an diese Bilder gewöhnt, weil ihr denkt, sie gehören zu eurem Leben.

Aber das stimmt so nicht. Die Bilder gehören zwar zu eurem Leben, und ihr sollt sie auch nicht verdrängen, aber sie dürfen keine negative Belastung mehr für euch sein.

Darum sollt ihr mit dieser Zeit abschließen, damit euch eure schönen Erinnerungen aus diesen Lebensphasen wieder bewusst werden.

Ihr glaubt, ihr habt diese positiven Erinnerungen vergessen? Das ist nicht so!

Ihr spürt sie nur nicht mehr, weil die negativen Erinnerungen so viel Raum einnehmen.

> Seid ihr aber mit eurer Vergangenheit im Reinen, kommen die schönen Erinnerungen automatisch zurück. Das bedeutet dann eine neue positive Energie in euch, die euch wieder ein Stück mehr Harmonie bringt.

Um mit eurer Vergangenheit abzuschließen, ist es wichtig, euch bewusst zu werden, was euch belastet. Wenn ihr zu viele negative Erinnerungen an diese Zeiten habt, denkt ihr nur ungern daran zurück und könnt **oft** keine Einzelheiten benennen.

Darum soll euch diese Einteilung helfen, denn ihr verurteilt eure Vergangenheit meist aus zwei Gründen:
- Aus den Erlebnissen heraus, an denen ihr euch selbst schuldig fühlt.
- Aus den Erfahrungen heraus, die ihr durch andere Menschen gemacht habt.

Diese Einteilung ist natürlich sehr grob, doch jede einzelne Erfahrung kann hier nicht detailliert besprochen werden.

Traumatische Erfahrungen durch andere Menschen könnt ihr nur sehr schwer alleine aufarbeiten. Dabei ist es gleichgültig, ob es eure Eltern oder fremde Menschen waren, die euch emotional oder durch körperliche Gewalt verletzt haben.

Unterschätzt dabei niemals die Bedeutung der emotionalen Verletzungen, von denen ihr oft glaubt, ihr könntet sie alleine bewältigen.

Auch diese Verletzungen können euch in eurer weiteren Entwicklung sehr stark blockieren.

Darum ist es sinnvoll, für die Verarbeitung aller traumatischen Erfahrungen therapeutische Hilfe in Anspruch zu nehmen.

Hier geht es jetzt um die **Schuldgefühle**, die ihr alleine auflösen könnt, wenn ihr verstanden habt, dass sie euch unnötig belasten.

Das sind einmal die Schuldgefühle, die ihr noch aus der Vergangenheit mit euch herumtragt, weil ihr euch für bestimmte Situationen selbst verurteilt.

Vor allem aber geht es um die **Schuldgefühle, die ihr euren Eltern gegenüber habt, weil ihr sie nicht so bedingungslos lieben könnt, wie ihr es von euch selbst fordert.**

Eure Eltern haben eure Vergangenheit entscheidend mit geprägt. Ihr macht sie für viele eurer traurigen Erlebnisse verantwortlich, und **trotzdem** fühlt ihr euch schuldig, weil ihr Probleme habt, ihnen mit ehrlicher Liebe zu begegnen.

Ihr fühlt euch schuldig, weil hier eure innere Zerrissenheit beginnt: „Eltern kritisiert man nicht, Eltern liebt man so, wie sie sind!" Das habt ihr seit eurer Kindheit gelernt, und darum könnt ihr so schwer in Frieden mit eurer Vergangenheit abschließen.

Verurteilt euch bitte nicht für eure negativen Gedanken euren Eltern gegenüber und für eure Schuldgefühle, denn beides ist aus einer gestörten Eltern-Kind-Beziehung heraus entstanden, für die eure Eltern mitverantwortlich waren, weil sie nicht in der Lage waren, euch so zu akzeptieren, wie ihr seid.

Gestörte Eltern-Kind-Beziehungen entstehen sehr schnell, obwohl eure Eltern das bestimmt nicht so wollten, da sie euch ja geliebt haben beziehungsweise noch immer lieben.

Sie haben sich bemüht, euch so zu erziehen, wie es ihrer Meinung nach gut für euch war.

Aber da sie selbst in ihren eigenen Wertvorstellungen gefangen waren, stand auch der Gedanke dahinter, euch so zu formen, dass ihr in ihr Weltbild passt.

Und genau das ist fehlende Akzeptanz gegenüber einem anderen Menschen.

Wenn ihr jetzt durch die folgende Erklärung versteht, warum ihr Menschen euch oft schwer gegenseitig akzeptieren könnt, löst sich hoffentlich ein Teil eurer Verbitterung, wenn ihr an eure Vergangenheit denkt.

Der Grund liegt an euren verschiedenen Lebensplänen.

Jeder Mensch hat seinen eigenen Lebensplan, mit dem er auf die Welt gekommen ist.

Dieser Lebensplan beinhaltet eure Lebensziele und bestimmt eure Interessen, denen ihr unbewusst nachgeht. Unbewusst darum, weil ihr keine Erinnerungen mehr an diese Planung habt.

Durch diese unterschiedlichen Lebenspläne gehen Menschen, in diesem Fall Eltern und Kinder, unterschiedliche Wege. Das ist meist der Auslöser für Spannungen innerhalb einer Familie.

Auch wenn ihr genetisch eine starke Verbindung aufweist, bedeutet das noch lange nicht, dass ihr ähnliche Lebensziele und somit ähnliche Zielvorstellungen von eurem Leben habt.

Hatten eure Eltern zum Beispiel ein Lebensziel, das mit einem gesellschaftlichen Status, mit Macht, Ansehen oder Geld verbunden war, und eure Interessen lagen dagegen mehr auf der sozialen Ebene, waren Auseinandersetzungen häufig die Folge.

> Die Auseinandersetzungen traten dann auf, wenn ihr euch anders entwickelt habt, als eure Eltern es erhofft hatten, eure Interessen anders wie die eurer Eltern waren, ihr deren Hobbys nicht geteilt, andere Wertvorstellungen hattet, eure Schulbildung anders als geplant verlief, eure Freunde nicht dem Anspruch eurer Eltern entsprachen oder ihr nicht die Familienfirma übernehmen wolltet.
> Das alles hat dazu geführt, dass eure Eltern enttäuscht von euch waren, sie haben euch diese Enttäuschung spüren lassen, und ihr habt euch dafür schuldig gefühlt.

Das ist für ein Kind, genauso wie für alle Menschen, eine schlimme Erfahrung, wenn es nicht so angenommen wird, wie es ist. Denn ihr wünscht euch doch alle, so geliebt zu werden, wie ihr wirklich seid.

> Eine bedingungslose Liebe, die ihr jetzt vermisst, wenn ihr an eure Eltern denkt, ist jedoch nur möglich, wenn ein starkes Vertrauensverhältnis besteht. Dieses Verhältnis kann aber nur entstehen, wenn eine gegenseitige Akzeptanz da ist.
> Eine Liebe, die durch unterschiedliche Wertvorstellungen geprägt ist, kann sich nicht zu einer bedingungslosen und ehrlichen Liebe entwickeln.

Habt ihr das Gefühl der Enttäuschung und der fehlenden Akzeptanz zu oft erfahren, habt ihr euch mit Bitterkeit und Verletztheit zurückgezogen. Und ihr habt eure Traurigkeit und Wut oft verdrängt, um eine heile Welt vorzutäuschen.

Aber eine Verdrängung kommt immer wieder zurück, und das ist jetzt der Punkt, an dem ihr nicht mehr weiterkommt.

Ihr wollt eure Eltern zwar lieben, aber durch eure vielen störenden Gedanken und Erinnerungen ihnen gegenüber gelingt euch das nur schwer, und daher entwickelt ihr immer mehr Schuldgefühle.

Diese **Schuldgefühle sind aber unnötig**, denn bei einer gestörten Beziehung ist es unmöglich, eine ehrliche Liebe zu fühlen. Darum ersetzt diese Liebe durch Akzeptanz.

Denn Akzeptanz bedeutet auch:
Ihr könnt nicht alle Menschen lieben, die euch umgeben, aber ihr solltet sie wertfrei annehmen.

Dieses gilt nicht nur für eure Mitmenschen, sondern auch für eure Eltern.

Obwohl sie euch erzogen und euch den Weg vorbereitet haben, bedeutet das nicht, dass ihr sie darum bedingungslos lieben müsst. Sie waren zwar eure ersten Bezugspersonen, und ihr habt sie geliebt, aber das heißt ja nicht, dass diese Liebe nicht überdacht und in eine Akzeptanz verwandelt werden kann.

Eine **ehrliche Akzeptanz** bedeutet einen Umgang, der frei von Verurteilungen und Schuldzuweisungen und stattdessen durch Achtung und Respekt geprägt ist.

Dadurch erreicht ihr einen neuen Umgang mit euren Eltern, der ehrlicher ist als eine vorgetäuschte Liebe und euch das Leben sehr erleichtert.

Ihr könnt sie plötzlich anders sehen, bewertet sie und ihren Lebensstil nicht mehr und seid von der Last befreit, eure Vergangenheit mit euren Eltern nicht kritisch betrachten zu dürfen.

Auf diesem Wege könnt ihr endlich mit eurer Vergangenheit in Frieden abschließen.
- Sagt euch, dass nichts mehr veränderbar und rückgängig gemacht werden kann.
- Löst euch davon, dass ihr eure Eltern enttäuscht habt, nur weil ihr euren eigenen Weg gegangen seid.
- Erkennt, dass auch eure Eltern ihren vorgezeichneten Weg gelebt haben beziehungsweise leben und auch oft hilflos euch gegenüber waren.

- Versteht, dass auch sie mit Sicherheit nicht immer glücklich mit ihrem Leben waren, denn sonst wären sie viel eher bereit gewesen, euch so zu akzeptieren, wie ihr seid.

Das alleine reicht aus, euch in Zukunft besser zu fühlen, wenn ihr an eure Eltern denkt. Eure Schuldgefühle sind vorbei, und eure Verletztheit und Bitterkeit können in ein wertfreies Verstehen übergehen. Habt ihr das alleine oder durch die Hilfe von Therapeuten erreicht, wird sich die Harmonie in euch wieder ein Stück mehr vertiefen.

Seid ihr noch durch zusätzliche Schuldgefühle aus eurer Vergangenheit belastet, für die ihr euch alleine verantwortlich fühlt, schließt diese durch die eigene Akzeptanz euch selbst gegenüber wie folgt ab:

- Macht euch bewusst, dass nichts, was damals geschehen ist, wieder rückgängig gemacht werden kann.
- Es hilft euch nicht mehr, wenn ihr euch für Dinge schuldig fühlt, die nicht mehr zu ändern sind.
- Verurteilt euch nicht mehr deswegen, sondern akzeptiert stattdessen, dass ihr damals nicht anders handeln konntet oder wolltet, und sagt euch, aus heutiger Sicht würdet ihr anders reagieren.
- Denkt in Liebe an die Menschen, denen gegenüber ihr euch durch euer Verhalten schuldig fühlt. Ein liebevolles Denken ist ein positives Denken, was eure Schuldgefühle praktisch „auflöst".
- Oder sprecht diese Menschen auf eure Schuldgefühle an, wenn euch der Weg einfacher erscheint, denn auch das ist eine positive Befreiung.

Dadurch werdet ihr innerlich ruhiger und könnt diese Vergangenheitserfahrung jetzt ansehen, ohne euch damit zu belasten.

Partnerschaften

Überdenkt eure Beziehungen, wenn ihr spürt, dass ihr nicht mehr glücklich seid.

Partnerschaften, die euch nicht mehr glücklich machen, sind ein schweres Thema für uns, denn es soll nicht der Eindruck erweckt werden, wir wollten euch zu vorschnellen Trennungen anregen.
Dieses Thema wird hier trotzdem erwähnt, weil es dazu beiträgt, eure eigene Harmonie wiederzufinden.
Eine gestörte Partnerschaft nimmt euch eure Harmonie, auch wenn ihr das gerne verdrängt.
Ein Harmonieverlust wiederum führt zu einer Verminderung der Lebensfreude.
Damit ist dann genau das Gegenteil von dem eingetreten, was ihr durch eine Beziehung erreichen wolltet: Gemeinsamkeit, Freude und Lebenslust.

Darum werden auch hier Gründe aufgezeigt, warum ihr vielleicht nicht mehr so glücklich seid, und die euch zum Nachdenken anregen sollen.
Dadurch könnt ihr erkennen, dass ihr euch nicht alleine schuldig zu fühlen braucht, wenn ihr den Wunsch nach Veränderungen zeigt.

Partnerschaften weisen viele verschiedene Formen auf, doch können hier, wie gesagt, nicht alle besprochen werden.
Sind sie zum Beispiel **von Betrug oder Gewalt** begleitet, ist euch eigentlich klar, dass ihr euch trennen solltet. Warum das aber trotzdem häufig nicht geschieht, hat etwas mit euren Lebensplänen zu tun.

Dann gibt es Partnerschaften, die auf einer **freundschaftlichen Basis** geschlossen wurden. Sie bereiten euch ein zufriedenes Leben, in dem ihr allerdings nicht die Intensität einer tiefen Liebe erlebt.

Hier sollen jetzt nur die Verbindungen angesprochen werden, die auf der **Basis von Liebe** geschlossen wurden, euch aber jetzt belasten, weil ihr spürt, diese Basis ist nicht mehr so vorhanden, wie ihr es euch erhofft und gewünscht hattet.

Das hat nichts damit zu tun, dass sich eine Liebe nach jahrzehntelangem Zusammenleben zu einer Gewohnheit entwickelt hat – wie ihr es euch so gerne einredet.
Eine gestörte Partnerschaft entsteht überwiegend aus dem gleichen Grund wie eine gestörte Eltern-Kind-Beziehung:
Es sind eure verschiedenen Lebensziele, die langfristig eine dauerhafte Harmonie verhindern.
Und es fehlt die Akzeptanz untereinander.

Eure Lebensziele sind verantwortlich für eure **Persönlichkeit**, denn eure Persönlichkeit zeichnet sich aus durch
- eure Lebenserwartungen,
- euren Lebensstil,
- euren Lebensinhalt,
- eure Interessen,
- eure Neigung für bestimmte Berufe sowie
- eure Meinung über die Bewertung (Akzeptanz) anderen Menschen gegenüber.

Mit dieser Persönlichkeit seid ihr auf die Welt gekommen, und das bedeutet, dass ihr euch eigentlich so entwickeln wolltet.
Nur leider geratet ihr durch eine fehlende Akzeptanz eurer Mitmenschen häufig an eine Grenze, die eure ursprüngliche Entwicklung erst einmal verhindert.

Treffen zwei Menschen aufeinander, die sehr verschiedene Lebensziele haben beziehungsweise sehr verschiedene Persönlichkeiten sind, zeigen die gemeinsamen Interessen und Lebenserwartungen im Laufe der Jahre immer mehr Differenzen, wodurch ein Zusammenhalt zwischen ihnen immer schwieriger wird.

Aus den verschiedenen Lebenszielen heraus ergeben sich auch **unterschiedliche Auffassungen zur Akzeptanz.**
Denn es ist ein Unterschied, wie Akzeptanz verstanden und ausgelebt wird.
Entweder es besteht eine ehrliche Akzeptanz dem anderen gegenüber, so dass sich der Partner in seiner Persönlichkeit völlig angenommen fühlt, oder es ist mehr die Ausübung der Akzeptanz, die nicht ganz ehrlich ist, weil sie letztendlich doch Gegenleistungen in Form von Veränderungen vom anderen Partner erwartet, damit **ihr** besser ihm auskommt.

Aber nur bei einer gegenseitigen ehrlichen Akzeptanz untereinander kann sich ein tiefes Vertrauensverhältnis entwickeln, das wiederum **die** Voraussetzung für eine dauerhafte harmonische Liebe ist.
Eine fehlende ehrliche Akzeptanz dagegen ist der Auslöser für eine nachlassende Liebe.
Es ist wieder wie bei einer gestörten Eltern-Kind-Beziehung:
Ihr wünscht euch doch alle, so geliebt und angenommen zu werden, wie ihr seid.

Das alles habt ihr zu Beginn eures Zusammenlebens aber nicht gewusst. Ihr wart verliebt und habt ein Leben mit Freude, Glück und Gemeinsamkeit geplant. Und eine Verliebtheit überdeckt erst einmal alle Gegensätze.
Falls ihr sie damals aber doch gespürt habt, habt ihr sie erst einmal verdrängt.

Es sind eigentlich immer die gleichen Anzeichen, die darauf hindeuten, dass durch **verschiedene Lebensziele eine Beziehung langfristig erschwert wird.**

- Eure jeweiligen Freunde aus der Zeit vor eurer Partnerschaft harmonisieren als gemeinsame Freunde nicht lange zusammen.
- Eure Hobbys und Interessen sind sehr verschieden.
- Eure Meinungen zu vielen Themen zeigen keine Grundübereinstimmung auf.
- Eure Lebensgewohnheiten stimmen in vielen Punkten nicht überein.
- **Und** es fehlt ziemlich bald ein Vertrauen in den Partner, bezogen auf viele Dinge, die euch betreffen und euch persönlich wichtig sind.

Aber erst einmal fühlt ihr euch verbunden durch eure gemeinsamen Pläne.

Denn alles, was euch von euren Gefühlen ablenkt, wie zum Beispiel eure Kinder, euer Beruf, eure gewünschte Vorzeigefamilie, euer geplantes Haus, ist ja ein lange andauernder Bestandteil eurer Verbindung.

Und alle auftretenden Spannungen, die sich aus euren verschiedenen Lebenszielen ergeben und trotz klärender Gespräche immer wieder auftauchen, habt ihr durch diese Ablenkungen erneut verdrängt.

Damit sind auch die Spannungen gemeint, die häufig durch kleine Bemerkungen entstehen, durch die ihr euch aber immer wieder verletzt fühlt, weil ihr spürt, dass ihr nicht so akzeptiert werdet, wie ihr seid.

Es gibt **drei Kriterien**, die eine wichtige Vorraussetzung für eine dauerhafte liebevolle Verbindung sind.

Das erste Kriterium sind, wie gesagt, **eure Lebensziele**.
Begegnen sich zwei Menschen mit sehr ähnlichen oder gleichen Lebenszielen, besteht eine echte Harmonie zwischen ihnen, es entwi-

ckelt sich fast automatisch ein starkes Vertrauensverhältnis, und dieses Vertrauen ist die Voraussetzung für eine bedingungslose Liebe.

Treffen dagegen zwei Menschen mit sehr verschiedenen Lebenszielen aufeinander, ist eine innige Verbindung zwischen ihnen auf Dauer nicht zu halten, denn „sie sprechen nicht die gleiche Sprache", wie ihr so gerne sagt.

Das führt langfristig zu Problemen, denn die „gleiche Sprache" bedeutet umgesetzt: die gleichen Interessen, die gleichen Freunde, die gleichen Vorstellungen von Harmonie, von Akzeptanz, also all die Dinge, die ihr zu Beginn eurer Verbindung gespürt, aber verdrängt habt.

Das zweite Kriterium ist die **gleiche Einstellung zu einer Liebe**. Liebe ist:

- Geben ohne Erwartung von Gegenleistungen.
- Gegenseitiges Vertrauen, das jeder Situation standhält.
- Gegenseitige ehrliche Akzeptanz, ohne den Wunsch, den anderen nach seinen Vorstellungen zu verändern, sondern ihn so zu lieben, wie er ist.
- Liebe wird durch keine Kritik erschüttert. Denn bei einer ehrlichen Akzeptanz dem anderen gegenüber bedeutet Kritik, nur Kleinigkeiten am Partner verändern zu wollen, aber niemals den ganzen Menschen in seiner Persönlichkeit.
- Liebe bedeutet beidseitige Freiheit in der Entwicklung eurer Lebensziele.
- Liebe ist Harmonie, wenn ihr an eure Liebe zu eurem Partner denkt.

Das alles zeichnet eine ehrliche Liebe aus.

Das dritte Kriterium ist eure **falsche** Meinung, dass sich Gegensätze anziehen. Denn das gilt **nicht** für Partnerschaften.

Gegensätze bedeuten immer verschiedene Meinungen zu einem Thema.

Aber das **Thema Beziehung und Liebe verträgt keine verschiedenen Meinungen in den Punkten Ehrlichkeit, Vertrauen und Akzeptanz.**

Und wenn ihr euch eurem Partner in bestimmten Situationen nicht ehrlich und vertrauensvoll öffnen könnt, ist das der Beginn einer ernsthaften Krise.

Wenn die Voraussetzungen dieser drei Kriterien nicht erfüllt sind, ergeben sich Probleme in eurer Beziehung.

Eure gegenseitige fehlende Akzeptanz dem anderen gegenüber bewirkt, dass beide Partner unzufrieden werden.

Denn beide haben eine eigene, aber leider auch oft verschiedene Vorstellung von einer harmonischen Beziehung.

- Dadurch entstehen immer mehr Disharmonien zwischen den Partnern,
- die eigene Unzufriedenheit wird immer größer und
- die unbewussten oder bewussten Wünsche nach den eigenen Lebenszielen werden immer stärker.

Aber da ihr nach außen hin gut zusammenlebt, beginnt ein weiterer Verdrängungsprozess, um diese heile Welt zu erhalten.

Aber eine Verdrängung zeigt sich immer wieder, zum Beispiel durch harmlose kleinere Erkrankungen, die ihr aber auf euren Alltag oder auf euer Alter schiebt. Das bedeutet langfristig, dass eure Lebensfreude auch noch durch körperliche Störungen erschwert wird.

Meistens ist es so, dass sich einer der Partner besser mit dieser Situation abfinden kann und bereit ist, so weiterzuleben. Das hat ebenfalls etwas mit euren Lebensplänen zu tun.

Der andere Partner dagegen hat immer mehr das Gefühl, sich selbst aufzugeben.

Er zieht sich mit Verletztheit und Bitterkeit zurück, weil er spürt, dass er den Erwartungen des Partners nicht mehr entspricht, da diese immer höher werden.

Er fühlt sich trotzdem schuldig, denn er merkt, es entsteht eine Veränderung, die er aber nicht sehen möchte:

Nämlich der heimliche Wunsch nach einer Trennung.

Und das ist der Beginn einer unehrlichen Liebe beziehungsweise einer unehrlichen Beziehung.

Dadurch entwickelt sich das nächste Schuldgefühl, denn ihr fühlt euch schuldig, weil ihr euren Partner nicht mehr so lieben könnt, wie ihr es von euch fordert.

Ihr liebt ihn zwar noch, weil ihr nun einmal zusammengehört, aber es ist eine Liebe ohne ehrliches Vertrauen.

Und das zerreißt auf Dauer das Band zwischen euch, durch eure immer stärker werdende Abwehr, eine Liebe vorzutäuschen, von der ihr wisst, sie ist von eurer Seite aus unehrlich, weil ihr zu viele Gegensätze zwischen euch spürt.

Das ist der Zeitpunkt, an dem ihr eure Beziehung ernsthaft überdenken solltet.

Hier werden lediglich Vorschläge aufgezeigt, wie ihr euch entscheiden könnt, um eure Harmonie wieder zu spüren.

Aber bevor ihr eine Entscheidung aus Angst vor den Folgen wieder verdrängt, bedenkt folgende Punkte:

- Habt **keine Schuldgefühle**, wenn ihr an eine Trennung denkt. Diese Trennungsgedanken sind entstanden, weil ihr eine unterschiedliche Meinung zu einer Akzeptanz in eurer Verbindung habt. Diese unterschiedlichen Meinungen wiederum sind als Folge eurer verschiedenen Lebensziele entstanden. Niemand ist

- schuldig, wenn er seine Lebensziele leben möchte, anstatt sich selbst aufzugeben.
- Ihr fühlt euch auch **egoistisch**. Und das vor allem, wenn Kinder betroffen sind. **Aber ihr seid nur dann egoistisch**, wenn eine Trennung leichtfertig und ohne einen gemeinsamen Versuch einer Änderung geschieht.
Und dieser **Versuch** sollte auf jeden Fall stattfinden
    - durch gemeinsame Gespräche,
    - durch Therapiehilfen,
    - durch ein gegenseitiges Bemühen, euch entgegenzukommen.

    Das aber darf nicht in Verkrampfungen enden, denn sonst ist das Bemühen zum Scheitern verurteilt. Denn ihr könnt euch nicht so verändern, dass ihr eure eigene Persönlichkeit verändert.
    Das Wichtigste bei diesen Versuchen ist eure Ehrlichkeit, mit der jeder **alle** Gefühle und Ängste zeigen darf, ohne dafür angegriffen oder verletzt zu werden.
- **Vermeidet Schuldverteilungen**.
Ihr gebt nämlich gerne dem anderen die Schuld dafür, weil ihr euch schlecht fühlt. Aber ihr fühlt euch nur schlecht, weil ihr zu hohe beziehungsweise falsche Ansprüche an den Partner gestellt hattet, die er aufgrund seiner Lebensziele gar nicht erfüllen konnte. Erst wenn eure gemeinsamen Bemühungen keinen Erfolg zeigen, könnt ihr eure weiteren Schritte überlegen.
- Ihr könnt euch mit der Situation **arrangieren** und euer Leben in der Form akzeptieren. Dadurch bleiben eure Schuldgefühle aus, allerdings reduziert ihr eure Lebensfreude. Und eure Harmonie erreicht niemals die Tiefe, die ihr euch eigentlich wünscht.
Diesen Weg gehen sehr viele Menschen und spielen sich und anderen damit eine heile Welt vor.
- Ihr könnt auch weiter den **Weg der Verdrängung** gehen, aber das nimmt euch ebenfalls die Lebensfreude.

- Ihr könnt auch versuchen, euch auf eine **freundschaftliche Beziehung** zu einigen. Aber das muss dann sehr ehrlich von beiden Seiten aus geschehen.
Das bedeutet: Es dürfen keine Bewertungen mehr über den Lebensstil des anderen Partners fallen, denn sonst kommen eure alten Verletzungen wieder zurück. Außerdem kann die Gefahr bestehen, dass sich bei einem der Partner eine starke Resignation gegenüber dem weiteren Leben entwickelt. Und Resignation ist keine Harmonie in euch!
- Wenn ihr euch zu **einer Trennung entschließt**, zeigt keine Schuldgefühle, auch wenn es euch noch so schwerfällt.
Eine Beziehung, die auseinandergeht, ist **immer** durch beide Partner in den Zustand der Trennung geraten, und das solltet ihr niemals vergessen.
- Und habt ihr **Kinder,** vergesst bitte nicht:
Kinder sind sehr sensibel und nehmen Spannungen zwischen den Eltern sehr genau auf. Daraus entwickelt sich die Angst, die Eltern könnten sich trennen.
Aber eine Angst, die eingetreten ist – und das würde in diesem Fall eine eingetretene Trennung bedeuten –, ist letztendlich leichter zu ertragen als der Dauerzustand einer stets bewussten vorhandenen Angst.

Eine Bemerkung ist noch wichtig. Sie betrifft euer **Eheversprechen der ewigen Treue.**
Viele von euch fühlen sich nämlich bei dem Gedanken an eine Trennung noch zusätzlich schuldig, weil ihr euch zu Beginn eurer Verbindung das Versprechen gegeben habt, in ewiger Treue, in guten wie in schlechten Zeiten und bis dass der Tod euch scheidet, zusammen zu bleiben. Aber das ist ein sehr hoher Anspruch. Und fast leichtfertig gegeben, wenn ihr noch so jung seid. Denn ihr habt dabei vergessen, dass sich jeder Mensch während seines weiteren Lebens noch entwickelt und die entsprechenden Interessen seines Lebensziels stärker

und intensiver lebt, woraus sich eine gemeinsame Zukunft anders gestalten kann, als ihr es euch zu Beginn eurer Eheschließung vorgestellt habt.

Die Entwicklung eurer Lebensziele konntet ihr nicht vorausahnen, und darum war das Versprechen, sich ewig zu binden, zeitlich falsch. Es wäre viel sinnvoller, erst nach vielen gemeinsamen Jahren den Schwur der Treue abzulegen.

Versucht, euch mit Akzeptanz zu trennen, so dass ihr einen weiteren freundlichen Kontakt behalten könnt. Denn ihr habt schließlich viele Jahre eines gemeinsamen Lebens verbracht, und diese Jahre sind ein Teil eures Lebens gewesen.

Auch wenn einer der Partner enttäuscht und traurig ist über die Entscheidung einer Trennung, es war sein Lebensziel, diese Enttäuschung zu erleben, auch wenn es euch schwer fällt, daran zu glauben. Aber auch das hängt mit euren Lebensplänen zusammen.

Egal, zu welcher Entscheidung ihr kommt, eines solltet ihr auf **eurem weiteren Weg nicht mehr vergessen,** denn es gilt für eure eigenen Beziehungen, für die Verbindung zwischen Eltern und Kindern und für eure Mitmenschen:

Das stete Bemühen von euch, Menschen so zu verändern, damit ihr besser mit ihnen umgehen könnt, ist eine fehlende Akzeptanz dem anderen Menschen gegenüber und erschwert euch das Leben.

Anstatt zu akzeptieren, dass ein Verändern sinnlos ist und sich eure Wege lieber in Akzeptanz trennen, oder dass Eltern mit Kindern in gegenseitiger Akzeptanz zusammenleben, kämpft ihr immer weiter, um ja nicht eure Vorstellungen einer heilen Welt zu zerstören.

Dieser Weg ist aber immer aussichtslos, denn jeder Mensch ist mit seinem eigenen Persönlichkeitsbild auf die Welt gekommen, und das sollte erhalten bleiben.

Raucherentwöhnung

Beendet eine weitere negative Energie in euch, nämlich das Rauchen.

Rauchen belastet euch immer. Zum einen durch eure Gedanken, zum anderen durch die Giftstoffe, die ihr eurem Körper kontinuierlich zufügt.
Entweder ihr verdrängt die Angst vor den Folgen, oder ihr nehmt sie bewusst in Kauf.
Diese Angst ist neben der negativen Energie eurer verschiedenen Tabaksorten noch eine zusätzliche negative Energie.

Wollt ihr mit dem Rauchen aufhören, kommt die nächste Angst dazu, nämlich die Angst, durch den Rauchentzug zu leiden.
Das erschwert eure Absicht, das Rauchen zu beenden, ihr verschiebt es immer wieder, allerdings kreisen eure Gedanken nur noch um dieses Thema.

Darum soll euch der folgende Text helfen, wie ihr auch ohne Entzugserscheinungen den Start in ein rauchfreies Leben beginnen könnt.

Das Rauchen ist eine Gewohnheit für euch geworden, die meist über viele Jahre geht.
Euer Körper reagiert auf den Rauchentzug mit Unverständnis, weil er seit Jahren die Gabe von Nikotin und anderen Giftstoffen gewöhnt ist. Das ist euch allen bekannt. Aber das Unverständnis eures Körpers ist euch nicht bekannt.
Unverständnis bedeutet: Euer Körper reagiert überzogen auf die fehlenden Nikotin- und Giftstoffe, weil er keinen entsprechenden „Befehl" eures Bewusstseins erhalten hat, dass ihr das Rauchen beendet habt.

Der Gedanke an das Rauchen entsteht immer durch euren Geist beziehungsweise durch eure bewussten Gedanken. Und euer Körper reagiert auf jeden Gedanken von euch.

Irgendwann habt ihr einmal bewusst beschlossen zu rauchen, und das war ein klarer Befehl an euren Körper, diese Entscheidung mitzutragen. Ohne diese Information wäre er niemals bereit gewesen, auf lange Zeit diese Belastung der Giftstoffe zu kompensieren.

> Zum Verständnis:
> Esst ihr zum Beispiel ein verdorbenes Gericht, denkt ihr nicht bewusst darüber nach, weil ihr es gar nicht wisst. Euer Körper reagiert als Abwehrreaktion sofort mit Durchfall und Erbrechen, um dieses Gift zu entfernen.

Das bedeutet:
Eure Gedanken sind „Befehle" an euren Körper. Der Gedanke an das Rauchen ist der Befehl: „Jetzt kommt Gift, verarbeite es".

Das macht euer Körper, indem er versucht, die Giftstoffe weitgehend in die Organe zu leiten, die für die Verarbeitung und Ausscheidungen von Giftstoffen verantwortlich sind.

Allerdings wird das Ablagern der Giftstoffe in euren Gefäßen dadurch nicht verhindert, ebenso nicht die Schäden an euren Organen. Das ist eine feststehende Tatsache.

Das gleiche gilt natürlich auch umgekehrt, denn enthält euer Körper den Befehl, nicht zu rauchen, reagiert er ebenfalls darauf.

Dieses Zusammenspiel zwischen Bewusstsein und Körper wurde bereits mehrfach erwähnt, ebenso der Zusammenhang zwischen Unterbewusstsein und Gedanken.

Aber für den Entschluss, das Rauchen endgültig aufzugeben, ist es wichtig, diesen Zusammenhang noch einmal zu verinnerlichen.

Denn ihr könnt diese Verbindungen, durch die ihr immer euer Leben bestimmt, ausnutzen, indem ihr euch bewusst gegen das Rauchen entscheidet und euren Körper dementsprechend informiert.

Um dadurch einen dauerhaften Erfolg zu erzielen, ist es sinnvoll, nicht plötzlich mit dem Rauchen aufzuhören, sondern euer Bewusstsein und euren Körper in einer überschaubaren Zeit an ein rauchfreies Leben zu gewöhnen.

Dieses langsame Entwöhnen eurer Rauchsucht widerspricht der weitläufigen Meinung, Rauchen nur beenden zu können, wenn ihr schlagartig damit aufhört.

Aber das gilt nicht für alle Menschen.

Einige unter euch rauchen wirklich nur aus Lust am Rauchen. Diese Menschen sind auch meistens in der Lage, von jetzt auf gleich endgültig mit dem Rauchen aufzuhören, und die Gefahr eines Rückfalls ist bei ihnen sehr gering.

Die meisten von euch aber haben mit dem Rauchen begonnen, weil sie damit eine starke Lebensangst betäuben wollten. Diese Lebensangst muss erst einmal geklärt werden, damit ein endgültiger Rauchverzicht auch erfolgreich sein kann.

Natürlich gelingt es auch diesen Menschen, durch ein plötzliches Beenden des Rauchens eine rauchfreie Zeit zu erreichen. Aber die Gefahr eines Rückfalls ist wesentlich größer, denn eine nicht geklärte Lebensangst ist immer noch in ihnen, und irgendwann greifen sie doch zu einer Zigarette, weil sie dadurch unbewusst wieder diese Angst betäuben wollen.

Darum steht das Thema Rauchen auch erst am Ende des Kapitels „Selbsthilfe", denn ihr solltet erst einmal durch die vorgeschlagenen Veränderungen eurer Gedanken eine eigene innere Harmonie wiederfinden. Durch eine harmonische Grundstimmung in euch fällt euch der Entschluss des Rauchverzichts wesentlich leichter.

Außerdem solltet ihr verstehen, dass ihr unbewusste Lebensängste in euch habt, die euch belasten. Und dass es für euch hilfreich ist zu erfahren, welche Ängste ihr durch das Rauchen betäuben wolltet.

Dazu bietet sich am besten eine spirituelle Hilfe an, denn dadurch kommt ihr dieser Angst sehr schnell auf die Spur. Habt ihr dann verstanden, warum ihr mit dem Rauchen begonnen habt, fällt euch der Entschluss des Aufhörens leichter.

Aber auch wenn ihr nicht an die Aufklärung von Lebensängsten glaubt, helfen euch die folgenden Zeilen, den Entschluss des Nichtrauchens umzusetzen.

Ein Entschluss, mit einer jahrelangen Gewohnheit aufzuhören, ist schwer, aber immer möglich.

Hier der Vorteil des langsamen Entwöhnens:
Steht euer Körper seit Jahren mit den Nikotin- und Giftstoffen in Verbindung, haben sich alle Organe darauf eingestellt. Vor allem eure Nerven sind davon betroffen, denn sie reagieren am stärksten auf diese Stoffe. **Durch euer Rauchen habt ihr sie regelrecht betäubt, so, wie ihr auch eure Ängste durch das Rauchen betäubt habt.**

Der Zusammenhang zwischen euren Nerven und euren Ängsten ist ganz einfach:
Eure Ängste belasten euch, ihr steht dadurch unter einem steten Druck, den ihr euch durch das Rauchen nehmt, wie ihr **fälschlicherweise** glaubt.
Und da eure Nerven durch den ständigen Rauchkonsum ruhiger geworden sind, sind eure Ängste zwar noch da, aber ihr glaubt, besser mit ihnen leben zu können.

Das schnelle Beenden des Rauchens setzt eure Nerven unter Entzugserscheinungen. Das geht jedoch schnell vorbei und ist auch ungefährlich für euch. Viel schwerer ist es in der ersten Zeit, euer Bewusstsein beziehungsweise eure bewussten Gedanken vom Rauchen abzulenken, um nicht wieder rückfällig zu werden.

Das langsame Entwöhnen dagegen bewirkt eine behutsame Bewusstseinsumstellung, wodurch eure Gedanken immer weniger um Zigaretten kreisen.

Vor allem aber bedeutet es einen langsamen Entzug für eure Nerven.

Und das ist der entscheidende Faktor, um ein dauerhaftes Ende des Rauchens zu erreichen.

Denn ihr geratet während eures weiteren Lebens immer wieder in Situationen, vor allem bei Stress, in denen ihr momentan automatisch zur Zigarette greift, um eure Nerven zu beruhigen beziehungsweise zu betäuben.

Geschieht aber durch das reduzierte Rauchen eine kontinuierliche Giftabnahme in eurem Körper, beginnen eure Nerven wieder, sich an diesen Zustand zu gewöhnen.

Das bedeutet dann für euch:

Zu Beginn des Rauchens habt ihr eure Ängste damit betäubt, jetzt ist es eine Gewohnheit geworden, und eure Nerven haben sich ebenfalls an diesen Zustand gewöhnt. Darum reagieren sie auf längere Rauchpausen mit gesteigerter Unruhe, bis ihr wieder zur Zigarette greift, um sie und euch zu beruhigen.

Ein langsames Entwöhnen aber bewirkt auf Dauer eine immer normalere Funktion eurer Nerven, sie reagieren von Mal zu Mal auf Rauchpausen sowie auf Stresssituationen weniger gereizt (überzogen), und eure Zigaretten werden bald überflüssig.

Durch ein abruptes Beenden des Rauchens entwöhnt ihr eure Nerven zwar auch, aber sie bleiben wesentlich anfälliger beziehungsweise empfänglicher für Stresssituationen, und darum ist ein Rückfall so häufig.

> Ein Vergleich dazu hilft euch vielleicht, der langsamen Entwöhnung mehr zu vertrauen:
> Nehmt ihr Menschen Tabletten, ist es für euch ganz normal, die Dosis bei einigen Medikamenten Stück für Stück zu reduzieren, um euren Körper von ihnen zu entwöhnen. **Und das gleiche gilt auch für euren Rauchkonsum.**

Habt ihr jetzt den Entschluss gefasst, **mit dem Rauchen aufzuhören**, muss der Körper also dazu den entsprechenden Befehl eures Bewusstseins erhalten, um sich darauf einzustellen.

Das erreicht ihr durch diesen Satz:

„Mein Rauchen ist ohne einen Kampf meines Körpers beendet!" oder

„Mein Rauchen verlässt mich, und mein Körper freut sich!"

Und um euren bewussten Entschluss zu festigen, hilft dieser Satz:

„Meine Gedanken sind vom Rauchen befreit!"

Diese Sätze bewirken Folgendes:

- Ihr habt ganz bewusst eure Gedanken formuliert und dadurch euer Bewusstsein quasi auf ein Rauchende programmiert.
- Euer Körper hat den klaren Befehl bekommen, ohne Kampf zu reagieren.

Der Kampf würde bedeuten:
Eure Nerven würden ohne diese Aufforderung überreagieren, und das würde zu den verschiedensten Begleiterscheinungen führen.

Durch die Aufforderung aber, ohne Kampf zu reagieren, werden eure Nerven auf weniger Giftstoffe programmiert, und eure so gefürchteten Begleiterscheinungen, wie zum Beispiel das vermehrte Essen als Ersatzbefriedigung, bleiben aus.

Und das ist der Beginn eures rauchfreien Lebens.

Aber wirklich erst der Beginn, denn ein gewisses Maß an Eigenarbeit und Konsequenz müsst ihr schon aufbringen, um den Weg erfolgreich zu beenden.

Arbeitet wie folgt:

- Sagt euch einmal täglich ganz bewusst die oben genannten Sätze.
- Steht dabei **nicht** unter dem Druck, sofort eine Wirkung zu verspüren, sondern entscheidet euch ehrlich dazu, **täglich weniger zu rauchen**.

Eure bewussten Gedanken sind der Auslöser für jede Zigarette.
Durch die Sätze erreicht ihr jedoch eine Veränderung eurer Gedanken, und das stete Bedürfnis zu rauchen nimmt kontinuierlich ab.

Das alleine reicht jedoch nicht aus, sondern es gibt zwei Grundvoraussetzungen, die ihr erfüllen solltet, damit dieser Weg auch funktioniert:

1. **Ihr müsst ganz ehrlich bereit dazu sein, das Rauchen endgültig aufzugeben und**
2. **Ihr müsst wirklich jeden Tag weniger rauchen.**

Das alte Denkmuster in euch: „Ich will ja aufhören, aber heute lieber noch nicht", müsst ihr unterbrechen. Denn sonst ist euer Vorhaben zum Scheitern verurteilt.

Ihr werdet in den ersten Tagen nicht gleich eine Wirkung eurer Gedankenumstellung spüren.
Steht trotzdem zu eurem Entschluss und beginnt mit dem reduzierten Rauchen.

Ihr werdet bemerken, wie ihr immer weniger an eure Zigaretten denkt. Dieses befreiende Gefühl tritt automatisch durch die Kraft eurer Gedanken ein, vertraut darauf!

Der Weg des Nichtrauchens wird auch von eurem Unterbewusstsein unterstützt, denn es gibt eurem Körper eure positiven Gedanken in Form von positiver Energie zurück.

Und euer Körper benutzt diese neue positive Energie, um sie in die Zellen zu leiten, die am meisten unter eurem Rauchverzicht leiden, nämlich in eure Nervenzellen.

Jede positive Energie bewirkt eine verbesserte Zellarbeit, und dadurch wird der Stress eurer Nerven durch den Rauchverzicht ausgeglichen.

Arbeitet ihr dagegen nur halbherzig, arbeitet euer Unterbewusstsein gegen euch. Denn es weiß um eure halbherzige Entscheidung und gibt diese in Form von negativer Energie an euren Körper zurück.

Das bedeutet aber, dass eure Nervenzellen nicht durch positive Energien unterstützt werden können, und das Beenden eures Rauchens war ein Versuch, den ihr leider oft wieder aufgebt.

Zusammengefasst bedeutet also ein stetes Reduzieren eures Rauchkonsums in Verbindung mit eurer bewussten Einstellung dazu und der damit verbundenen Umstellung eures Körpers durch eure Gedanken ein endgültiges Ende eures Rauchens, wenn ihr es wirklich ehrlich meint.

Zusammenfassung

Die bisherigen Themen sind die Grundvorrausetzung für eure Harmonie und Gesundheit und lassen sich in kurzer Form zusammenfassen:

- Jeder positive Gedanke bedeutet eine zusätzliche positive Energie zu eurer vorhandenen Lebensenergie.
- Eure Körperzellen benötigen eine positive Energie, um gesund arbeiten zu können.
- Euer Unterbewusstsein verwandelt jeden positiven Gedanken in positive Energie um.
- Euer Körper lenkt diese Energie dann in die Zellen, die sie benötigen.
- Eure Chakren werden durch positive Energien von ihren Blockaden befreit, so dass sie verstärkt die kosmische Energie von außen aufnehmen und diese sowie eure Lebensenergie wieder gleichmäßig in eurem Körper verteilen können.

- Darum beginnt ganz bewusst, eure negativen Gedanken gegen positive Gedanken auszutauschen.
- Verändert eure negativen Gewohnheiten.
- Verändert euer Leben so, dass ihr euch wohl fühlt.
- Zeigt euch selbst gegenüber eine liebevolle Zuwendung.

Tut alles, was in eurer Möglichkeit liegt, damit es euch gut geht. Dadurch schafft ihr mehr Raum in euch, um die schönen erfreulichen Dinge eures Lebens wieder wahrzunehmen.

- Beginnt, euch selbst und andere Menschen zu akzeptieren und steht zu eurer Persönlichkeit.
- Umgebt euch mit schönen Dingen, an denen ihr Freude habt.
- Arbeitet durch Farben in eurer Umgebung. Farben lösen eben-

falls positive energetische Schwingungen in euch aus, wenn ihr eine Farbe auswählt, die euch gefällt.

Durch alle diese Veränderungen werdet ihr wieder Harmonie in euch spüren.

Und wenn ihr euch zusätzlich täglich 1 – 2 Minuten auf einige positive Sätze konzentriert, die dazu beitragen sollen, dass ihr euren Alltag genießt, werdet ihr eure verbesserte Lebensqualität, eure Harmonie und eure Gesundheit lang andauernd erhalten können.

Dazu folgen jetzt Sätze und Bilder, die euch auf diesem Weg unterstützen werden.

Heilende Sätze und Bilder

Alle positiven Sätze und Bilder üben eine heilende Wirkung auf euch aus.
Das bezieht sich auf eure Harmonie, auf eure Ängste, die sich dadurch lockern, und auf eure Gesundheit. Und die Wirkung ist immer gleich:
Sie erhöhen die positive Energie in euch, die ihr auch als Selbstheilungskräfte bezeichnen könnt. Diese Selbstheilungskräfte tragen dazu bei, dass **eure Harmonie zurückkehrt und sich eure Gesundheit stabilisiert.**

> **Das könnt ihr durch eure eigenen Gedanken erreichen, denn diese sind euer Werkzeug, mit dem ihr euch ohne Aufwand selbst „reparieren" könnt.**
> Trotzdem gilt für Erkrankungen und Ängste:
> Verzichtet nicht auf medizinische oder therapeutische Hilfe, wenn ihr sie benötigt. Ihr könnt jedoch diesen Weg immer erfolgreich mit den folgenden Sätzen und Bildern unterstützen.

Ihr kennt bereits viele heilende Sätze aus vorhandenen Büchern, und diese stärken **alle** eure Harmonie oder Gesundung (siehe Buchempfehlungen).

Aber durch die große Anzahl der angebotenen Formulierungen seid ihr manchmal überfordert, weil ihr euch nicht entscheiden könnt, welchen Satz ihr für euch anwenden sollt. Bei der Fülle der Angebote findet ihr häufig zu viele Sätze, die gleichzeitig passend für eure Situation sind.

Darum stehen hier jetzt nur einige kurze Formulierungen. Kurze Sätze haben den Vorteil, dass ihr nicht lange zu überlegen braucht, welche Worte ihr benutzen könnt, um etwas zu bewirken. Sie prägen sich außerdem schnell in euer Bewusstsein ein, dadurch könnt ihr jederzeit darauf zurückgreifen.

Es sind Formulierungen, die ihr so in der vorgeschlagenen Form anwenden, aber auch beliebig verändern beziehungsweise ergänzen könnt, je nachdem, in welcher Situation ihr euch gerade befindet oder auf welche Situation sie sich beziehen sollen.

> Das Prinzip ist bei allen harmonisierenden und heilenden Sätzen und Bildern gleich:
> **Der positive Satz- und/oder Bildinhalt wird von eurem Unterbewusstsein in Form von positiver Energie beziehungsweise euren Selbstheilungskräften an euren Körper zurückgeben, und euer Körper weiß genau, welche Zellen diese Energie gerade benötigen.**
> Arbeitet ihr **für euren Alltag und für eure Harmonie,** wird diese Energie überwiegend in eure Nervenzellen gelenkt, die für eure innere Ruhe und Zufriedenheit verantwortlich sind.
> Arbeitet ihr **für eure Gesundheit,** lenkt eurer Körper diese Energie in die Organe beziehungsweise Organzellen, **die energetisch unterversorgt oder bereits erkrankt sind.**

Um zu verstehen, welche Reaktionen durch die verschiedenen Sätze und Bilder in eurem Körper ausgelöst werden, stehen jeweils kurze Erklärungen dabei. Dadurch fällt euch die Anwendung leichter, wenn ihr wisst, was ihr mit euren Gedanken in eurem Körper erreichen könnt.

Außerdem könnt ihr die vorgeschlagenen Sätze in eure eigenen Worte umformulieren, wenn ihr den Sinn der Wirkung verstanden habt.

Wirkung und Anwendung

Bei der Anwendung von Sätzen und Bildern gibt es keine festen Regeln. Ihr könnt also selbst entscheiden, wann ihr wie mit ihnen arbeiten wollt.

Hier nur einen Hinweis:
Konzentriert euch auf den Satz- beziehungsweise Bildinhalt.
Dadurch arbeitet ihr bewusster mit euren Gedanken, was folgende Vorteile hat:

- Ihr wisst, was ihr erreichen wollt.
- Ihr könnt die spürbare Verbesserung eurer Gefühle oder eurer körperlichen Veränderung dem entsprechenden Satz/Bild zuordnen.
- Ihr erreicht dadurch ein immer stärker werdendes Vertrauen in diese Methode.

Und ihr könnt auch noch diesen Vorschlag übernehmen:

> Durch bestimmte Sätze seid ihr in der Lage, euren **Start in den Tag zu harmonisieren.**
> Wenn ihr euch einmal täglich – am bestens morgens – Zeit dafür nehmt, spürt ihr, wie euer Alltag tatsächlich erleichtert wird.
> Und Zeit bedeutet: **Ein bis zwei Minuten eures Tages werden dadurch beansprucht, mehr nicht!**
> Diese regelmäßige Anwendung hat außerdem den Vorteil, dass sich daraus im Laufe der Zeit ein Ritual entwickeln kann, was ihr automatisch irgendwann einhaltet.

Unabhängig davon könnt ihr eure Sätze und Bilder anwenden, wann immer ihr wollt, die Wirkung ist immer dieselbe.

- Ihr könnt aus der Situation heraus agieren.
- Ihr könnt euch vor dem Schlafengehen motivieren oder während des Tages, das bleibt euch überlassen.
- Ihr könnt diese Anwendungen niemals überstrapazieren. Eurem Unterbewusstsein ist es egal, wie viele Sätze/Bilder ihr wie oft benutzt.
- Es reagiert auf jeden eurer Gedanken und ist immer bereit, euch mit einer positiven Energie zu belohnen!
- Ihr könnt eure Sätze einmal am Tag anwenden und das ist ausreichend!
- Aber ihr könnt sie auch immer dann wiederholen, wenn ihr das Bedürfnis danach verspürt.

Harmonisierende Sätze

- **Folgende Sätze** sind bereits mit den entsprechenden Begründungen, wie sie was in eurem Körper bewirken, erwähnt worden (*siehe Gedanken* → *Angsterkennung und Angstbeseitigung* → *Selbsthilfe* → *Selbstliebe*).

  „Ich bin ein liebevoller Mensch!"
  „Ich freue mich auf Menschen!"
  „Ich lebe gerne!"
  „Ich liebe mein Leben!"

  „Ich bin schlank!"
  „Ich freue mich auf eine Partnerschaft/Freundschaft!"
  „Ich bin bereit für eine Schwangerschaft!"
  „Ich habe Ruhe in mir!"

  „Das kann ich!"
  „Der Tag ist schön!"
  „Ich bin schön!"

- Sätze wie:

  „Der Tag ist schön!"
  „Das Leben ist schön!"
  „Ich bin glücklich!"

  könnten zu eurem morgendlichen Tagesritual gehören, um einen harmonischen Start für euren Alltag zu bekommen.
  Natürlich könnt ihr auch andere Sätze dafür verwenden, die ihr selbst formuliert. Eurer Fantasie sind dabei keine Grenzen gesetzt. Achtet bitte nur auf die entsprechenden Formulierungen beziehungsweise auf die Wortwahl.

- Dann gibt es einen Satz, den ihr täglich anwenden könnt und der immer hilft, euch in Harmonie und Ruhe zu versetzen.

Er lautet: **„Friede ist in meinen Gedanken!"**, und er bewirkt eine sofortige Entspannung eurer gesamten Sinne.

Und mit Sinne sind eure verkrampften Gefühle wie Ängste, Sorgen und innere Anspannung gemeint.

Er bewirkt aus dem Grund eine sofortige Entspannung, weil euer Unterbewusstsein genau weiß, welcher Friede gemeint ist:

Der Friede, den ihr alle zwischen euren Inkarnationen erfahren habt, und der Ruhe und Harmonie bedeutet.

Das sofortige Entspannen verläuft zunächst unbewusst für euch ab, **aber** ihr spürt eine beginnende Gelassenheit in euch trotz Sorgen, überlastetem Alltag oder traurigen Gedanken.

Diese Gelassenheit zeigt sich durch plötzliche beruhigende und aufbauende Gedanken.

Und da ein beruhigender positiver Gedanken automatisch weitere positive Gedanken nach sich zieht, werdet ihr diese Gelassenheit täglich mehr spüren.

Diesen Satz könnt ihr jetzt **beliebig mit allem ergänzen,** was euch gerade am meisten belastet.

Habt ihr zum Beispiel Geldsorgen, ist die Ergänzung:

„Friede wegen meiner Geldsorgen ist in meinen Gedanken!"

Dadurch klären sich natürlich nicht eure Geldprobleme, aber sie blockieren eure Gedanken weniger. Und aus der Position heraus könnt ihr euch euren Sorgen unverkrampfter widmen und verspürt dadurch wieder vermehrt intuitive Gedanken, die euch dann bei der Problemlösung helfen können.

Ihr könnt auch die **Menschen**, die euch Sorgen bereiten, mit in den Satz einbeziehen. Dadurch erhaltet ihr einen inneren Abstand zu dem Menschen, und das bedeutet, ihr könnt euch eher von ihm lösen, ihm eher helfen oder andere Probleme, die ihr mit ihm habt, auflösen. Auf jeden Fall wird euer Verhältnis zu ihm gelöster und unverkrampfter und somit auch der Umgang leichter.

Bei einer regelmäßigen Anwendung dieses Satzes steht ihr mehr und mehr in eurer eigenen Mitte, es lösen sich immer mehr blockierte Gedanken auf, und eure Harmonie vertieft sich zusehend.

- Stehen Feiern, Termine oder nur banale Einkäufe bevor, durch die ihr auf andere Menschen trefft, ihr aber mit euch und eurem Aussehen unglücklich seid, sagt den Satz:
„Ich habe eine strahlende Aura!".
Diese positive Satzenergie lenkt euer Körper in eure Aura, und dadurch geht ein für euch unsichtbares Leuchten von ihr aus.
Dieses Leuchten spürt ihr als innere Zufriedenheit, und eure Mitmenschen spüren die positive Ausstrahlung, die euch liebenswert macht. Dieser Satz ist identisch mit dem Satz: „Ich bin schön!", und es bleibt euch überlassen, welchen ihr bevorzugt.

- Hier ein weiterer Satz zum Wohlfühlen:
„Ich liebe meinen Körper!".
Da ihr leider viel zu häufig mit eurem Körper unzufrieden seid, löst ihr dadurch einen stets negativen Energiefluss in euch aus, der eure Unzufriedenheit mit eurem Aussehen noch verstärkt.
Mit diesem Satz aber zeigt ihr eurem Körper die Bereitschaft, ihn so zu akzeptieren, wie er ist, und er verteilt diese positive Satzenergie in eure Aura. Dadurch fühlt ihr euch erst einmal unbewusst besser aussehend.
Zusätzlich verwandelt sich bei einer regelmäßigen Anwendung der bisher stete negative Energiestrom in einen positiven Energiefluss, durch den alle Körperzellen mit dieser positiven Energie versorgt werden. Dadurch fühlt ihr euch tatkräftiger, frischer und fröhlicher, was immer weitere Kreise zieht. Denn nicht nur euer Empfinden verändert sich, sondern ihr seht auch besser aus, weil unter anderem auch eure Hautzellen optimaler mit dieser positiven Energie versorgt werden.

Dieses verbesserte Aussehen versöhnt euch dann mit kleineren unwichtigen äußerlichen Störungen, die nur ihr selbst überbewertet.
Denn steht ihr zu eurem Aussehen, sehen eure Mitmenschen nur eure positive Ausstrahlung.
Vergleichbare Körpersätze:
„**Ich bin zufrieden mit meinem Aussehen!**" oder „**Ich habe einen schönen Körper!**".

- Der Satz „**Ich bin glücklich!**", trägt ebenfalls ganz entscheidend mit zu eurer Harmonie bei. Denn euer Unterbewusstsein weiß, was Glücklich-Sein bedeutet.
  Es reagiert durch eine positive Energierückgabe an euren Körper, der diese Energie dann in euer Nervensystem lenkt, das für die Ausschüttung eines bestimmten Hormons verantwortlich ist, wodurch glückliche Gedanken in euch ausgelöst werden.

- Die Sätze:
  „**Das Leben ist schön!**", „**Ich lebe gerne!**" oder „**Ich liebe mein Leben!**" bewirken, dass euch eure Zukunftsängste nicht mehr so stark belasten. Die Begründung dafür findet ihr bei den Themen „Angsterkennung und Angstbeseitigung".

- Eure täglichen Sorgen belasten euch weniger durch den Satz:
  „**Das Leben ist leicht!**"
  Sorgen sind schwer zu tragen, Leichtigkeit dagegen ist Entspannung. Und entspannte Gedanken ziehen Fröhlichkeit und Lebendigkeit nach sich.
  Dieser Satz dient als ein befreiender Hilfssatz genau wie das **Bild bei Überlastungen**.
  Hilfssatz bedeutet: Er ist immer und in jeder Situation anwendbar, ob bei Ängsten, Krankheiten, Termindruck oder Sonstigem. Denn er erleichtert automatisch eure Gedanken, vertraut darauf!

Das Gleiche gilt für den Satz: „**Alles ist gut!**".
Er signalisiert eurem Unterbewusstsein, dass ihr auf euch, auf euer Leben, auf einen Erfolg oder anderes vertraut.
Vertrauen ist eine sehr starke positive Energie, und von daher ist dieser Satz sehr wirkungsvoll und ebenfalls bei jeder Situation anwendbar.

- Es gibt einen Satz, den ihr regelmäßig anwenden könnt, wenn ihr euch selbst ablehnt. Er lautet: „**Ich liebe mich!**"
Die Wirkung:
Durch das Wort Liebe erreicht ihr eine verstärkte positive Energie in euch, **denn Liebe ist eine der stärksten positiven Energien**.
Diese, von eurem Unterbewusstsein verwandelte positive Satzenergie erreicht dann in weiten Wellen euren ganzen Körper, wodurch sich eure Grundstimmung anhebt. Ihr fühlt euch wohl mit euch und eurem Körper, und das wiederum zieht weitere freudige und liebevolle Gedanken, bezogen auf euch selbst, nach sich.
Diese neue Stimmung kann zur Folge haben, dass ihr euch kritisch hinterfragt, warum ihr euch ablehnt, und ihr beschließt, diese negative Haltung euch selbst gegenüber aufzugeben.
Um die eigene Ablehnung aber dauerhaft zu beseitigen, wächst das Interesse, die Ursache für eure Abwertung zu finden. Das zielt dann auf eine Angsterkennung und Angstverarbeitung hin, woraus ersichtlich wird, dass harmonisierende Sätze einen beginnenden Angstabbau fördern.

- Ein vergleichbarer Satz ist der: „**Ich bin wertvoll!**"
Das Wort „Wertvoll" beinhaltet viel.
Wertvoll ist kostbar, fast unersetzbar. Gleichzeitig verbindet ihr mit einem wertvollen Menschen Zuverlässigkeit, Vertrauen, Liebenswürdigkeit, Ehrlichkeit und auch Fröhlichkeit.
Sagt ihr euch bei eurer eigenen Ablehnung diesen Satz, reagiert euer Unterbewusstsein wie folgt darauf:

Es spielt euch **die** positiven Gedanken zu, durch die ihr an vergangene Situationen erinnert werdet, in denen ihr euch „wertvoll" gefühlt und auch verhalten habt.

Diese Erinnerungen sollen euch auffordern, euch auf eure positiven Eigenschaften zu besinnen und euch nicht mehr kleinzumachen oder unterwürfig zu fühlen.

Zusätzlich erhaltet ihr eine positive Energierückgabe an euren Körper, der diese Energie dann so verteilt, dass ihr euch zufrieden und wertvoll fühlt.

Und das ist ein großer Schritt zu einer positiven Eigenbetrachtung eurer selbst.

Die Wirkung dieses Satzes mag euch wieder zu einfach klingen, denn hinter der eigenen Ablehnung steht schließlich eine große Angst, die ihr mit euch herum tragt.

Und eure Vorstellung reicht vielleicht kaum aus, um an einen Erfolg zu glauben.

Diese Unsicherheit könnt ihr jedoch beseitigen, wenn ihr euch entschließt, mit diesen Sätzen zu arbeiten. Dann werdet ihr den Erfolg spüren.

Dazu noch einmal folgender Hinweis:

Gebt euer Vorhaben des Positiven Denkens nicht gleich nach den ersten Versuchen auf, wenn ihr euch nicht sofort besser fühlt. Arbeitet kontinuierlich weiter, der eintretende spürbare Wechsel eurer negativen in positive Gedanken wird eintreten, vertraut darauf.

Dann könnt ihr selbst erkennen:

> Eure Harmonie ist stark von euren Gedanken abhängig, **denn Harmonie ist nichts weiter als ein Überwiegen positiver Gedanken.**

Alle vorgeschlagenen Sätze haben eins gemeinsam:
Sie enthalten keine negativen Formulierungen und beziehen sich alle auf die Gegenwart.
Wenn ihr eure eigenen Worte verwenden wollt, um euch positiv zu motivieren, ist das die einzige Voraussetzung, die ihr beachten müsst.

Durch jeden positiven Gedanken und jede positive Satzformulierung erhöht ihr automatisch eure Selbstheilungskräfte. Wenn ihr diesen Vorgang, der immer in eurem Körper abläuft, nicht mehr vergesst, werdet ihr euch plötzlich gerne und sogar mit Spaß darum bemühen, eure Gedanken aus einer negativen in eine positive Form zu verwandeln.

Ihr habt dann das Gefühl, aktiv dazu beizutragen, damit es euch besser geht.

Natürlich werdet ihr euer Leben nicht sofort so umstellen können, dass ihr nur noch zufrieden und harmonisch lebt. Das gelingt euch erst dann, wenn ihr eure Ängste weitgehend verstanden und verarbeitet habt. Aber bedenkt bitte eins:

Ohne eine Harmonisierung eurer Gedanken wird euer Leben wesentlich trüber sein. Denn ein Verharren in negativen Denkmustern zieht euch immer tiefer in eure Lebensängste hinein.

Verwendet zusätzlich oft das **Wort Freude**.

Ihr Menschen benutzt das Wort Freude leider zu selten. Dabei drückt Freude Fröhlichkeit und Lebenslust aus.

Sagt euch also immer wieder:

- „Ich freue mich!"
- „Ich freue mich auf den Tag, auf den Termin, auf den Besuch usw.!"
- „Ich freue mich, dass ich das geschafft habe!"

Ihr werdet dadurch eine vermehrte Lebenslust verspüren!

- Auch der Satz: **„Ich bin stolz auf mich!"**, gehört dazu.
  Ihr dürft stolz auf euch sein, auch wenn das Wort „Stolz" in eurer Gesellschaft oft negativ belastet ist. Aber „Stolz" bedeutet, sich über etwas zu freuen, was einem gut gelungen ist.

- Es gibt noch einen Satz, der euch immer helfen kann. Denn er bezieht sich auf die Verbindung zwischen euch und eurem Unterbewusstsein und lautet:
  „Ich höre auf mein Unterbewusstsein!"
  Durch diesen Satz zeigt ihr eurem Unterbewusstsein, dass ihr bereit seid, auf intuitive Gedanken zu achten. Es wird euch daraufhin verstärkt mit **den** intuitiven Gedanken versorgen, die ihr benötigt und die euch in jeder Situation helfen können.
  Euer Unterbewusstsein hat ein für euch unglaubliches Wissen in sich. Und ihr seid durch diesen Satz in der Lage, stets darauf zurückzugreifen. Das erfordert eine gewisse Übung, die gekoppelt ist mit dem Vertrauen in diese intuitiven Gedanken.
  Aber bedenkt dabei:
  Ihr könnt alles lernen, wenn ihr dazu bereit seid!

Vorschläge zu positiven Bildern, die ihr euch ausmalen könnt, um euch selbst zu helfen, stehen unter dem Thema „Selbsthilfe".

Angstfreie Sätze

Alle stark belastenden Ängste in euch bestehen aus einem **Angstkomplex**, der sich aus einer **Grundangst** mit den daraus entstandenen **Begleitängsten** zusammensetzt.

Aus diesem Komplex bilden sich dann zusätzliche weitere **Nebenängste**, die euch irgendwann ebenso belasten können. Sie bestehen überwiegend aus Unruhe, Anspannung, Angst vor einem hektischen Tag, Angst, nicht alles schaffen zu können, was ihr geplant habt, usw. Und plötzlich habt ihr eine „Angst vor der Angst" entwickelt.

Durch diese Nebenängste beziehungsweise durch jede innere Unruhe erhöht ihr eure Angst vor einem neuen Tag, weil ihr immer unzufriedener und weniger belastbar seid. Das führt dazu, dass ihr irgendwann eure einzelnen Ängste nicht mehr trennen könnt, weil sie sich gegenseitig überlagern.

Darum sollte es immer **Ziel** sein, alle Ängste in euch zu entfernen, damit ihr unbeschwerter leben könnt und eure Ängste euch nicht mehr durch ihre negativen Energien belasten.

Der Weg dahin führt über angstbefreiende Sätze und Bilder.

Bevor dieser Weg jetzt beschrieben wird, hier noch einmal eine kurze Erklärung zur Entstehung und Beseitigung von Ängsten:

Alles in eurem Körper geschieht durch energetische Vorgänge. So auch die Entstehung und Beseitigung einer Angst.

Ängste sind negative Energien, die **nur** durch positive Energien wieder in eine positive Form zurückgebildet werden können.
- Das geschieht, wenn einer **negativen Energie eine ganz gezielte, entsprechende positive Energie entgegengesetzt wird**.
- Diese positive Energie entsteht durch das bewusste Erkennen einer Angstursache.
- Jede Angst hat eine eigene negative Energie, die durch die Angstursache entstanden ist.

- Das Erkennen der Angstursache ist dann die entsprechende positive Energie dazu.
- Stehen sich diese beiden Energieformen gegenüber, wird die negative Energie sofort ins Positive verwandelt. Und alles Positive ist angstfrei!

Ein Beispiel dazu:

> Ihr werdet nachts wach und hört ein fremdes Geräusch.
> Habt ihr den Mut und steht auf, um dann festzustellen, dass die Ursache für das Geräusch ein heruntergefallener Gegenstand war, **seid ihr beruhigt und angstfrei**.
> Forscht ihr jedoch dem Geräusch nicht nach und bleibt angstvoll im Bett liegen, erzeugt ihr dadurch eine negative Energie, die sich erst **dann auflöst**, wenn ihr am nächsten Morgen den heruntergefallenen Gegenstand als die Angstursache erkannt habt.

Und so geschieht es mit allen Ängsten.

Es gibt eine Ursache, und als Folge davon eine negative Energie, die euch so lange belastet, bis ihr die Ursache für die Angst erkannt und verstanden habt und die angstvolle Energie sich auflösen kann.

Zusammengefasst:
Eine Angst ist dann keine Angst mehr für euch, wenn ihr die auslösende Ursache erkannt habt.

Angstfreie Sätze bewirken Folgendes:

- Sie tragen **nicht** dazu bei, dass sich euer Angstkomplex auflöst, das kann nur durch ein Erkennen der Angstursachen geschehen.
  Aber ihr spürt eure Ängste in einer abgeschwächten Form.
- **Sie beseitigen eure Nebenängste**, so dass die eigentlichen Ängste wieder frei vor euch liegen.

Das sind zwei wichtige Schritte zu einer Angstbefreiung, wie sich aus dem weiteren Text ergibt.

Die Beseitigung von Nebenängsten

Nebenängste sind unruhige Gedanken, die, wie gesagt, durch eine innere Überlastung entstanden sind. Sie äußern sich durch Gedanken wie **„Alles ist zu viel!"**, **„Das schaffe ich nicht!"**, **„Ich kann nicht mehr!"** usw.

In dem Moment des Denkens erzeugt ihr eine negative Energie in euch, die eure innere Unruhe noch ansteigen lässt. Und bei einer anhaltenden Denkweise in diese Richtung fühlt ihr euch körperlich immer erschöpfter.

Wenn ihr dann ganz gezielt einen positiven Gegen-Satz formuliert wie **„Alles macht Freude!"**, **„Ich kann das!"**, **„Ich schaffe das!"**, werden die negativen Energien sofort ausgeglichen und in eine positive Energie verwandelt, so dass ihr anstatt einer ansteigenden Unruhe eine beginnende Ruhe verspürt.

Daraus entsteht der Wunsch nach einer länger andauernden Ruhe, die ihr aber nur erreichen könnt, wenn ihr angstfrei lebt.

Durch das Fehlen eurer Nebenängste zeigen sich aber plötzlich eure eigentlichen Ängste verstärkt auf. Und das ist ein großer Fortschritt für eure weitere Entwicklung, auch wenn das erst einmal unlogisch klingt.

Aber:

Bei jeder Auseinandersetzung entsteht der Wunsch nach einer Klärung. **Und in diesem Fall nach einer Klärung und Beseitigung eurer Ängste.**

Darum arbeitet mit folgenden Sätzen, die euch auf diesem Weg helfen werden.

- Sagt euch wie bei den harmonisierenden Sätzen einmal täglich einen angstfreien Satz.
- Und das regelmäßig, auch wenn gerade kein konkreter Grund vorliegt, weil ihr euch sicher und gut fühlt. Aber eure Ängste sind ja trotzdem vorhanden.

Sie lauten:
„Ich bin angstfrei"!, „Ich befreie mich von meinen Ängsten!", „Ich bin befreit von meinen Ängsten!", „Ich habe keine Angst mehr!", „Ich lebe ab jetzt angstfrei!", „Die Angst in mir ist vorbei!"
Wählt euch den Satz aus, der euch gefällt.

Wenn ihr das Wort Angst dabei vermeiden wollt, könnt ihr auch sagen:
„Ich fühle mich sicher und beschützt!" oder „Ich bin sicher und beschützt!",
„Ich bin vor angstvollen Situationen beschützt!", „Ich bin ich Sicherheit!"
Die Wirkung ist die gleiche, denn euer Unterbewusstsein weiß genau, was ihr meint, und reagiert mit einer positiven entspannenden Energierückgabe an euren Körper.

Ihr könnt diese Sätze natürlich auch mit jeder entsprechenden Angst ergänzen, wie zum Beispiel:
„Ich bin im Dunklen angstfrei", „Ich bin bei Dunkelheit beschützt!", „Ich fühle mich wohl im Dunklen!"

Beachtet aber eins:
Sagt niemals: „Ich bin nicht ängstlich!"
Denn das Wort „nicht" wird bei einer positiven Satzformulierung nicht von eurem Unterbewusstsein registriert, und es „hört" nur den Satz daraus: „Ich bin ängstlich!".

Anwendung bei akuten Ängsten

Es gibt keine gravierenden Unterschiede bei angstfreien Sätzen, denn sie beziehen sich alle nur auf diesen einen Punkt. Darum könnt ihr sie ebenfalls bei jeder akuten Angst anwenden.

Sagt euch sofort, wenn ihr euch **vor** oder **in** einer angstbeladenen Situation befindet, oder euch plötzlich **angstvolle Gedanken** ohne einen konkreten Grund überfallen, Sätze eurer Wahl, wie zum Beispiel:
„**Ich bin angstfrei!**" oder ergänzend
„**Ich bin angstfrei wegen** ... *(der Situation!)*"
„**Ich habe keine Angst!**"
„**Ich bin beschützt!**", „**Ich fühle mich sicher!**"

Dabei treffen ein angstvoller negativer und ein angstfreier positiver Gedanke aufeinander, so dass eine sofortige **Ausgleichung** der beiden verschiedenen Energieformen entsteht.

Diese Ausgleichung entspricht keiner endgültigen, sondern **nur** einer momentanen Auflösung der negativen Angstenergie. Denn die Angstursache für die augenblickliche Angst ist ja noch unerkannt in euch und produziert immer weitere negative Energien.

Aber durch den Ausgleich geschieht Folgendes:
Ihr fühlt euch entspannter, ihr spürt die Angst weniger in euch, denn ihre Umklammerung lässt nach, und ihr könnt gelassener reagieren.

Das wiederum bewirkt ein Gefühl der Sicherheit in euch, denn ihr fühlt euch euren Ängsten nicht mehr ganz so hilflos ausgeliefert.

Durch diese Erfahrung sowie bei einer regelmäßigen Anwendung angstbefreiender Sätze erreicht ihr zusätzlich folgenden positiven Effekt:
Es werden immer mehr negative Energien in euch neutralisiert, ihr Anteil verringert sich und eure Ängste fangen an, euch weniger zu

belasten. Ihr denkt seltener an sie, weil ihr euch **unbewusst** bereits beschützt fühlt, ihr geht mutiger durch euer Leben, und das ist wieder eine zusätzliche positive Energie in euch. Und ihr verliert immer mehr „die Angst vor der Angst".

Arbeitet ihr gleichzeitig mit angstbefreienden Bildern, erreicht ihr Folgendes:

Die Kombination von Bildern und Sätzen bewirkt immer eine doppelte positive Energierückgabe an euren Körper, weil euer Unterbewusstsein jeden aufbauenden Gedanken und jedes hoffnungsvolle Bild einzeln in eine positive Energie verwandelt. Und je mehr euer Körper von dieser Energie erhält, umso schneller ist eine befreiende Wirkung zu spüren.

Das gilt natürlich ebenso für alle harmonisierenden und gesundheitsfördernden Sätze und Bilder.

Durch einen weiteren Satz, der sich auf **eure Harmonie, eure Ängste und eure Erkrankungen beziehungsweise Gesundheit** anwenden lässt, könnt ihr euch in jeder Situation helfen.

Er lautet:

„Positive Energie durchströmt meine Gedanken!"

Er bewirkt aus folgendem Grund eine sehr schnelle spürbare Erleichterung eurer angstvollen Gedanken:

Es wurde bereits hinreichend erklärt, dass Gedanken Energien sind, dass traurige, angstvolle Gedanken negative Energien sind, und negative Energien bei längerem Bestehen in eurem Körper die Tendenz haben, sich zu verdichten.

Eine Verdichtung bedeutet eine Blockade in eurer Lebensenergie, hinter der sich der Energiefluss aufstaut.

Bezogen auf eure Erkrankungen bedeutet das:

Eure Körperzellen werden durch diese Blockade nur mit einem

verminderten Anteil der lebenswichtigen positiven Energie versorgt, und sie beginnen dadurch, mit einer gestörten Funktion zu arbeiten.

Und bezogen auf eure Gedanken:
Der gleichmäßige positive Energiefluss in euch ist stark von euren Gedanken abhängig.

Haben sich zu viele negative Gedanken angesammelt, blockieren sie diesen gleichmäßigen Energiefluss in eurem Körper, und die Folge sind Ermüdung, Reizbarkeit, Unruhe, Unlust, Unzufriedenheit, Ängste vor dem Tag, vor dem Leben und vor anderen Situationen.

Die Angst vor dem Tag entsteht aus eurer negativen Grundstimmung heraus, während sich eure eigentlichen Ängste durch diese Grundstimmung bis zu einer überdimensionalen Stärke hin steigern können.

Durch den Satz „**Positive Energie durchströmt meine Gedanken!**" könnt ihr durch folgenden Vorgang diesen Prozess unterbrechen:

Euer Unterbewusstsein gibt eurem Körper jede positive Satzenergie zurück, und euer Körper weiß immer genau, wohin er diese Energie dann lenken soll.

Sprecht ihr durch diesen Satz einen gezielten Punkt in eurem Körper an, wird auch genau dieser Punkt mit dieser positiven Energie versorgt.

Bezogen auf eure Gedanken bedeutet das:
Eure gedanklichen Verkrampfungen lösen sich auf, aus den negativen Energien werden erst einmal wieder fließende Energien, die euren Körper vermehrt durchströmen können. Dadurch lösen sich eure Verspannungen, eure Reizbarkeit, eure Ermüdung lässt nach, eine **wohltuende Ruhe beginnt, euch zu erfüllen, und ihr geratet wieder in ein Gleichgewicht eurer körperlichen und gedanklichen Verfassung**.

Aus dieser Position heraus könnt ihr dann überlegen, welche Angst, welche Wut, Enttäuschung, Ärger oder sonstiger Anlass euch in einen so verkrampften Zustand gebracht hat.

Dieser Satz kann mit allem ergänzt werden, was euch gerade belastet, wie zum Beispiel:

„**Positive Energien durchströmen meine angstvollen (traurigen, wütenden, ärgerlichen...) Gedanken!**".

Und bezogen auf eure körperliche Gesundung:

Habt ihr zum Beispiel Magenschmerzen und verändert den Satz dementsprechend um in:

„**Positive Energien durchströmen jede Zelle meines Magens!**", stehen alle Selbstheilungskräfte bereit, um eure Magenzellen mit dieser positiven Energie zu versorgen.

Ein entsprechendes Bild der Auflösung verhärteter Gedanken könnt ihr euch so ausmalen:

Stellt euch vor, dass sich eure Gedanken zu einem harten Ball verdichtet haben. Jeder weitere Gedanke prallt daran ab und löst eine zusätzliche Verwirrung in euch aus. Jetzt erreicht die positive Satzenergie diesen Ball und beginnt, ihn zu unterwandern. Sie durchdringt ihn, er wird immer durchlässiger und weicher, bis er sich aufgelöst hat und sich in den positiven Energiestrom einfügt.

Dieses Bild kann mit Farben ergänzt werden, indem ihr euch vorstellt, wie diese positive Energie aus goldgelben warmen Strömen besteht, die erst eure verhärteten Gedanken auflösen und dann ungehindert euren Körper durchströmen, ihn mit dieser Wärme und diesem Licht ausfüllen und euch und eure Gedanken dadurch entspannen. Denn goldgelbes Licht ist eine heilende und harmonisierende Farbe.

Dieses Bild ist ebenfalls auf **jede Erkrankung** in eurem Körper anwendbar.

Gesundheitsfördernde Sätze und Bilder

Gesundheitsfördernde Sätze entsprechen einer gedanklichen Heilung, durch die ihr in Lage seid, eine beginnende oder bereits vorhandene Erkrankung abzumildern oder auszuheilen.
Denn durch jeden Satz und jedes Bild, das sich positiv auf eure Gesundheit bezieht, erhöhen sich sofort eure Selbstheilungskräfte.
Denn ihr seid erkrankt, weil euch ausreichende Selbstheilungskräfte fehlen, um wieder zu gesunden.

In eurem Körper laufen neben euren Selbstheilungskräften natürlich auch noch andere Prozesse ab, damit eine Heilung geschieht. Euer Immunsystem beginnt nämlich sofort, eine Erkrankung zu bekämpfen.
Aber auch das Immunsystem würde besser arbeiten, wenn ihm ausreichende positive Energien zur Verfügung ständen.

Darum ist es so wichtig, dass ihr euren Körper bei einer beginnenden oder bereits vorhandenen Erkrankung mit positiver Energie auffüllt.
Das geschieht durch jeden harmonisierenden und gesundheitsfördernden Gedanken.
Bei einer regelmäßigen Anwendung steigen eure Selbstheilungskräfte dann kontinuierlich an, zeigen dadurch eine immer stärker werdende Wirkung auf, und eure Gesundung schreitet schneller voran.

Es ist oft schwer, sich bei einer Erkrankung – egal, welcher Art – positiv zu motivieren. Aber wenn ihr diesen Hintergrund verstanden habt, fällt es euch hoffentlich leichter.

Es gibt einen Satz, der euch immer hilft, der lautet:
„Ich bin gesund!"

Dieser klare Befehl an euren Körper reicht aus, um eure Selbstheilungskräfte sofort zu mobilisieren. Und das ist ein entscheidender Schritt für eure Gesundung.
Diesen Satz könnt ihr auch prophylaktisch einmal täglich anwenden, um Erkrankungen vorzubeugen. Denn die Umsetzung in eure Selbstheilungskräfte ist ein automatischer Prozess, der immer dann in eurem Körper abläuft, wenn ihr diesen Satz benutzt.

- Weitere Sätze mit der gleichen Wirkung können so sein:
  „Ich heile mich durch das Vertrauen in meine Selbstheilungskräfte!"
  „Ich bin durch das Vertrauen in meine Selbstheilungskräfte gesund!"
  „Ich habe Vertrauen und bin heil (oder gesund)!"
  „Ich heile mich durch positive Energie!"
  Der Wortlaut ist euch überlassen, ihr könnt auch eigenen Formulierungen verwenden. Entscheidend ist dabei nur, dass sich der Satzinhalt positiv auf eure Gesundung bezieht.

- Ein weiterer wichtiger Satz ist:
  „Friede wegen meiner Erkrankung ist in meinen Gedanken!"
  Durch diesen Satz beginnt ihr, gelassener auf eure Krankheit zu reagieren. Durch diese Gelassenheit entwickelt ihr Hoffnung und Zuversicht, und beides ist eine weitere positive Energie in euch.

- Der beschriebene Satz:
  „Positive Energien durchströmen meine Gedanken!"
  ist variabel und kann durch eine entsprechende Umformulierung **gezielt** jedes geschwächte, gereizte oder erkrankte Organ, Organsystem oder einzelne Körperbereiche erreichen.
  Beispiele dafür:
  „Positive Energien durchströmen meine Haut, meine Nerven, meine Augen, Lungen, Herz usw…!"

oder auch: „**... mein Knie, meinen entzündeten Finger, mein Myom usw.!**"
Euer Körper lenkt daraufhin die heilende Energie in die Zellen des entsprechenden Organs, um sie damit zu versorgen.

- Eine weitere hilfreiche Variante dieses Satzes:
  „**Positive Energien durchströmen jede Zelle meines Körpers!**"
  Dadurch wird die positive Satzenergie gleichmäßig in eurem Körper verteilt, wodurch ihr eine generell verbesserte Grundversorgung mit einer positiven Energie erhaltet.
  Noch einmal zur Erinnerung:
  Jede Körperzelle benötigt positive Energie, um gesund und funktionsgerecht arbeiten zu können.

- Durch eine weitere Veränderung dieses Satzes könnt ihr auch noch zusätzlich **eure Chakren von ihren Blockaden befreien**.
  Chakren sind die feinstofflichen Energiezentren in eurem Körper, deren Aufgabe es ist, die positive kosmische Universalenergie, die euch stets umgibt, von außen aufzunehmen, um dadurch eure eigene Lebensenergie zu unterstützen. Ihre weitere Aufgabe ist die gleichmäßige Verteilung dieser positiven Energien in eurem Körper, um alle Organe und Organsysteme damit zu versorgen.
  Chakren werden durch negative Energieblockaden in ihren Bewegungen eingeschränkt, so dass die Aufnahme der kosmischen Energien sowie die Verteilung dieser und eurer Lebensenergie verzögert wird. Die Folge sind dann energetisch unterversorgte Körperzellen, und das ist der Beginn einer körperlichen Ermüdung, die sich bis zu Erkrankungen entwickeln kann.
  Um diese Blockaden zu lösen, sagt euch den Satz:
  „**Positive Energien durchströmen alle Chakren meines Körpers!**"
  Oder ihr sprecht gezielt das blockierte Chakra an, das für die Versorgung eurer erkrankten Organe zuständig ist.

- Wenn ihr dazu bereit seid, könnt ihr die Wirkung dieser Sätze noch unterstützen, indem ihr den Zusatz **„positive kosmische Energien durchströmen meinen Körper, meine Organe, Chakren usw.!"**, verwendet.

Auf das Wort **„Kosmisch"** reagiert euer Unterbewusstsein automatisch mit einer verstärkten positiven Energie, die euren Körper dann erreicht. Denn die Anwendung des Wortes „Kosmisch" bedeutet:
Ihr habt Vertrauen in diese Energie. Und Vertrauen ist eine sehr starke positive Energie.

Diesen Chakrasatz **„Positive Energien durchströmen meine Chakren!"** sowie **„Positive Energien durchströmen jede Zelle meines Körpers!"** könnt ihr wie den Satz **„Ich bin gesund!"** ebenfalls täglich vorbeugend anwenden. Sie sorgen für ein stetiges Ansteigen eurer Selbstheilungskräfte, durch die eure körperliche Gesundung stabiler bleiben kann.

Und in einer Kombination mit harmonisierenden Sätzen könnt ihr erreichen, dass sich immer weniger negative Energieblockaden in euch bilden und Blockaden, die trotzdem wieder durch eure negativen Gedanken entstehen können, schneller gelöst werden.

Dadurch verbessert sich täglich eure Energieversorgung, was die **Voraussetzung für eine Heilung** ist.

Um einer erneuten Erkrankung vorzubeugen, ist es wichtig, sich mit der Ursache der Erkrankung auseinanderzusetzen. Denn eine Erkrankung entsteht durch Energieblockaden, eine Energieblockade wiederum entsteht durch eure angstvollen Gedanken.
Es besteht immer ein Zusammenhang zwischen einer Krankheit und einer Angst. Und dieser Zusammenhang ist unter dem Thema **„Erkrankungssinn"** erläutert.

Da Erkrankungen so viele verschiedene Formen aufweisen, stehen hier jetzt nur einige Bildervorschläge, die für alle Arten von Erkrankungen angewendet werden können und die ihr wieder selbst mit euren eigenen Vorstellungen ergänzen könnt.

Denkt euch Bilder aus, die euch positiv motivieren.

- Stellt euch vor, wie ihr unbeschwert durch euer Leben geht, wie ihr auf einer Blumenwiese liegt und euch am strahlend blauen Himmel erfreut.
- Stellt euch vor, wie ihr euch schmerzfrei bewegen könnt, wie ihr tanzt oder einen langen Spaziergang macht.
- Oder wie ihr euch in einem gesunden Zustand angstfrei, leicht und fröhlich fühlt.

Alle diese Bilder tragen dazu bei, dass sich eure Selbstheilungskräfte vermehren und eine – für euch vielleicht erst unbewusste – Heilung in Gang gesetzt wird.

Hier ein Beispiel für ein heilendes Bild für **jedes erkrankte** Gewebe:

Ein Gewebe besteht aus unzähligen einzelnen Zellen.
Stellt euch vor, wie diese Zellen traurig sind, weil ihnen eure positive Energie fehlt, mit der sie normalerweise gesund und körpergerecht arbeiten würden.
Stellt euch dann vor, wie ihr durch den Satz „Positive kosmische Energie fließt durch jede Zelle dieses Gewebes", eine warme goldgelbe positive Energie in diesen erkrankten Bereich lenkt und jeder einzelnen Zelle dadurch Freude bereitet, weil sie plötzlich mit sprudelnder fröhlicher Energie versorgt wird.
Eure Zellen atmen auf, entspannen sich und bemühen sich sofort um eine verbesserte Zellarbeit.

Ein weiteres Bild dazu kann die Vorstellung einer erst geschwächten oder bereits erkrankten und dann einer gesunden Zelle sein:

- Eine gesunde Zelle ist rund und prall gefüllt mit positiver Energie.
- Eine kranke Zelle ist verkümmert und schwach, weil sie zu wenig positive Energie enthält.
- Vermehrt sich die positive Energie in eurem Körper, füllt sich die Zelle mit dieser leuchtenden Energie wieder auf, erreicht ihren Urzustand einer runden Zelle, und das bedeutet Heilung.

Mit diesen beiden Bildern könnt ihr euch gezielt in die Zellen eines erkrankten Organs versetzen, wodurch eine Heilung verstärkt in Gang gesetzt wird.

Auch das Bild der „Auflösung verhärteter Gedanken" kann bei vielen Erkrankungen angewendet werden.

Seid ihr zum Beispiel durch Gallensteine, Nieren- oder Blasensteine erkrankt, stellt euch anstelle eurer verhärteten Gedanken diese Steine vor und verändert den Gedankensatz entsprechend um: „Positive kosmische Energie durchströmt meinen Nierenstein (Gallen-, Blasenstein)."

Dann stellt euch vor, wie diese heilende Energie euren Stein auflöst und das entsprechende Organ anschließend mit der warmen goldgelben Energie ausgefüllt, damit kleine Verletzungen, die durch den Stein entstanden sind, abgeheilt werden.

Weitere Bilder mit der Kombination dieses Satzes **„Positive Energien durchströmen meinen Körper!"**:

- Habt ihr Schmerzen, lenkt die warme goldgelbe Energie dieses Bildes in den schmerzenden Bereich eures Körpers und stellt euch vor, wie sich das verkrampfte Gewebe durch die positive Energie entspannt und durch die Entspannung eure Schmerzen gelindert oder beseitigt werden.

- Habt ihr Magen-, Nerven-, Zahn- oder sonstige Schmerzen, umgebt das entsprechende Organ mit dieser schützenden Energiehülle beziehungsweise füllt es damit aus.
- Seid ihr an Krebs erkrankt, stellt euch eine besonders warme, heilende, positive Energie vor, die eure Krebszellen umhüllt und durch die Wärme deaktiviert, so dass sie keinen weiteren Schaden in eurem Körper anrichten können.
- Arbeitet mit **warmen Farben**, die euren Körper ausfüllen. Das alleine ist eine heilende Energie, die ihr als Wärme auch spüren könnt. Und Wärme ist entkrampfend und heilend.
- Bei akuten Entzündungen könnt ihr dagegen mit **kühlen Farben** arbeiten, wie zum Beispiel mit der Vorstellung von klarem kristallblauem Wasser, das eure Entzündung umspült und abschwellen lässt.
- Stellt euch eure entzündeten Gelenke vor und arbeitet mit dem Satz: „**Positive kühle Energie durchströmt meine Gelenke!**" Stellt euch dann vor, wie dieser kühle Strom durch eure Gelenke fließt, sie dadurch von ihren Entzündungsstoffen befreit, eure Gelenke abschwellen und ihre Beweglichkeit zurückerhalten.
- Stellt euch bei jeder Entzündung vor, wie kühles Wasser die Entzündungsstoffe aus eurem Körper ausschwemmt.
Dieses Bild ist wieder vergleichbar mit dem Bild bei überforderten Gedanken. Und daran könnt ihr erkennen, wie variabel ihr mit euren Bildervorstellungen umgehen könnt.
- Ihr könnt euch auch **fröhliche** Bilder ausmalen.
Ein stets anwendbares Bild kann wie folgt aussehen:
Stellt euch ein kleines Boot vor, das ihr durch den Satz „Ich bin gesund" oder „Positive kosmische Energie durchströmt jede Zelle meines Körpers" mit heilenden positiven Energiekügelchen beladet.

Dieses Boot kreist ständig in eurem Körper herum und ist dafür verantwortlich, jede geschwächte Zelle eines geschwächten Gewebes mit den goldgelben Kügelchen zu versorgen.

Und ihr habt es durch eure eigenen positiven Gedanken in der Hand, dieses Boot immer wieder zu beladen.

Ihr sehr also, eurer Fantasie sind keine Grenzen gesetzt.

Positive Bilder haben noch einen anderen Vorteil:
Erkrankungen können dazu führen, dass ihr euch gedanklich nur noch mit diesem Thema befasst.

Durch die Vorstellung fröhlicher heilender Bilder werdet ihr aus diesem negativen Gedankenkreislauf herausgerissen und beschäftigt euch stattdessen mit ablenkenden positiven Gedanken.

Das ist ein weiterer Schritt in eine gesunde Richtung, denn ein positiver Gedanken bleibt nie alleine, ihm folgen weitere, und so erhöht ihr zusätzlich und **unbewusst** eure Selbstheilungskräfte.

Erkrankungssinn

Bedeutung

Um nach einer Erkrankung dauerhaft gesund zu bleiben, ist es wichtig, sich mit dem Auslöser einer Erkrankung auseinanderzusetzen.
Mit Auslöser sind jetzt nicht Viren, Bakterien oder sonstige Ursachen gemeint, sondern:
Eine Erkrankung deutet immer darauf hin, dass ihr durch das Fehlen eurer inneren Harmonie nicht mehr in eurer eigenen Mitte steht.

- **Harmonie** in euch bedeutet Gesundheit und entsteht durch ein Überwiegen positiver Gedanken. Dadurch erhaltet ihr euch eure positive Lebensenergie, die die Voraussetzung für Gesundheit ist.
- **Erkrankungen** dagegen entstehen durch ein Übergewicht negativer Energien.
- **Negative Energien sind Ängste**, die euch eure Harmonie nehmen, und das bedeutet:
  Jeder Erkrankung liegt als primäre Ursache eine unbewusste, bewusste oder verdrängte Angst zugrunde.
- **Nur**, wenn euer Energiefluss durch diese Ängste blockiert ist, seid ihr anfällig für äußere krankmachende Einflüsse wie Bakterien, Viren oder sonstige Störfaktoren.

Das gilt für **alle Arten** von Erkrankungen, von harmlosen Erkältungen bis hin zu schweren Gesundheitsstörungen.
Ausnahme ist, wenn eine angeborene Störung eures Körpers vorliegt.

> Darum betrachtet eine Erkrankung nicht als eine Strafe, sondern als einen Weg, über den ihr auf eure Ängste aufmerksam gemacht werden sollt.
> Das werdet ihr vielleicht erst einmal ablehnen, aber es ist leider so: **Erkrankungen haben immer den Sinn, sich mit einer bewussten oder bewusst verdrängten Angst auseinanderzusetzen oder unbewusste Ängste zu erkennen.**

Das Zuordnen einer Erkrankung zu einer bestimmten Angst ist häufig schwer. Dabei hilft das Wort **„Erkrankungssinn"**, denn es bedeutet, **den Zusammenhang zwischen einer bestimmten Erkrankung mit einer bestimmten Angst darzustellen.**

Das Wissen eurer Sprichwörter, die oft eine tiefe Wahrheit beinhalten, hilft euch dabei, einen Zusammenhang zu sehen.

Sagt ihr zum Beispiel:

„Ihr habt die Nase voll", weil eure Lebenssituation zur Zeit **„schwer zu ertragen ist"** und **„ihr nicht mehr bereit seid, alles zu schlucken"**, **„euch der Kopf platzt"** und ihr jetzt **„euer wahres Gesicht zeigen wollt"**, seid ihr bestimmt an einer klassischen Erkältung mit begleitenden Kopf-, Hals- und Rückenschmerzen erkrankt.

Erkältungen haben immer etwas damit zu tun, dass ihr euch unbewusst oder bewusst eure Lebensfreude nehmt. Ihr wollt eure Belastungen nicht mehr schlucken, und das alles spiegelt sich jetzt auf körperlicher Ebene wider.

Wenn „euch der Kopf platzt" habt ihr ein starkes gefühlsmäßiges Chaos in euch, das ihr durch die Kopfschmerzen unbewusst ausschalten wollt.

Und durch den Satz: „Ihr werdet euer wahres Gesicht zeigen" drückt ihr eure Wut oder Enttäuschung über eine momentane Lebenssituation oder über eure Hilflosigkeit aus, weil ihr sehr überlastet seid und keinen Ausweg seht.

Und das alles habt ihr zusätzlich so tief in eurem Körper, dass sogar eure Wirbelsäule davon betroffen ist.

> Eine akute einmalige Erkältung kann also meistens einer konkreten akuten Angst zugeordnet werden.
> Aber es gibt viele Erkrankungen, bei denen diese Zuordnung nicht so offensichtlich ist.
> Das gilt für harmlose kleine körperliche Störungen, hinter denen sich eine massive Angst verbergen kann (*Beispiel: Hauterkrankungen → kleine Einrisse in der Haut*), bis hin zu ernsthafteren Erkrankungen, hinter denen häufig die Ängste als Auslöser stehen, mit denen ihr schon lange lebt, euch aber mit ihnen arrangiert habt und sie gar nicht mehr als Angst benennt. Oder die ihr immer wieder verdrängt.

Euer Körper reagiert auf eure Ängste und will euch durch stete erneute Erkrankungen immer wieder aufmerksam machen.

Darum kehren Erkrankungen so lange in ihrer bisherigen oder in einer veränderten Form zurück, bis ihr die Angstursache erkannt und bearbeitet habt.

Das kann ein jährlicher Heuschnupfen sein, eine chronische Erkrankung eurer Atemwege oder auch eine weit schwerere Gesundheitsstörung.

Entstehung einer Erkrankung durch eine bestimmte Angst

Auch wenn es bereits mehrfach erwähnt wurde, ist es noch einmal notwendig, die Auswirkungen von Ängsten auf euren Körper darzustellen.

Die Spannbreite der Ängste zieht sich über **alltägliche kleine Sorgen und Belastungen bis zu massiven Ängsten** hin.

- Ängste beherrschen eure Gedanken, oder sie belasten euch unbewusst.
- Beide Arten sind als negative Energien in eurem Körper vorhanden, und jede negative Energie ist ein Störfaktor in eurer ursprünglich positiven Lebensenergie.
- Jede Angst hat ihre eigene negative Energie.
- Jede Angst ruft einen stets gleichbleibenden Gedankenablauf in euch hervor, beziehungsweise ihr reagiert auf jede bestimmte Angst mit einem immer gleichen Verhalten.
- Und jede Angst bewirkt bei längerem Bestehen eine Blockade in eurer Lebensenergie.
- Diese Blockade tritt an den Organen auf, die eine Aufgabe auf der **körperlichen Ebene** erfüllen, die ihr vergleichbar auf der **gedanklichen Ebene** ausführen würdet, wenn euch eure Ängste nicht daran hindern würden.

Oder, anders ausgedrückt:

- Die verschiedenen Ängste, die ihr Menschen habt, hindern euch an der Ausübung bestimmter Handlungen in eurem täglichen Leben.
- Und diese Handlungen wiederum sind der Aufgabe eines erkrankten Organs sehr ähnlich.

Als Beispiel kann eine beginnende Leberstörung dienen:
Die Leber ist das Organ, das für die **Entgiftung** der Abfallprodukte, die bei eurem Stoffwechsel entstehen, verantwortlich ist, sowie für die Verarbeitung der Giftstoffe, die ihr euch von außen zufügt, wie zum Beispiel Alkohol oder Medikamente.

Und sie ist ständig dabei, **neue Bausteine für euren Körper zu produzieren**, die dieser dann wieder verwendet, um euren Stoffwechsel funktionsfähig zu erhalten.

Sie ist somit ein Entgiftungsorgan und gleichzeitig ein Organ, das für einen lebenswichtigen Nachschub an Aufbaustoffen für euren Körper sorgt.

Um diese Arbeit zu gewährleisten, benötigen alle Leberzellen eine gleichmäßig ununterbrochene fließende Lebensenergie zur optimalen Versorgung.

Besteht jedoch eine Blockade in diesem Energiefluss, wird das Organ nur noch unzureichend mit positiver Energie versorgt und es beginnt eine Unterversorgung der einzelnen Zellen.

Das Beispiel einer Angst, die eine entgegengesetzte Wirkung erzeugt:
Ihr habt Angst vor Auseinandersetzungen und vor emotionalen Verletzungen. Dahinter steht meistens die große Angst, nicht geliebt oder akzeptiert zu werden, wenn ihr eure eigene Meinung darstellt.

Also reagiert ihr bei Auseinandersetzungen jedes Mal gleich:

Um des lieben Friedens Willen handelt ihr gegen eure innere Einstellung, ihr schweigt oder gebt dem anderen halbherzig recht, weil ihr meint, damit besser leben zu können.

Das ist aber nur sehr kurzfristig gedacht, denn ihr **vergiftet** euch gedanklich immer mehr, werdet immer **unzufriedener,** und euch **fehlen immer mehr positive Bausteine**, um aus dieser Unzufriedenheit herauszukommen.

Dadurch blockiert ihr **unbewusst** den Energiefluss genau an dem Organ, das körperlich für eine Entgiftung zuständig ist, während ihr euch gedanklich immer mehr vergiftet.

Eine Erkrankung entsteht also durch Gegensätze, und ihr erkrankt an den Organen, die auf der körperlichen Ebene eine Aufgabe erfüllen, die ihr auf der gedanklichen Ebene durch eure Ängste nicht zulassen könnt.

Das alles geschieht selbstverständlich nicht von heute auf morgen, denn euer Körper kann Ängste in Form von negativen Energien lange Zeit ausgleichen. Aber diese Kapazität ist irgendwann ausgeschöpft, und dann beginnt ihr, körperlich auf eure Ängste zu reagieren.

Ein weiteres Beispiel für eine Erkrankung durch eure Gedanken:
Wenn ihr stets Angst davor habt, an einer bestimmten Erkrankung zu leiden, obwohl eigentlich gar kein Grund dafür vorliegt, schwächt ihr auf Dauer durch diese negative Energieblockade das entsprechende Gewebe, und es kann **als Folge** anfällig für eine Erkrankung werden.
Auch das ist ein **Gegensatz**, denn eure Gedanken schwächen ein gesundes Organ.

Für diese oftmals unbegründete Angst gibt es ebenfalls eine Ursache. Darum bemüht euch, diese herauszufinden. Dazu bietet sich wieder eine spirituelle Hilfe an, denn häufig sind gerade die unbegründeten Ängste unverarbeitete Vorlebenserfahrungen.

Beginn einer Heilung

> Euer Körper erkrankt **niemals** von sich aus, sondern immer nur als Reaktion auf eure Gedanken.
> Daraus folgt:
> **Eure Harmonie „erkrankt" zuerst, und erst dann reagiert der Körper.**

Ihr habt sozusagen eure angstvollen Gedanken in euren Körper geschoben und könnt jetzt diesen Vorgang wieder rückgängig machen, um zu gesunden.

Denn durch jede verstandene Angst(ursache) lösen sich negative Energien, die euren Körper belasten, wieder auf.

Durch jede weitere verstandene Angst werdet ihr spürbar freier in euren Gedanken, eure körperlichen Symptome verbessern sich, dadurch lebt ihr zufriedener, und **eure Harmonie beginnt zu gesunden**. Und diese Harmonie-Gesundung trägt dann endgültig dazu bei, Erkrankungen **abzumildern oder zu heilen**.

Der Weg ist wirklich einfach, wenn ihr dazu bereit seid, euch ehrlich mit euren Ängsten auseinanderzusetzen.

Dabei sollen euch die folgenden Beispiele helfen, die den Zusammenhang zwischen einer Angst und einer **beginnenden körperlichen Störung** aufzeigen.

Diese noch harmlosen Störungen erhaltet ihr als Warnzeichen von eurem Körper, der euch dadurch auf euren negativen Gedankenkreislauf aufmerksam machen will.

Es werden jetzt **nur** diese beginnenden **Warnzeichen** angesprochen, weil es bereits gute Erklärungen in anderen Büchern über die Zusammenhänge zwischen **Ängsten und Erkrankungen** gibt (siehe Buchempfehlungen).

Die Warnzeichen haben den Sinn, dass ihr euch rechtzeitig darum bemühen könnt, auf eure negativen Gedanken bewusst zu achten, und euch bewusster mit euch und eurem Leben zu befassen und euch rechtzeitig mit euren Ängsten auseinanderzusetzen, um ernsthaften Erkrankungen vorzubeugen.

> Anhand der folgenden Beispiele könnt ihr **die Ängste** erkennen, die euch gerade am meisten belasten. **Denn ihr erkrankt überwiegend durch die Ängste, die sich auf die momentane Lebenssituation beziehen, die euch momentan oder schon länger belastet.**
> Weiterhin ergibt sich aus den Beispielen:
> **Ihr erkrankt häufig an den Organen, die mit einer starken Unbeweglichkeit oder Angst eurer derzeitigen Lebenssituation in einer Verbindung stehen.** Das ist besonders gut an unklaren Gelenkschmerzen zu erkennen.

Durch den Erkrankungssinn habt ihr jedoch meistens nur eine momentane Angst entdeckt und noch nicht die tiefergehende Ursache als Erklärung dafür, warum ihr so ängstlich seid. Ein Hinterfragen jeder Angst hilft euch jedoch, dieser Ursache näherzukommen. Eine Hilfestellung in Form von Vorschlägen findet ihr bei dem Thema „**Angstklärung**".

Kennt ihr den Angstauslöser, seid bitte trotzdem **nicht leichtsinnig** und verzichtet **nicht** auf medizinische Hilfe.

Harmlose Erkrankungen könnt ihr durch eine positive Energieauffüllung eures Körpers selbst beheben, bei ernsthaften Störungen dagegen stehen an erster Stelle eure Ärzte, um eure Gesundheit zu fördern. Es sollte jedoch euer Ziel sein, diese Hilfe immer weniger beanspruchen zu müssen.

Erkrankungen sind ein Thema, das euch Menschen sehr ängstigt, was dann wieder eine zusätzliche Angst in euch hervorruft.

Das abschreckende Beispiel einer Krebserkrankung beispielsweise sehen viele von euch direkt vor sich, wenn sie mit Krankheiten konfrontiert werden.

Dieses Buch hat aber das **Ziel**, euch durch die vorangegangenen Erklärungen aufzuzeigen,

- auf welchem Weg Erkrankungen entstehen und
- wie ihr euch durch eure eigenen harmonisierenden Gedanken davor schützen könnt.

Denn wenn ihr in euch harmonisch, fröhlich und zuversichtlich seid, lebt ihr automatisch angstfreier und seid daher eher vor Krankheiten geschützt.

Ein fröhliches und zuversichtliches Leben ist in eurer heutigen wirtschaftlich schlimmen Zeit für viele von euch schwer zu praktizieren.
Aber auch, wenn ihr starke Geldsorgen habt oder um euren Arbeitsplatz fürchten müsst:
Versucht trotzdem, ein positives Denken bezüglich eures Lebens zu entwickeln, um eine heilende positive Energie in euch zu stabilisieren. Und bemüht euch trotz eurer Sorgen, diese Stabilität aufrechtzuerhalten, damit ihr in dieser schweren Zeit wenigstens gesund bleibt.

Körperliche Warnzeichen

Körperliche Warnzeichen treten überwiegend in Form von folgenden Symptomen auf:

- Müdigkeit und Erschöpfung trotz ausreichenden Schlafs.
- Erkältungen, deren Abstände immer kürzer werden.
- Magen-Darm-Probleme oder reine Verdauungsstörungen.
- Unklare körperliche Schmerzen, wie zum Beispiel Kopf-, Glieder- und Gelenkschmerzen.
- Plötzlich auftretende Allergien oder Hauterkrankungen, vor allem im Erwachsenenalter.
- Zeiten der Depressionen oder Traurigkeit, denn ein psychisches Zeichen ist ebenfalls ein Warnzeichen.
- Spannungsschmerzen, vor allem im Kiefer- und Zahnbereich.
- Plötzlich auftretende Wärmeschübe, denn plötzliche Hitze ist Angst vor etwas Unbekanntem oder zeigt verdrängte angstvolle Gedanken auf.
- Übelkeit ohne eine organische Ursache.
- Plötzliche Sehstörungen (ein gestörtes Sehen ist ein starkes Körperzeichen, um aufmerksam zu werden).

Vor den Erläuterungen dazu erfolgt noch ein Hinweis:

Fast alle Geschehnisse, die in eurem Körper ablaufen, sind mit Vorgängen aus eurer Natur oder dem praktischen Leben vergleichbar.

Ein gutes Beispiel ist der Weg einer Erkrankung und Gesundung bei einem aufgestauten Fluss.

Einige Vergleiche werden hier wieder erwähnt, weil ein plastisches Bild sich stärker in euren Gedanken einprägt.

Müdigkeit und Erschöpfung trotz ausreichenden Schlafs

Die Ursache ist eine Ansammlung von traurigen, unzufriedenen oder angstvollen Gedanken.

Ihr steht unbewusst oder bewusst unter großem Druck, weil ihr euer derzeitiges Leben teilweise als eine Belastung empfindet.
Diese Belastungen verhindern eine Erholung eures Nervensystems trotz ausreichenden Schlafs.

Euer Nervensystem ist nicht nur für die innere Steuerung eurer vielfältigen körperlichen Zusammenhänge verantwortlich, sondern auch für eure innere Ruhe und Gelassenheit und eure Erholung während eures Schlafes. Denn nur während dieser Zeit kommen eure Gedanken zur Ruhe.

Eure täglichen Gedanken werden immer während eurer Träume verarbeitet, und die dabei entstehende Energie steuert unbewusst für euch euren Schlaf.
Alle freudigen Erlebnisse und Gedanken werden in eine erholsame positive Energie verwandelt, die eurem Nervensystem dann zur Regeneration zur Verfügung steht.

Negative Gedanken dagegen werden in negative Energien verwandelt, die **den** Energiefluss blockieren, der das Nervensystem versorgen soll.

Überwiegen diese negativen Gedanken, fehlt eurem Nervensystem die optimale Versorgung. Die Folgen sind **Müdigkeit und Erschöpfung**.

Eine generelle Müdigkeit ist also ein Zeichen für eine traurige, belastete oder angstvolle Grundstimmung in euch und kann dadurch zusätzlich eine Unlust oder sogar eine Abwehr gegen das tägliche Leben bewirken.

Aus dieser Belastung heraus kann sich eine weitere Angst entwickeln, die harmlos klingt, dennoch steht ihr dadurch unter weiterem Druck.

Es ist die **Angst vor dem Verschlafen,** und das passiert aus folgendem Grund **eher** bei einem unruhigen Schlaf:

Jeder Mensch erlebt in den Morgenstunden noch einmal eine Schlafphase, die besonders tief ist.

Das hat etwas mit eurem Lebensrhythmus, der Mond- und Erdenergie zu tun, das soll hier jedoch nicht weiter vertieft werden.

Fehlt euch eine ausreichende Erholung durch die vorherigen Stunden, ist diese Schlafphase dann besonders tief, und die Folge ist ein Verschlafen.

Erkältungen in immer kürzeren Abständen

Die Ursache dafür ist Unzufriedenheit mit eurem derzeitigen Leben.

Eine Erkältung hat zur Folge, dass ihr nur erschwert Luft bekommt. Und das ist die Verbindung zwischen euren Ängsten und der Erkältung:

Begründung:

- Durch eure Atmungsorgane nehmt ihr die Luft aus der Atmosphäre auf.
- Ohne diese Luft seid ihr nicht lebensfähig.
- Ein Leben steht aber ursprünglich für Lebensfreude da, somit **verkörpert die Atemluft Lebensfreude.**

- Seid ihr aber mit eurem Leben durch verschiedene Ursachen unzufrieden und seht keine Möglichkeit, etwas zu verändern, **nehmt ihr euch dadurch bewusst oder unbewusst die Lebensfreude.**
- Dieser Gegensatz bewirkt eine Erkrankung an den Organen, die für die Aufnahme von Lebensfreude verantwortlich sind.

Akute Erkältungen werden durch eine akute Angst ausgelöst, die euch aber schnell bewusst werden kann, wenn ihr eure derzeitige Lebenssituation daraufhin hinterfragt.

Chronische Erkältungen oder Erkrankungen eurer Atmungsorgane dagegen sind ein Zeichen eines unzufriedenen Lebens mit verschiedenen und lange bestehenden Ängsten, die euch an einem fröhlichen Leben hindern.

- **Niesen** mit oder ohne Erkältungen bedeutet ein Zuviel an Belastungen, die euch die Luft beziehungsweise die momentane Lebensfreude nehmen. Um trotzdem frei atmen zu können, niest ihr, um die Atemwege freizubekommen.
- **Husten** bedeutet eine Belastung eures täglichen Lebens, die meistens personenbezogen ist. Dabei könnt ihr euch selbst meinen, weil ihr immer unzufriedener werdet, oder Mitmenschen in eurem Umfeld.
Ein passende Frage dazu ist: „**Wen bellt ihr an? Euch oder andere Menschen?**"
- **Halsschmerzen** deuten auf die Belastungen hin, die ihr nicht mehr schlucken wollt.
Treten Halsschmerzen plötzlich und unbegründet auf, können es unbewusste Ängste sein, auf die ihr aufmerksam gemacht werden sollt. Oder sie entstehen durch die Ansammlung eurer vielen täglichen Sorgen, Ängste und negativer Gedanken, die ihr bei jedem Schlucken schmerzhaft spürt.

- Halsschmerzen sind mit **Schluckschmerzen** verbunden.

Das Schlucken steht für den Erhalt eures Lebens, denn ohne Nahrungsaufnahme seid ihr nicht lebensfähig. Leben bedeutet ursprünglich wieder Lebensfreude, und Schluckschmerzen entstehen im Gegensatz dazu, denn sie deuten auf ein schmerzhaftes Verarbeiten eurer Lebensbelastungen hin, wodurch eure Lebensfreude gemindert wird.

Magen-Darm-Probleme oder reine Verdauungsstörungen

Aus beiden Erkrankungsarten entwickelt sich als Folge eine **gestörte Verarbeitung eurer aufgenommenen Nahrungsmittel**.
Magen-Darm-Probleme verkörpern somit ein **gedanklich** gestörtes Verhältnis der Verarbeitung eures derzeitigen Lebens.

Magenprobleme jeglicher Art entstehen durch mangelnde Freude in eurem Leben.

Diese Freudlosigkeit hat viele Ursachen, die alle mit einer vergleichbaren Funktion eures Magens in Zusammenhang stehen.

- Ein Magen ist für die **Aufnahme** und die beginnende **Verdauung** eurer Nahrung verantwortlich.
- Steht ihr in eurem Leben aber Situationen gegenüber, die euch mit Angst erfüllen, reagiert ihr, **entgegengesetzt** zu einer richtigen Verarbeitung der aufgenommenen Nahrung, mit Abwehr, euer Leben so „anzunehmen", wie ihr es gerade lebt.
- Durch diese Abwehr blockiert ihr die Zellen eures Magens, so dass sie nicht mehr funktionsgerecht arbeiten können.
- Da Nahrung ebenso wie die Atemluft lebenswichtig ist und beide für Lebenserhalt und Lebensfreude stehen, **nehmt ihr euch durch die folgenden Ängste die Lebensfreude.**

- Ihr habt unbewusste und bewusste Ängste davor, zu viel in euch „aufzunehmen".
- Ihr habt Angst vor der **Aufnahme von neuen Eindrücken und Erfahrungen**, von denen ihr glaubt, sie nicht noch zusätzlich zu eurem Leben aufnehmen und verdauen zu können *(die Verdauung der Nahrung beginnt im Magen)*.
- Ihr habt Angst, Strukturen eures Lebens, die euch belasten, gedanklich wieder **neu** aufzunehmen, um sie zu verarbeiten und zu verändern.
- Und dazu gehört: Ihr habt Angst davor, Anregungen von außen zuzulassen, weil ihr euch eine Veränderung eures Lebens nicht zutraut.

Die jetzt aufgeführten Beispiele stehen stellvertretend für die oben genannten Ängste:

- Angst vor der **Zukunft**, weil ihr diese Ungewissheit nicht in euch aufnehmen wollt.
- Angst vor **Kritik** durch andere Menschen. Denn dahinter steht die unbewusste oder bewusste Angst, ungeliebt zu sein. Und diese Angst könnt ihr nur schwer verarbeiten. Darum bemüht ihr euch, es allen recht zu machen. Das aber ist auch eine mangelnde Lebensfreude, weil ihr dadurch verkrampft und zum Teil unehrlich euch selbst gegenüber seid.
- Angst vor **Einsamkeit**. Und damit sind alle Arten von Einsamkeit gemeint. Eine sichtbare Einsamkeit durch eine fehlende Partnerschaft oder eine innere Einsamkeit trotz einer vorhandenen Partnerschaft. Dadurch fehlt euch ebenfalls die Lebensfreude.
- Angst vor **Auseinandersetzungen mit anderen Menschen oder mit euch selbst.** Denn Auseinandersetzungen bedeuten eine Aufnahme neuer Gedanken, die verarbeitet werden müssen. Da steht wiederum die Angst dahinter, euch unter Umständen durch diese neuen Gedanken mit Veränderungen eures Lebens

auseinandersetzen zu müssen. Also schweigt ihr lieber, um eine scheinbare Harmonie aufrechtzuerhalten.

- Angst vor **Situationen**, in denen ihr euch **behaupten** müsst. Das ist die Angst, etwas verarbeiten zu müssen, was ihr euch aber nicht zutraut.

Dadurch lehnt ihr euch selbst unbewusst ab, weil ihr euch für eure Mutlosigkeit verurteilt. Und das ist wieder ein Gedanke, der der eigentlichen Aufgabe eures Magens entgegensteht:

Nahrungsaufnahme soll Freude bereiten und ist lebenswichtig. Mutlosigkeit dagegen ist lebensablehnend.

Das alles sind Ängste, die mit der Aufnahme und/oder Verarbeitung bestimmter Lebensumstände zu tun haben.

- Und es gibt einen weiteren typischen Gemütszustand, der zu Magenproblemen führen kann:

Eine starke Ablehnung gegen das eigene Leben, die sich durch Aggressionen äußert.

Aggressionen sind unbewusste Abwehrmechanismen, um Enttäuschungen über das eigene Leben zu übertönen, dem eine innere Freude fehlt.

Diese Aggressionen richten sich entweder gegen andere Menschen, und/oder ihr behaltet sie in euch, um anderen Menschen gegenüber eine falsche Harmonie aufzuzeigen.

Beide Formen lösen aber weder eure Probleme noch eure starke Unzufriedenheit, und die fehlende Lebensfreude wird immer stärker.

Magenprobleme entstehen also durch eine fehlende Lebensfreude aus der Angst heraus, Situationen oder neue Eindrücke nicht verarbeiten zu können.

Natürlich haben Magenerkrankungen auch andere Ursachen, wie zum Beispiel **Rauchen oder ein übermäßiger Alkoholgenuss.**
Aber:

Rauchen und Trinken stehen ebenfalls für eine mangelnde Freude in eurem Leben, denn aus diesem Grund habt ihr meistens damit angefangen.

Sodbrennen ist ein klassisches Magenproblem und deutet auf ganz konkrete starke Ängste hin.

Ihr könnt das Wort Sodbrennen aufteilen, dann bedeutet es:
Eure Gedanken belasten euch **so, d**ass sie **brennen**.
Das mag weit hergeholt klingen, trifft aber genau die Situation.

Eine Frage zur Angstklärung könnte sein:
„Welche Angst übertönt zur Zeit alle weiteren Gedanken in mir?"
oder „Um welche Angst drehen sich meine Gedanken nur noch?"

Verdauungsstörungen

Verdauungsstörungen haben unterschiedliche Ursachen, da sie in Durchfall und Verstopfung aufgeteilt sind.

Generell aber gilt für beide Arten: Es liegt eine gestörte Verarbeitung eurer derzeitigen Lebenssituation vor.

Eine geregelte Verarbeitung beziehungsweise Verdauung dient dazu, die aufgenommene Nahrung wird so aufgespalten, dass die lebenswichtigen Bestandteile der Nahrungsmittel eurem Körper zugänglich gemacht werden können. Denn euer Körper benötigt diese Nahrungsbestandteile in Form von Aufbaustoffen, um **gesund arbeiten zu können**.

Im Gegensatz dazu fehlen euch bei einer gestörten Verdauung auf der **gedanklichen Ebene die** Bestandteile eures Lebens, durch **die** ihr **harmonisch und gesund leben** würdet, die ihr aber durch eure Ängste momentan nicht erreichen könnt.

Durchfall

Durchfall wird durch eure stets neuen Probleme und Sorgen eurer jetzigen aktuellen Lebenssituation hervorgerufen, die ihr aber nicht ansehen wollt.

- Ihr kennt eure Sorgen und Probleme sehr genau.
- Aber ihr habt Angst davor, sie ganz bewusst anzunehmen, um sie dadurch zu verändern.
- Also versucht ihr immer wieder, sie schnell aus eurem Leben zu entfernen, indem ihr sie stets aufs Neue verdrängt.

Durchfall deutet also darauf hin:
Euch fehlt bereits der gedankliche Mut, um eine Veränderung eures Lebens vorzunehmen.

Dadurch entsteht eine ununterbrochene Kette von Verdrängungen, die eure Darmwände schwächen. Diese Schwächung verhindert, dass eurem Körper lebenswichtige Nahrungsbestandteile zugeführt werden, denn eurem Körper **fehlt die Zeit**, die Nahrung vernünftig aufzuspalten.

Das steht im Vergleich zu eurer Angst.
Denn bevor ihr euch die Zeit nehmt, eure Sorgen und Probleme „aufzuspalten", um sie nacheinander verarbeiten zu können, verbannt ihr sie lieber aus euren Gedanken.

Durchfall steht also für die Ängste in eurem Leben, deren gedankliche Veränderung euch bereits so mutlos macht, dass ihr mit einer eigentlichen Veränderung erst gar nicht beginnt.

Verstopfung
Eine Verstopfung zeigt ähnliche Ursachen wie ein Durchfall auf, nämlich Mutlosigkeit und Angst vor Veränderungen.
Aber:
Die Mutlosigkeit einer Veränderung bezieht sich auf die negativen Strukturen eures Lebens, die ihr bereits lange kennt.
Eine Verstopfung entsteht durch ein Beibehalten alter Strukturen aus der Angst heraus, etwas in eurem Leben zu verändern.

Der Gegensatz zwischen eurem Körper und euren Ängsten lässt sich wie folgt darstellen:

Körper:
- Eure Nahrung wird zwar aufgespalten und eure Organe erhalten dadurch die lebenswichtigen Aufbaustoffe aus der Nahrung.
- Aber da die Nahrungsreste nur schwer euren Körper verlassen, bilden sich Giftstoffe, die auf Dauer negative Auswirkungen auf eure Gesundheit haben können.

Mit euren **Ängsten** ist es ähnlich:
- Ihr kennt sie, könnt sie aber auch nicht verdrängen, denn alte belastende Strukturen eures Lebens begegnen euch immer wieder.
- **Ihr findet jedoch keinen Weg für euch, sie zu verändern oder abzuschaffen.**
- Darum behaltet ihr eure Unzufriedenheit lieber bei euch, um ernsthaften Auseinandersetzungen aus dem Weg gehen zu können.
- Das aber belastet euch auf Dauer, denn eure Probleme nehmen zu und euch fehlen immer mehr innere Harmonie und Lebensfreude, die ihr für ein gesundes Leben benötigt.

Und dadurch „vergiftet" ihr euch durch eure zunehmenden unzufriedenen Gedanken.

Durchfall ist die mutlose Angst, die ihr nicht in eurem täglichen Leben ansehen wollt, **Verstopfung** bedeutet: Ihr habt eure Probleme zu einem festen Bestandteil eures Lebens gemacht habt, weil ihr Angst davor habt, sie zu verändern.

Ein steter Wechsel von Durchfall und Verstopfung bedeutet:
Ihr seid innerlich zerrissen durch eure **Mutlosigkeit,** etwas verändern zu wollen *(Durchfall)* und eurer **bewussten Handlung,** lieber nichts zu verändern, um den scheinbaren Frieden zu erhalten *(Verstopfung)*.

Unklare körperliche Schmerzen, wie zum Beispiel Kopf-, Glieder- und Gelenkschmerzen

Unklare Kopfschmerzen
Kopfschmerzen haben verschiedene Ursachen, die durch körperliche Verspannungen, Hormonstörungen, Augenprobleme, Verletzungen oder sonstige Ursachen hervorgerufen werden können.

Hier dagegen sind jetzt Kopfschmerzen **ohne eine organische Ursache** gemeint, und diese unterscheiden sich von anderen Erkrankungen wie folgt:

Jeder Erkrankung liegen spezielle Ängste zugrunde, es sei denn, eine Erkrankung ist angeboren.
Ein Kopfschmerz dagegen ist keine Erkrankung, sondern deutet auf diffuse Ängste hin, die ihr nicht ansehen wollt.

Darum schaltet ihr **unbewusst** euer Bewusstsein aus, um nicht über euer Leben, eure momentane Situation, über plötzlich auftauchende unangenehme Gedanken oder über altbekannte Ängste, die sich immer wieder zeigen, nachzudenken.

Und dieser unbewusste Verdrängungsprozess läuft folgendermaßen in eurem Körper ab:
Da angstvolle Gedanken eure Energie blockieren, blockiert ihr dadurch den Energiefluss, der den Gehirnanteil versorgt, der für euer bewusstes Denken verantwortlich ist. Durch diese energetische Unterversorgung krampfen sich die Gefäße in dem Bereich zusammen, und die Folge sind Kopfschmerzen.

Kopfschmerzen stehen also dafür, das bewusste Denken auszuschalten.

Unklare Glieder- und Gelenkschmerzen

Die Ursache für diese Schmerzen entstehen durch die Ängste, die euch daran hindern, euch in eurer derzeitigen Lebenssituation frei zu bewegen.

Ein „Freies Bewegen" bezieht sich auf alles, was euren Lebensraum gerade einschränkt. Also zum Beispiel auf Geldsorgen, auf Partnerschaftsprobleme, auf Interessen, die ihr nicht ausleben könnt, und sonstige weitere Belastungen.

Der Zusammenhang zwischen diesen Ängsten und den unklaren Gelenk- oder Gliederschmerzen ist wie folgt:

- Glieder und Gelenke sind für eure körperlichen Bewegungen verantwortlich.
- Ein **körperliches Bewegen bedeutet Flexibilität**.
- Eure Ängste **verhindern eine gedankliche Flexibilität**, die dafür sorgen würde, dass ihr euch entsprechend eurer Lebenswünsche bewegen und leben würdet.
- Durch die angstvollen Energieblockaden blockiert ihr eure Gelenke oder Glieder, wodurch körperliche Bewegung und Vorwärtsgehen durch Schmerzen eingeschränkt wird.
- Im Gegensatz dazu erreicht ihr durch eine angstvolle gedankliche Unbeweglichkeit ebenfalls keine Bewegung oder ein positives Vorwärtsgehen, sondern ein schmerzhaftes Verharren in alten Strukturen.

Unklare Gliederschmerzen

Eure Arme und Beine werden als Glieder bezeichnet.

Durch diese seid ihr unter anderem in der Lage, selbstständige Veränderungen eurer Körperhaltungen durchzuführen.

Ihr könnt euch aus einer **unbequemen** in eine **bequeme** Position begeben. Diese bequeme Situation jedoch erreicht ihr durch eure Ängste nur schwer oder gar nicht.

Zum anderen könnt ihr durch eure **Arme** etwas bewegen, anheben, zugreifen.

- **Unklare Gliederschmerzen eurer Arme bedeuten:**
  Eine unbewusste oder bewusste Angst hindert euch daran, etwas anzupacken, um etwas nach euren Vorstellungen zu verändern beziehungsweise zu verbessern

Durch eure **Beine** könnt ihr vorwärtsgehen, allerdings auch rückwärts.

- **Unklare Schmerzen in den Beinen bedeuten daher:**
  Eine unbewusste oder bewusste Angst hindert euch daran, euch durch ein **Vorwärtsgehen** aus einer belastenden Lebenssituation zu befreien beziehungsweise eine positive Veränderung eures Lebens herbeizuführen. Stattdessen geht ihr unter Umständen Schritte zurück, um eine scheinbare Zufriedenheit zu erhalten.

Unklare Gelenkschmerzen
 Gelenkschmerzen deuten ebenfalls auf die Ängste hin, die euch daran hindern, euer Leben so zu formen und in Bewegung zu halten, wie ihr es gerne leben würdet.

Gelenkschmerzen
- **in den Fingern** sind ein Zeichen, dass eure Ängste euch daran hindern, etwas nach euren eigenen Vorstellungen zu formen oder anzufertigen. Jeder einzelne Finger hat dabei ebenfalls eine eigene Bedeutung, die ihr in den entsprechen den Büchern nachlesen könnt (siehe Buchempfehlungen).

- **in den Ellenbogen** verkörpern eine Angst vor einer Richtungsänderung aus einer festgefahrenen unerfreulichen Lebenssituation heraus.

Ihr bezeichnet eure Gesellschaft gerne als „Ellenbogen-Gesellschaft" oder verwendet das Sprichwort: „Er hat seine Ellenbogen benutzt, um etwas zu erreichen oder durchzusetzen!"
Und bezogen auf eure Ängste bedeutet das im umgekehrten Sinn: Euch fehlt der Mut, etwas durchzusetzen, was euch guttun würde.

- **in den Schultern** deuten auf eine starke Belastung durch eine gegebene Lebenssituation hin.
Es gibt auch dazu das Sprichwort: „Er hat breite Schultern und kann viel (er)tragen!" Das trifft auf Schulterschmerzen sehr genau zu, denn auch das Ertragen hat einmal ein Ende.
Schulterschmerzen können zwar auch auf akute Ängste hinweisen, zeigen sich aber häufig erst nach einer jahrelangen dauerhaften Belastung und bedeuten letztendlich **Resignation**.
Da Schultergelenke mit für die Beweglichkeit eurer Arme verantwortlich sind und eure Armbewegungen durch Schultergelenkschmerzen eingeschränkt werden, erreicht ihr durch **eure Ängste vor einer richtungsweisenden positiven Veränderung eine Unbeweglichkeit, die euch körperlich und gedanklich lähmt.**

- **in den Hüften** zeigen eine ähnliche Angst wie Schulterschmerzen auf. Hüften sind unter anderem dafür verantwortlich, dass ihr unbelastet gehen und laufen könnt.
Hüftschmerzen werden durch die Angst hervorgerufen, nicht mehr rechtzeitig losgehen zu können, um dadurch euer Leben selbstständig zu lenken beziehungsweise keine eigenen Vorstellungen eures Lebens mehr verwirklichen zu können. Dadurch blockiert ihr den Energiefluss in den Gelenken, die euch das Gehen ermöglichen.

- **in den Füßen** hindern euch am Vorwärtsgehen eines Weges, von dem ihr wisst, das er gut für euch wäre. Aber aus eurer Angst heraus vertraut ihr nicht auf diesen Weg und traut euch darum auch nicht, ihn zu gehen.

- **in den Zehen** deuten auf eine verfestigte Angst hin, einen positiven Weg zu beschreiten.

- **in den Knien** entstehen durch eine gedankliche Lähmung beziehungsweise Unbeweglichkeit eurer Gedanken.
  Kniegelenke sorgen ebenfalls dafür, dass ihr unter anderem geschmeidig gehen könnt.
  Eine gedankliche Lähmung ist Starrheit und somit das Gegenteil von Geschmeidigkeit. Schmerzen entstehen, weil ihr euch – entgegengesetzt zu der Beweglichkeit der Kniegelenke – bewusst dafür entscheidet, eure Lebensunzufriedenheiten **nicht** zu verändern. **Ihr verändert sie darum bewusst nicht, weil ihr Angst vor unbequemen neuen Wegen habt. Und Angst vor neuen Erfahrungen!**

- **in den Wirbeln** zeigen die starke Angst auf, das Leben in der bisherigen und jetzigen Form nicht mehr ertragen zu können.
  Eure Wirbelsäule ist für das **aufrechte „Tragen"** eures Körpers verantwortlich. Und durch eure stets negativen Gedanken, das Leben so nicht mehr zu **„ertragen"**, staut sich diese negative Energie in eurer Wirbelsäule und blockiert so den Energiefluss in dem Bereich.
  Wirbelprobleme entstehen zusätzlich im Gegensatz zu der Funktion der Wirbelsäule, euch aufrecht zu tragen, durch eine **Unaufrichtigkeit** in euch. Diese Unaufrichtigkeit bedeutet, dass ihr aus Angst vor Veränderungen erst gar nicht über die entstehenden Folgen nachdenken wollt. Und darum lieber an eurer bisherigen Lebensform „erstarrt" festhaltet. **Und Erstarrung ruft Schmerz hervor!**
  Wie bei den Fingern haben auch die einzelnen Wirbel eine spezi-

elle Bedeutung für eine Angst. Aber diese Einzelheiten findet ihr ebenfalls in bereits vorhandenen Büchern (siehe Buchempfehlungen)

Ihr könnt euch darum bemühen, jeden Energiestau, der eure Gelenke und Glieder blockiert, durch positive Sätze und Bilder aufzulösen, so dass die Energie wieder frei fließen kann und eure Schmerzen nachlassen.
Beispiele dafür:
Das **Bild** der „Auflösung verhärteter Gedanken" eignet sich gut dazu, wenn ihr euch vorstellt, dass statt eurer Gedanken ein Wirbel „erstarrt" ist und durch positive Energie wieder seine ursprüngliche Beweglichkeit zurückerhält.

Ein Satzvorschlag:
„Positive Energie durchströmt mein Schultergelenk, meinen Arm, meine Finger, mein Knie usw.!"

Fragen zur Angstklärung

Einige Warnzeichen eures Körpers, durch die ihr euch vielleicht bereits angesprochen fühlt, sind jetzt erwähnt worden.
Damit ihr euch gleich selbst helfen könnt, um weitere Ängste in euch zu erkennen, stehen jetzt an dieser Stelle Fragen für einen **Weg der Angstklärung** an.

Es wurde bereits zu Beginn des Themas „Erkrankungssinn" erklärt, dass Krankheiten meistens durch die Ängste entstehen, die sich auf die momentane Lebenssituation beziehen und euch von daher vordergründig am stärksten belasten.
Aber eine Angst steht nie alleine da, sondern sie gehört zu einem Angstkomplex eurer derzeitigen Lebensängste.

Durch Hinterfragen einer jetzt erkannten Angst könnt ihr auf weitere Ängste stoßen, die euer Leben in anderen Bereichen belasten und **auf die ihr ohne ein körperliches Warnzeichen gar nicht gekommen wärt.**

Diese Ängste wirken sich jedoch ebenso störend auf eure Gesamtharmonie aus, auch wenn euch das gar nicht mehr so bewusst ist, weil ihr schon so lange mit ihnen lebt.

Und gerade darum ist es wichtig, euch mit ihnen auseinanderzusetzen, um nicht zu einem späteren Zeitpunkt an ihnen zu erkranken.

Das Hinterfragen erfordert **Mut**, wenn ihr es ehrlich meint. Denn Ängste, die euch plötzlich sehr bewusst werden, können euch auch erst einmal durcheinanderbringen, weil ihr durch sie vielleicht erkennt, wie wichtig es ist, einige Veränderungen in eurem Leben durchzuführen, um endgültig gesund zu werden und auch zu bleiben.

Diese Veränderungen können sich auf alle Lebensbereiche beziehen.

Als Beispiel einer Angstklärung dient jetzt ein **Gelenkschmerz im Fuß**. Aber dieses Beispiel ist auf jeden anderen Störfaktor eures Körpers anzuwenden und natürlich auch für jede Angst, die euch unabhängig von einer Erkrankung belastet.

Der Weg, Ängste zu erkennen
Ihr seid durch den Erkrankungssinn auf eine Angst gestoßen, die euch wahrscheinlich bewusst war, die ihr aber hingenommen habt, weil ihr schon sehr lange mit ihr lebt.

In diesem Beispiel der **Fußgelenkschmerzen**, durch die ihr am Vorwärtsgehen gehindert werdet, ist es die **Angst vor Veränderungen**. Diese ist gekoppelt mit **Mutlosigkeit**, die dafür sorgt, dass ihr euch nicht vorwärtsbewegen könnt.

Dabei ist es egal, welche Veränderungen ihr gerne erreichen würdet. Es kann ein klärendes Gespräch unter Freunden sein, mit

Geschäftspartnern oder innerhalb eurer eigenen Familie, es kann ein neuer Beruf sein, ein hilfreiches Verändern einer Wohnsituation usw.
Entscheidend dabei ist, dass ihr es euch **nicht zutraut**, diese neuen Wege für euch einzuschlagen.

Darum stellt euch folgende Frage:
„Welche Angst hindert mich daran, einen Weg zu gehen, den ich gerne verfolgen würde?" *oder:* **„Welche Angst hindert mich daran, endlich aktiv etwas zu unternehmen?"**
Die Antwort fällt euch wahrscheinlich schnell ein, denn der Grund für diese Angst ist euch meistens bekannt.

Die nächsten Fragen erfolgen dann fast automatisch:
„Warum habe ich diese Angst?" und **„Wovor habe ich Angst?"**

Habt ihr diese Fragen beantwortet, wäre es hilfreich, wenn ihr eine weitere Angst finden könntet, die mit eurer Mutlosigkeit eine Gemeinsamkeit aufzeigt. Darum stellt euch jetzt diese Fragen:
„Steht diese Angst mit einer mir bewussten Angst in einer Verbindung?" oder „Welche Verbindung sehe ich?"

Das hat folgenden Hintergrund:
Eine Veränderung einer Lebenssituation bedeutet **Mut**, der euch jedoch fehlt, was ihr auch wisst.
Was euch aber wahrscheinlich unbekannt ist:
Ihr könnt den Mut für einen neuen Weg auch nur schwer aufbringen, weil euch eine weitere Angst **zusätzlich** daran hindert.

Eine Angst steht nur dann alleine da, wenn es sich um unruhige gestresste Gedanken handelt. Ansonsten stehen einzelne belastenden Ängste in einem zusammenhängenden Angstkomplex, und das bedeutet:

Sie hindern euch gemeinsam an einem geplanten Vorhaben, wie hier eine positive Lebensveränderung.

Jetzt ist euch durch eure Frage vielleicht spontan eure **mangelnde Selbstliebe** eingefallen.

Eine mangelnde Selbstliebe hat immer etwas mit **Wertlosigkeit** zu tun.

Und Wertlosigkeit ist gleichzusetzen mit der Angst, ungeliebt zu sein.

> Wer sich selbst für wertlos hält, setzt fast automatisch voraus, **keinen Anspruch auf ein zufriedenes Leben zu haben**. Daraus entwickelt sich ebenfalls **Mutlosigkeit**, die euch dann so ausbremst, dass ihr euch lieber in alteingefahrenen Bahnen bewegt, worin ihr euch zwar nicht glücklich, aber scheinbar sicherer fühlt.

Diese Erkenntnis, dass eure Ängste vor **Veränderungen** und **eure fehlende Selbstliebe** eine Gemeinsamkeit aufzeigen, nämlich eure **Mutlosigkeit**, soll euch helfend darauf hinweisen, dass Ängste überschaubarer werden können, wenn ihr euch bewusst mit ihnen auseinandersetzt. Ihr habt dadurch nicht mehr das Gefühl, von ihnen überschwemmt zu werden, ihr habt mehr Freiraum, eure weiteren Ängste anzusehen, und der Weg einer Angstbefreiung erscheint euch plötzlich hoffnungsvoller.

Ein weiterer Hinweis hilft euch ebenfalls weiter: Klärt eure Ängste am besten **schriftlich**. Das hat folgende Vorteile:

- Ihr werdet gedanklich entlastet und behaltet den Überblick, was ihr herausgefunden habt.
- Bei späterem Durchlesen könnt ihr euch darüber freuen, wie viele Ängste mittlerweile keine Belastung mehr für euch sind.

Lasst alle **spontanen Antworten** zu, die euch zu den einzelnen Fragen einfallen. Dabei werdet ihr wahrscheinlich feststellen, dass ihr für jede einzelne Angst gleich mehrere Formulierungen benutzt habt. Das deutet darauf hin, in welchem negativen Gedankenkreislauf ihr euch gerade befindet.

Diese verschiedensten Formulierungen könnt ihr auf einen Punkt bringen. Das bewirkt eine spürbare Erleichterung für euch, denn euer negatives Gedankenkarussell dreht sich dadurch langsamer und bietet wieder Platz für vermehrte positive Gedanken.

Lasst euch **Zeit mit der Hinterfragung**. Ihr seid schon so lange in einem negativen Denken verhaftet, dass ihr eure Sorgen, Probleme und Ängste nicht überstürzt und dadurch halbherzig an einem Tag klären müsst.

Allein der Beginn der Auseinandersetzung wird positiv von eurem Unterbewusstsein registriert. Ihr werdet das durch eine beginnende Ruhe in euch bemerken, auch wenn euch das kaum glaubhaft erscheint. Aber es stimmt, und darum probiert es einfach einmal aus.

- Eine weitere Frage: „**Welche Angst lähmt mich zur Zeit am meisten?**"
- Und dann: „**Was kann ich tun, um diese Lähmung zu beenden?**"

Da beginnt der Punkt, der kritisch werden kann. Denn ihr stoßt mit dieser Frage auf eure Eigenverantwortung und auf eure eigene Arbeit, etwas zu verändern. Und ihr könnt nicht mehr eure Mitmenschen für die Lebenssituationen, durch die ihr euch eingeschränkt fühlt, verantwortlich machen.

Das kann unbequem werden, aber es hilft euch langfristig wenig, wenn ihr den jetzt begonnen Weg der Angstklärung abbrecht und eure Gedanken aus alter Gewohnheit auf später verschiebt und sie dadurch erst einmal verdrängt. Denn Verdrängungen belasten euch immer negativ und können zu erneuten körperlichen Störungen bis hin zu Erkrankungen führen.

Darum arbeitet ehrlich weiter durch folgende Fragen:

„Warum habe ich diese Angst?"
„Was bewirkt sie in meinem Leben?"
„Wovor habe ich Angst, wenn ich etwas verändern will?"
„Warum bin ich so unzufrieden?"

Diese Fragen könnt ihr beliebig erweitern. Geht dabei völlig unverkrampft vor und vertraut darauf: **Alle Fragen, die euch spontan einfallen, sind eure intuitiv richtigen Gedanken, die euch weiterhelfen können.**

Ihr werdet dabei vielleicht auf folgende **Ängste** stoßen:

Auf die Angst
- vor Schuldgefühlen,
- vor Einsamkeit,
- vor Armut,
- vor Liebesentzug,
- vor dem Unverständnis durch andere Menschen,
- vor unbequemen und anstrengenden Wegen,
- vor dem Gefühl, verantwortungslos oder egoistisch zu sein.

Das sind dann zum Teil genau die Ängste, die euch halb bewusst waren, mit denen ihr euch aber lieber nicht ernsthaft auseinandergesetzt habt, um euren scheinbar inneren Frieden zu erhalten.

Das ging so lange gut, bis euch euer Körper durch die erwähnten Warnzeichen auf eure negative Gedankenwelt mit den bestehenden

Disharmonien in euch aufmerksam machen wollte. **Und dazu gehören oftmals auch Schmerzen, die ihr immer als einen warnenden Hinweis auf eure Gedanken betrachten solltet.**

Bei den weiteren Erläuterungen des Erkrankungssinns stehen ab jetzt Fragen, die euch Anhaltspunkte für die Angstklärung geben sollen. Aber noch einmal:

Eure eigenen intuitiven Gedanken dazu haben immer den Vorrang, denn sie entstehen durch euer Unterbewusstsein, das immer weiß, welche Frage jetzt hilfreich ist.

Zu den vorherigen Warnzeichen könnt ihr euch folgende Fragen stellen:

Bei ständiger Übermüdung
„Mit welchen ängstlichen Gedanken schlafe ich abends ein oder wache morgens bereits damit auf?"

Dadurch klärt ihr ein Durcheinander von unzufriedenen Gedanken und könnt versuchen, die abendlichen Belastungen als Erstes zu klären.

Bei Erkältungskrankheiten
„Was stört mich an meinem Leben zurzeit am stärksten?"

Bei Halsschmerzen
„Welche Belastung oder Angst nimmt mir den Erhalt der Lebensfreude?" oder „Was will ich nicht schlucken?"

Bei ständigem Niesen
„Was ist im Moment zu viel für mich?"

Bei Magenproblemen
„Welche Angst ist am größten und dadurch am schwersten zu verarbeiten?"

Bei Durchfall

„Welche Angst will ich sofort aus meinen Gedanken verbannen?"

Bei Verstopfung

„Warum kann ich nicht loslassen?" „Was kann ich nicht loslassen?"

Beachtet aber bitte eins, wenn ihr eure Ängste erfahren wollt:
Es besteht die Gefahr, dass ihr an eure Grenzen stoßt. Denn ihr überfordert euch, wenn ihr bei massiven Ängsten diesen Weg alleine gehen wollt. **Darum nutzt das Angebot einer therapeutischen Begleitung, um euch selbst zu helfen.**

Plötzlich auftretende Allergien oder Hauterkrankungen, vor allem im Erwachsenenalter

Allergien und Hauterkrankungen stehen in einem Zusammenhang, weil beide Erkrankungen ihren Ursprung in **unbewussten und bewussten verdrängten** Gedanken haben.

Bei **Kindern** liegen überwiegend **unbewusste** Ängste vor, bei **Erwachsenen** neben unbewussten Ängsten überwiegend **Verdrängungen**.

Beide Erkrankungsarten nehmen in eurer heutigen Zeit sehr zu und ihr habt außer eurer Umwelt keine Erklärung dafür.

Aber das stimmt nur bedingt. Denn ihr Menschen reagiert überwiegend nur dann auf eure Umwelt mit Erkrankungen, wenn eure Harmonie gestört ist (→ *Chakren: äußere Energien*).

Einer Erkrankung liegt primär immer eine Angst zugrunde. Das wurde bereits mehrfach erwähnt, aber gerade bei Allergien und Hauterkrankungen ist die Erinnerung daran noch einmal wichtig.

Denn in eurer heutigen Zeit mit den sozialen Ängsten, bestehender Arbeitslosigkeit, in einer Gesellschaft zu leben, die immer mehr Bewertungen anstatt Akzeptanz und Zwischenmenschlichkeit entwickelt, werden eure Ängste vor eurer Zukunft immer größer.

Diese Ängste treten **zusätzlich** zu euren jahrelang bestehenden Ängsten auf, und die Folge sind dann vermehrte Erkrankungen.

Das gilt natürlich für alle Erkrankungen. Bei Allergien und Hauterkrankungen ist diese Zunahme jedoch besonders deutlich zu beobachten.

Allergien bei **Kindern** nehmen ebenfalls zu. Die auslösenden primären Faktoren sind ebenfalls Ängste, die jedoch meist unbewusst in den Kindern vorhanden sind. Und unbewusste Ängste lösen die gleichen körperlichen Reaktionen wie verdrängte oder bewusste Ängste aus.

Euch Eltern stehen Möglichkeiten offen, eure Kinder durch sanfte Behandlungsmethoden von ihren Allergien zu befreien. Dazu zählen zum Beispiel **Bachblüten** oder eine **biophysikalische Behandlungsmethode** (Bioresonanz-Therapie).

Bei beiden Therapieformen geschieht das gleiche, wie bei einer bewussten Angsterkennung und Angstauflösung:

Die negativen Angstenergien werden in positive angstfreie Energien umgepolt, und die Allergien verlassen den Körper des Kindes.

Auch ihr Erwachsenen könnt selbstverständlich diese Behandlungsmethoden unterstützend für euch nutzen.

Unterstützend darum:

Bei Kindern gelingt eine Allergieauflösung leichter, weil sie nicht darüber nachdenken, **welche** Angst gerade **wie** gelöst wird, während ihr Erwachsenen immer stark kopfgesteuert diese Therapieformen beobachtet und durch eure Zweifel einen dauerhaften Erfolg verhindert.

Darum benötigt ihr die Erklärung einer Angstursache und erreicht dadurch den gleichen Erfolg, nämlich das Umpolen negativer in positive Energien.

Damit bei **Eltern** mit allergiekranken Kindern jetzt trotz des Wissens über die unbewussten Ängste **keine** Schuldgefühle aufkommen, soll noch einmal ein Hinweis erfolgen:
Kinder können trotz einer liebevollen Umgebung auf vieles allergisch reagieren.
Und unbewusste Ängste können Vorlebensängste sein, an denen ihr Eltern keinen Anteil habt.

Auch wenn Allergien und Hauterkrankungen durch die unbewussten und verdrängten Ängste in einem Zusammenhang stehen, gibt es einen entscheidenden Unterschied zwischen beiden Erkrankungsarten:

- Bei **Allergien** liegen Einzelängste vor, die in eurem Körper entsprechende allergische Reaktionen auslösen können.
- Bei **Hauterkrankungen jeder Art** liegt dagegen eine Vielzahl von Ängsten vor, die alle in einem engen Zusammenhang stehen.

Mit **Allergien** sind die Reaktionen gemeint, die eure Haut, eure Atmungsorgane oder auch einige innere Organe betreffen können.
Mit **Hauterkrankungen** sind alle Arten von Hautstörungen gemeint, die unabhängig von allergischen Reaktionen vorliegen.

Hier soll neben den Hauterkrankungen nur auf eine Allergie, nämlich auf Heuschnupfen eingegangen werden, weil er neben den Hauterkrankungen ein typisches Warnzeichen eures Körpers im Erwachsenenalter ist, um euch auf verdrängte Gedanken aufmerksam zu machen.

Verdrängte Gedanken sind halbbewusste Gedanken und bedeuten:
Euer Leben wird durch bestimmte Ängste belastet, die euch bewusst sind. Würdet ihr diese Ängste aber genauer ansehen, würdet ihr erkennen, dass ihr in eurem Leben und/oder an eurer Persönlichkeit etwas ändern müsstet, um harmonischer leben zu können.
Diese Veränderungen aber **wollt oder könnt** ihr zur Zeit nicht durchführen, weil euch gerade diese Ängste daran hindern.
Also schiebt ihr diese Gedanken bei jedem erneutem Auftauchen wieder beiseite und meint, euch dann besser zu fühlen.
Das aber ist ein ununterbrochener negativer Energiestrom in euch, der euren Körper letztendlich nach einer gewissen Zeit so belastet, dass er mit beginnenden körperlichen Problemen reagiert.
Verdrängte Gedanken können also auch als halbbewusste Gedanken bezeichnet werden.
Und halbbewusste Gedanken kehren immer wieder in euer Bewusstsein zurück.
Bei einem **Heuschnupfen** beziehen sich diese Ängste meistens auf euer **momentanes** Leben, denn sie verhindern eine Veränderung eurer derzeitigen Lebenssituation, durch die ihr befreiter leben würdet.
Ihr kennt die Ursachen für eure Angst, etwas zu verändern, meistens auch. Aber ihr wollt sie euch nicht so genau ansehen, um nicht über die Konsequenzen nachdenken zu müssen.
Bei Hauterkrankungen dagegen beziehen sich diese verdrängten Ängste überwiegend auf eure **eigene Person** und verhindern dadurch **die** positive Veränderung von euch **selbst**, durch die ihr euch **innerlich** besser fühlen würdet. Und da eine Vielzahl von Ängsten vorhanden ist, die immer wieder auftauchen, nimmt die Verdrängung eine immer stärker werdende Form an.

Heuschnupfen

Ein Heuschnupfen ist das **klassische Warnzeichen, um euch auf die gerade erwähnten verdrängten Gedanken aufmerksam zu machen.**

Zu diesen Verdrängungen kommen durch die beschriebenen gesellschaftlichen Gründe immer mehr Ängste auf euch zu, was dann für euch Folgendes bedeuten kann:

Ihr fühlt euch immer überlasteter, verdrängt diese Überlastungen unter Umständen ebenfalls und erkrankt dann überraschend an einer Allergie.

Darum bemüht euch, die Veränderungen durchzuführen, die ihr benötigt, um gedanklich wieder frei zu werden. Häufig reicht dazu ein klärendes Gespräch mit einem anderen Menschen, der euch eure Ängste vor einer Veränderung nimmt oder euch bei eurer Angstverarbeitung hilft. Denn noch einmal:

Jede erkannte Angst ist aufzulösen, wenn euch der Ursprung der Angst bewusst geworden ist.

Und genau auf diesen Weg will euch euer Unterbewusstsein durch einen plötzlichen Heuschnupfen aufmerksam machen. Denn es weiß immer ganz genau, zu welchem Zeitpunkt es wichtig für euch ist, eure Verdrängungen zu beenden.

Und ein Beenden einer Verdrängung bedeutet das Ende eines Heuschnupfens.

Der Zusammenhang eines Heuschnupfens und einer Angst beziehungsweise zwischen eurer Natur und euren Gedanken und eurem Körper ist folgender:

Natur:
- Im Frühling beginnen alle Pflanzen neu zu wachsen. Und Wachstum ist Freude.
- Der Pollenflug trägt dazu bei, dass sich dieser Wachstum immer mehr ausdehnt, damit sich eure Welt an den **blühenden** Pflanzen erfreuen kann.

Körper:
- Ihr habt Angst, eine Veränderung bestimmter Lebensformen vorzunehmen, durch die ihr ein **blühenderes** Leben führen könntet.
- Ein Heuschnupfen entsteht also durch eure eigene **unbewusste** innere Abwehr gegen ein neues blühendes Pflanzenleben, weil ihr euch selbst durch eure verdrängten Ängste ein eigenes blühendes Leben versagt.
- Oder es liegen unbewusste Ängste vor, die euch **unbewusst gedanklich** belasten und die die gleichen allergischen Reaktionen wie Verdrängungen auslösen.
- Und euer Körper reagiert auf diese Angst durch **Entzündungen eurer Atemwege und euer Augen**.

Denn:
- **Atemwegserkrankungen** stehen für mangelnde Lebensfreude.
- **Gereizte oder entzündete Augen** sind ein Zeichen dafür, dass ihr euer Leben nicht genau ansehen wollt.
- **Entzündungen** wiederum weisen auf eine innere „Entzündung" eurer Gedanken hin.

Auf welche einzelnen Pollen ihr allergisch reagiert, hängt mit euren verschiedenen einzelnen Ängsten zusammen.
Eine Allergie entsteht – wie jede andere Erkrankung auch – durch Gegensätze.
Jede Pflanzenart steht für eine bestimmte Bedeutung oder Aufgabe.

Diese aber lehnt ihr **unbewusst ab**, weil ihr eine vergleichbare Ausübung dieser Funktion durch eure unbewussten oder bewussten Ängste nicht für euch erreichen könnt.

Das gilt ebenso für alle anderen Allergien, die durch Nahrungsmittel hervorgerufen werden. Denn auch jedes Organ erfüllt eine bestimmte Aufgabe in eurem Körper.

Um diesen Zusammenhang zu verdeutlichen, folgen jetzt zwei Beispiele für eine Lindenblütenallergie und eine Allergie auf Haselsträucher.

Lindenblütenallergie
Lindenblüten sind für eure Gesundheit da.
Ihr benutzt sie als Tee gegen eure Atemwegserkrankungen, als Salbe, um Entzündungen zu heilen, oder als Honig, um eure Abwehrkräfte zu stärken.
Reagiert ihr durch einen Heuschnupfen allergisch auf diese heilenden Lindenblüten, bedeutet das, ihr habt eine starke Abwehr, **die** Veränderungen eures Lebens durchzuführen, durch die ihr heilend, zufrieden und gestärkt in euch leben könntet.

Haselblütenallergie
Haselsträucher beginnen trotz der manchmal noch starken Kältebedingungen sehr früh mit ihrer Blüte.
Das bedeutet:
Haselsträucher stehen für eine **Unempfindlichkeit** gegenüber Kälte, damit ihr Menschen trotz der Kälte eine frühe blühende Freude erlebt.

Eine Allergie auf die Haselpollen entsteht durch folgenden Gegensatz:

- Ihr reagiert ängstlich oder **empfindlich** auf Kälte. Damit ist eine **innere** Kälte gemeint.
- Ihr fühlt euch innerlich einsam oder sehr belastet, was einer **gefühlten Kälte** gleichkommt.
- Ihr fühlt euch so, weil euer Leben zum Beispiel erschwert ist durch eine innere Einsamkeit, durch Krankheiten, Armut oder sonstige Lebensbelastungen.
- Gegen dieses Leben in der Form habt ihr eine Abwehr entwickelt, und ihr habt Angst davor, dass ihr durch diese innere Kälte niemals „**aufblühen**" könnt.

Bei Kindern könnte diese Angst vor innerer Kälte eine Angst aus einem Vorleben sein, die jetzt unbewusst in ihnen ist.

Diese allergischen Reaktionen hängen mit den energetischen Schwingungen einer Pflanze und einer Angst zusammen. Und weil Allergien ein sehr wichtiges und umfangreiches Thema auf eurer Welt geworden sind, werden die einzelnen Zusammenhänge von bestimmten Allergenen (Allergene sind Pollen, Nahrungsmittel, Tierhaare usw.) mit euren einzelnen Allergien in einem separaten Buch behandelt.

Hauterkrankungen

Hauterkrankungen und ihre Entstehung werden hier sehr ausführlich angesprochen, denn sie haben eine **besondere Bedeutung unter den körperlichen Warnzeichen, um euch auf verdrängte Gedanken aufmerksam zu machen.**

Das geschieht aus folgenden Gründen:
Eure Haut ist das größte Organ eures Körpers und hat von daher viele Möglichkeiten, durch die verschiedensten Störungen eure Ängste sichtbar werden zu lassen.

Eine Erkrankung zeigt sich nämlich nicht nur durch eure gefürchtete Neurodermitis, sondern die Spannbreite reicht von den kleinsten Hautirritationen, die ihr bisher so hingenommen habt, weil ihr gar nicht auf die Idee gekommen seid, dass auch diese mit euren Ängsten in einem Zusammenhang stehen könnten, bis hin zu einer Neurodermitis oder gar Hautkrebs. Der Grad der Erkrankung hängt von der Anzahl und der Heftigkeit eurer Ängste ab.

Und da ihr Menschen schneller auf die körperlichen Störungen reagiert, die **sichtbar** sind, seid ihr bei Hauterkrankungen eher bereit, diese Störungen endgültig zu beseitigen, während ihr bei anderen körperlichen Warnzeichen gerne erst einmal abwartet, was weiterhin geschieht. Das ist der eine Aspekt.

Der zweite Punkt ist folgender:
Hinter jeder Hautstörung verbirgt sich eine spezielle Angst.
Das bedeutet:

Durch eure Hauterkrankungen könnt ihr auf **verschiedene Ängste** aufmerksam gemacht werden.
Das gilt übrigens ebenso für unklare Gelenkschmerzen. Denn auch dadurch können viele Einzelängste aufgezeigt werden, die alle in einem Zusammenhang mit einer **bewussten** gedanklichen Lähmung beziehungsweise Unbeweglichkeit stehen.

Das gehäufte Auftreten von Hauterkrankungen in eurer heutigen Zeit entsteht wie bei den Allergien deshalb, weil sich eure bereits vorhandenen Ängste durch eure wirtschaftlichen Probleme noch verstärken.

Seid ihr zum Beispiel **arbeitslos**, entsteht daraus bei vielen Menschen ein Gefühl von **Wertlosigkeit**.
Wertlosigkeit ist gleichzusetzen mit der Angst, überflüssig zu sein.

Und diese Angst entspricht einer klassischen Angst bei Hauterkrankungen: nämlich der Angst vor **emotionalen Verletzungen**.

Ebenso können eure Sorgen **um eure Zukunft**, die bei vielen von euch leider immer unsicherer wird, folgende bestehende Angst vertiefen: Die **Angst vor Schutzlosigkeit**, die ebenfalls eine typische Angst bei Hauterkrankungen ist.

Diese Angst kann sich dann noch durch die wirtschaftliche Situation verstärken, wenn ihr Angst davor entwickelt, **zu erkranken**. Denn eine Erkrankung ist teuer geworden in eurer Welt.

Das alles bedeutet:

> **Ursprünglich entstehen Hauterkrankungen überwiegend durch verdrängte Ängste.**
> Jahrelange Verdrängungen sind eine stets vorhandene negative Energie in euch. Nehmen dann die Ängste zu, die in diese Verdrängungen passen, kann euer Körper den Hautschutz nicht mehr aufrechterhalten, da die notwendige positive Energie fehlt, um die Hautzellen optimal damit zu versorgen. Und die Folge sind Hauterkrankungen.

Entstehung von Hauterkrankungen durch Ängste

Bei Hauterkrankungen liegt also eine Vielzahl verschiedener Ängste vor, die sich während des bisherigen Lebens angehäuft haben, jedoch immer wieder verdrängt wurden.

Diese Ängste beziehen sich überwiegend auf eure eigene Persönlichkeit, weniger auf eure äußeren Lebensumstände.
Aber:
Belasten euch bestimmte Lebensumstände, seid ihr aufgrund eurer ängstlichen Persönlichkeit häufig nur schwer in der Lage, eure eigenen Wünsche und Gefühle auszusprechen und umzusetzen.

Durch diese Situation entsteht dann ein so negativer Gedankenkreislauf, dass sich Hauterkrankungen sehr schnell und plötzlich verschlechtern können.

Wiederholt sich dieser Vorgang zu häufig, habt ihr immer weniger Energie frei, um euch mit euren Gedanken auseinanderzusetzen, und eure Verdrängungen nehmen noch mehr zu.

Dieser Verdrängungsmechanismus hängt mit der **Entstehung der einzelnen Ängste zusammen**. Denn dadurch wurde euch der Mut genommen, auf eure Bedürfnisse zu achten und einzugehen.

Die einzelnen Ängste stehen **trotz verschiedener Ursachen** alle in einem Zusammenhang.

Einige Ursachen sind euch bekannt, andere dagegen liegen tief unbewusst in euch.

> Darum ist es so schwierig, diese einzelnen und trotzdem zusammenhängenden Ängste mit bekannten sowie unbekannten Ursachen alleine aufzuarbeiten. Es ist daher empfehlenswert, Heilung mit einer therapeutischen Unterstützung zu erreichen.

Hauterkrankungen entstehen, wie jede andere Erkrankung auch, durch Gegensätze, die sich auf die Aufgaben des erkrankten Organs beziehen.

Die Haut hat folgende Aufgaben:

- Sie ist das Sinnesorgan für Berührungen.
- Sie bildet den äußeren Schutz für Krankheitskeime, die euch stets umgeben.
- Sie dient als Schutz vor Hitze und Kälte, denn euer Körper reguliert eure Innentemperatur durch den äußeren Hautmantel.
- Somit trennt sie eure Innenwelt von eurer Außenwelt zum Schutz vor äußeren Einflüssen.

Aber sie dient auch als Trennschicht eurer inneren Gefühlswelt zu der Außenwelt.

Hauterkrankungen entstehen durch die folgenden Ängste, die entgegengesetzt zu den Aufgaben und der Schutzfunktion der Haut stehen.

1. Angst vor Berührungen. Und das können äußerliche und/oder innerliche Berührungen sein.
2. Die innerlichen Berührungsängste sind Ängste vor emotionalen Verletzungen, gegen die ein unbewusster äußerer Schutzpanzer gebildet wurde.
3. Und gleichzeitig besteht eine Angst vor Schutzlosigkeit beziehungsweise die Sehnsucht nach einem stabilen Schutz.

Zusammengefasst:

Hauterkrankungen stehen für Berührungsängste, für eine Schutzabwehr gegen äußere emotionale Eindrücke sowie für das Bedürfnis nach Schutz.

1. **Berührungsängste**
   Körperliche äußere Berührungsängste sind vor allem:
   - Angst vor Sexualität.
   - Angst vor körperlicher Gewalt.
   - Eine Hemmschwelle, selbst andere Menschen zu berühren.

   Und diese Ängste verdrängt ihr gerne, weil sie euch sonst zu sehr belasten würden.
   Körperliche äußere Berührungsängste sind häufig als Vorlebensängste unbewusst in euch, und ihr spürt sie als die „gefühlten Ängste aus einer unbewussten Erinnerung einer real erlebten Vorlebensangst" (→ *Unterbewusstsein* → *gefühlte Ängste*).

2. **Innere Berührungsängste**

Die inneren Berührungsängste haben dafür gesorgt, dass ihr **unbewusst einen Schutzpanzer um euch herum aufgebaut habt, der verhindern soll, dass ihr durch emotionale Eindrücke von außen verletzt werdet.**

Ihr habt diesen Schutz gebildet, weil ihr durch folgende Erfahrungen verletzt worden seid, die sich **während jeder Lebensphase** abgespielt haben können:

- Ihr habt häufig kleine Enttäuschungen erlebt, die ihr erst einmal so hingenommen habt, weil ihr euch daran gewöhnt hattet.
- Eure eigenen Gefühle wurden von anderen Menschen abgewertet und verletzt.
- Euer Vertrauen in andere Menschen wurde missbraucht.
- Ihr habt euch durch andere Menschen ausgenutzt gefühlt.
- Ihr seid durch häufige Schuldzuweisungen und den Vorwurf, ihr könntet mehr leisten, wenn ihr euch nur mehr bemühen würdet, immer unsicherer euch selbst gegenüber geworden. Beide Vorwürfe sind oft durch eine fehlende Akzeptanz anderer Menschen euch gegenüber entstanden, was euch leider sehr geprägt und euren bisherigen Weg blockiert haben kann.

Aus diesen Erfahrungen heraus können sich diese neuen Ängste entwickelt haben:

- Die Angst, **wertlos und ungeliebt** zu sein.

  Diese Angst kann sich auf alle Bereiche eures Lebens beziehen, also nicht nur auf den privaten Weg, sondern auch auf den beruflichen Werdegang. Und somit wurden beide Wege erschwert.

- Die Angst vor den Menschen, die euch mit **Kälte oder Macht** begegnen. Dadurch werdet ihr an eure Urängste vor emotionalen Verletzungen erinnert und fühlt euch in Gegenwart dieser Menschen klein.

- Es gibt eine weitere typische Angst bei Hauterkrankungen, die sehr belastend ist: Ihr fühlt euch für alles schuldig.
  Dadurch belastet ihr euer Leben durch stets vorhandene Schuldgefühle.
  Stets vorhandene Schuldgefühle wiederum bewirken eine immer stärker werdende Angst davor, eure eigenen Bedürfnisse auszuleben. Und darum verzichtet ihr immer mehr auf alles, was euch Freude bereiten würde, um bloß keine Schuldgefühle zu verspüren.
  Das führt auf Dauer zu einem immer stärker werdenden Schutzpanzer um euch. Eure Haut wird dadurch – bildlich gesprochen – immer fester, um keine eigenen Gefühle mehr nach außen durchzulassen. Und ihr seid dadurch in euch selbst gefangen.

3. **Ängste vor fehlendem Schutz beziehungsweise einer Sehnsucht, beschützt zu werden.**

Diese Aussage klingt erst einmal widersprüchlich, **aber eine Sehnsucht ist ebenfalls eine Angst vor der Nichterfüllung eines Wunsches.**

Eure vielen Ängste haben sich durch die Erfahrungen eures bisherigen Lebens immer stärker ausgebildet, sie belasten euch zunehmend, und ihr fühlt euch immer wertloser.

Dadurch **traut** ihr es euch meistens gar nicht zu, euch nach Menschen umzusehen, die euch ein Gefühl von Sicherheit und Schutz geben könnten. Somit verstärkt sich eure Unzufriedenheit immer mehr, und eure Haut reagiert darauf.

Alle aufgeführten Ängste können natürlich einzeln oder an andere Ängste gekoppelt auftreten. Auch andere Menschen haben einige diese Ängste, und nicht jede von ihnen zieht eine Hauterkrankung nach sich.

Aber wenn einige von ihnen oder sogar alle in einer Kombination vorliegen, ist das klassisch für Hauterkrankungen jeder Art.

Denn diese Kombination bildet einen schwer zu differenzierenden Angstkomplex in euch, der sich auf eure eigene **Persönlichkeit** bezieht und diese schwer belastet. Das bedeutet im Vergleich zu einer Allergie oder anderen Erkrankungen:

Bei einem **Heuschnupfen** zum Beispiel reicht häufig eine Veränderung einer bestimmten Lebenssituation aus, um harmonischer leben zu können, und dadurch zu gesunden. Diese Veränderung aber findet nicht statt, weil bestimmte Ängste das verhindern.

Bei **Hauterkrankungen** jedoch ist die eigene Einstellung euch selbst gegenüber so angstbeladen, dass ihr gar nicht den Mut haben **könnt**, äußerliche Lebensbedingungen zu verändern.

Darum ist es wichtig, erst eine beginnende Angstverarbeitung – und das am besten mit einer therapeutischen Unterstützung – vorzunehmen, damit ihr selbst erst einmal eine neue Stabilität erhaltet.

Dann könnt ihr ohne erneute Schuldgefühle einige Veränderungen in eurem Leben einführen, durch die ihr ein Leben führen könnt, das eurer Persönlichkeit entspricht und für eure weitere Stabilität und Harmonie sorgt.

Mit **Lebenssituationen** sind die **äußeren** Lebensumstände gemeint, die euer Leben zur Zeit begleiten, von denen aber einige sehr belastend geworden sein können, weil sie **eurer eigenen Persönlichkeit widersprechen**.

Dazu zählen:

- Eure Interessen, die ihr vielleicht nicht so ausleben könnt.
- Euer Beruf, der euch entweder alleine und/oder durch Mitarbeiter unzufrieden macht.
- Eure Freunde, durch die ihr euch vielleicht eingeengt fühlt.
- Eure Familie, also der Umgang mit euren Eltern, Partnern oder Kindern.
- Eure finanziellen Verhältnisse.
- Eure Einsamkeit durch eine fehlende Familie.
- Eure Lebensgewohnheiten.

- Eure Umgebung. Das kann eine räumliche oder menschliche Belastung sein, wie zum Beispiel:
Eure Wohnung ist durch störende Umweltfaktoren belastet. Innerhalb eurer eigenen Wohnung fehlt euch ein Freiraum, den jeder Mensch aber trotz einer liebenden Familie benötigt, um seinen eigenen Lebensstil auszuleben. Und es ist kein Egoismus, wenn ihr zum Beispiel Freizeitgestaltungen ausleben möchtet, die sich von den Interessen der übrigen Familienmitglieder unterscheiden.
Eure Nachbarschaft, die ihr als unharmonisch für euch empfindet.

All das wertet jetzt nicht ab, denn auch jede Disharmonie in eurer **täglichen Umgebung** verstärkt langfristig eine negative Energie in euch.

Eure **Persönlichkeit** dagegen seid ihr selbst. Denn jeder Mensch ist mit **seiner eigenen Persönlichkeit** auf die Welt gekommen, durch die sich seine Interessen, seine Lebenseinstellungen, sein Lebensstil, seine Lebenserwartungen und die Neigung zu bestimmten Berufen auszeichnet. Das bezeichnet ihr Menschen mit Veranlagung. Und diese Veranlagung ist ausschlaggebend für eure innere Harmonie, wenn ihr sie ausleben könnt. Das aber verhindert ihr durch eure Ängste.

Warum einige Menschen eine Persönlichkeit haben, die zu Kriminalität führt, oder warum zum Beispiel Kinder krank geboren werden, hat Gründe, die den Rahmen dieses Buches sprengen würden. Denn hier geht es nur um die Rückgewinnung eurer Harmonie, damit ihr gesund werdet.

Um eure eigene Persönlichkeit zu stärken, ist es wichtig, mit einer Angstverarbeitung zu beginnen.

Wenn ihr euch dadurch **innerlich** wohler und sicherer fühlt, könnt ihr die **äußeren** Umstände eures Lebens so verändern, dass ihr diese Sicherheit behaltet und euch dadurch immer besser fühlt.

- Das kann zum Beispiel ein neuer Beruf sein, weil ihr mutiger und lebensfroher geworden seid.
- Oder eine Trennung von alten Freunden, die euch in euren Ängsten mehrfach bestätigt haben.
- Oder ein verändertes Verhältnis zu euren Eltern, Kindern oder Lebenspartnern, weil ihr euch weniger schuldig fühlt, wenn ihr in diese Beziehungen eure eigenen Wünsche mit einbringt.
- Es kann auch eure Einsamkeit beenden, weil ihr euch im Umgang mit anderen Menschen sicherer fühlt.

Das alles trägt zu einer Verbesserung eurer Hauterkrankung bei. Denn ihr fühlt euch gelöster und freier, eure Haut kann „aufatmen", der Energiefluss in den erkrankten Hautbereichen verbessert sich dadurch, und ihr kämpft nicht mehr gegen die stete Einschränkung eurer Gefühlswelt an.

Die Gefahr jeder ernsthaften Erkrankung ist von der Anzahl der unverarbeiteten Ängste in euch abhängig. Und mit Erkrankung ist alles gemeint: Depressionen, ständige Schmerzen, dauerhafte Rheumaerkrankungen und sonstige Beschwerden, die euch die Lebensfreude nehmen, bis zu Krebs oder anderen schweren Krankheiten.

Beginnt ihr aber jetzt, auf bestehende Hautprobleme zu achten (sowie natürlich auf alle weiteren körperlichen Warnzeichen), lernt ihr eure versteckten Ängste kennen.

Diese Auseinandersetzung trägt dazu bei, dass ihr durch jede erkannte und verarbeitete Angst die krankmachende negative Energie in eurem Körper verringert und somit Stück für Stück eure negative Energie gegen eine positive lebensfrohe Energie austauscht.

Das bewirkt eine immer stärker werdende Harmonie, Lebensfreude und Gesundheit **und ist die beste Vorraussetzung, um späteren ernsthafteren Erkrankungen vorzubeugen.**

Einzelne Hauterkrankungen

Folgende Hauterkrankungen werden jetzt im Einzelnen angesprochen:

- Rötungen
- Trockenheit
- Juckreiz
- Kleine und immer wiederkehrende Hauteinrisse.
- Nagelstörungen und Schuppenbildung
- Warzen
- Akne
- Wiederkehrende Entzündungen unter der Hautoberfläche, die von harmlosen Entzündungen bis hin zu Abszessen führen können.
- Herpes
- Basaliom
- Bindegewebsschwäche
- Schuppenflechte
- Neurodermitis

Es stehen jeweils Fragen dabei, die ihr als Ausgangsfragen für eine beginnende Angstklärung nutzen könnt.

Rötungen
Rötungen sind ein Hinweis auf innere „gedankliche Entzündungen".
Rot ist eine Signalfarbe in eurer Welt, die Aufmerksamkeit erregen soll.
Euer Körper will euch durch Rötungen darauf aufmerksam machen, dass sich eure Gedanken in einem beginnenden Entzündungsstadium befinden oder sich bereits stark entzündet haben.
Und „entzündete Gedanken" sind gleichzusetzen mit starken Ängsten.

Rötungen unterscheiden sich in ihrer Ausdehnung:
Sind sie eher **punktförmig**, deuten sie auf einzelne spezielle Ängste hin, an denen sich eure Gedanken gerade entzünden.
Flächenhafte Rötungen sprechen für diffuse Ängste.

Eine **chronische Hautrötung**, die mit oder ohne eine Hautentzündung entstanden ist, deutet auf viele chronisch verdrängte Ängste hin.

Bei **akuten Hautrötungen** sind plötzliche akute Ängste da, auf die ihr aufmerksam gemacht werden sollt. Sie können bei Unsicherheiten auftreten, bei panikartigen Gedanken, bei Problemen, an die ihr plötzlich denkt, usw.

Fragen:
Bei chronischen Ängsten:
„Welche Angst spüre ich zur Zeit am stärksten?"
„Mit welcher Angst wache ich bereits morgens auf?"
„Warum habe ich diese Angst?"

Bei akuten Ängsten:
„Was habe ich gerade gedacht?"
„Warum macht mir dieser Gedanke Angst?"

Trockenheit
Trockenheit an einzelnen Stellen oder am gesamten Körper weist darauf hin:
Es fehlen euch fröhliche und zuversichtliche Gedanken.
Der Vergleich zu eurer Welt ist wie folgt: Trockenheit bedeutet eine Wasser-Unterversorgung.
Trockenheit eurer Haut dagegen bedeutet:
Es fehlen euch ausreichende positive Energieschwingungen beziehungsweise positive zuversichtliche Gedanken, durch die ihr eure

Hautzellen ausreichend versorgen beziehungsweise „bewässern" könnt.

Fragen:
„Wie stelle ich mir ein fröhliches Leben vor?"
„Was fehlt in meinem Leben, um fröhlich zu sein?"

Juckreiz

Juckreiz kann einerseits durch die bereits erkrankte Haut entstehen. Zum anderen aber kann ein Juckreiz auch ohne ersichtliche Ursache alleine auftreten.

Das zeigt dann auf eine akute Angst hin, die plötzlich in euren Gedanken auftaucht und in einem engen Zusammenhang mit euren verdrängten Ängsten steht.

Dieser Juckreiz ist ein Zeichen eures Unterbewusstseins, um euch auf diese momentane Angst aufmerksam zu machen, **und dient somit als ein sicheres Erkennungszeichen für plötzliche Ängste.**

Das Wort Juckreiz beinhaltet einen **Reiz**.
Ein Reiz kann positiv oder negativ sein.
Eine positive Reizung kann trotzdem einen Juckreiz auslösen, wenn ihr Angst vor dem Positiven habt. Ein positiver reizvoller Gedanken an Sexualität zum Beispiel kann gleichzeitig mit einer starken Angst verbunden sein.

Fragen:
„Woran habe ich in diesem Augenblick gedacht?"
„Welche Gedanken haben mich gerade beschäftigt?"
„Welcher Gedanke reizt mich gerade, positiv oder negativ?"

Es kann so weit gehen, dass der Juckreiz nach dieser Fragestellung und der richtigen Beantwortung ebenso schnell vergeht wie er gekommen ist. Und das zeigt auf, wie euer Unterbewusstsein arbeitet, denn es hat erreicht, dass euch eine Angst bewusst geworden ist.

Juckreiz bedeutet außerdem:
Ihr wollt euch aus eurem aufgebauten Schutzpanzer befreien. Das versucht ihr unbewusst durch eine Zerstörung eurer Haut.
Denn Kratzwunden gehen meistens bis in die tieferen Hautschichten hinein.

Kleine und immer wiederkehrende Hauteinrisse
Kleine Einrisse der Haut ohne eine ersichtliche Ursache deuten auf folgendes hin:
Ihr habt Angst, niemals ein heiles, harmonisch geschlossenes und stabiles Leben führen zu können.
Und das ist mit eurem weltlichen Leben wie folgt vergleichbar:
Kleine Einrisse in euren Gebrauchsgegenständen oder Gebäuden bedeuten immer eine Unsicherheit, ob etwas stabil erhalten bleibt.

Fragen:
„Was kann ich als Erstes tun, um eine beginnende Stabilität in meinem Leben (oder für meinen jetzigen Zustand) zu erreichen?"
„Welche Lebensgewohnheiten verhindern zurzeit eine innere Stabilität für mich?"

Treten die Einrisse in Verbindung mit euren **Nägeln** auf, erhalten sie eine weitere Bedeutung, die sich mit allen anderen Nagelproblemen decken.

Nagelstörungen und Schuppenbildung
Nagelstörungen und eine vermehrte Schuppenbildung haben eine gemeinsame Angst als Ursache, nämlich **keinen Weg zu finden, der euch Stabilität, Schutz und Sicherheit für euer weiteres Leben bietet.**

Diese Angst steht im Gegensatz zu den Aufgaben von Nägeln und Hautschuppen.
Beide sind nach ihrem Wachstum fertige, abgeschlossene und **verhornte** Hautgebilde, die dann eine Schutzfunktion übernehmen.

Nägel sind verhornte Platten, dienen dem Schutz der Finger- und Zehenenden und sorgen so für eine Stabilität gegenüber Verletzungen.

Hornzellen bedecken die äußerste Hautschicht, geben ihr Festigkeit und Stabilität und werden anschließend regelmäßig als Hautschuppen von der Oberfläche abgerieben.

Beide bieten also Schutz, während ihr Schutz sucht!

Aus der gemeinsamen Grundangst differenzieren sich dann zwei weitere Ängste, die sich durch Nagelstörungen oder eine vermehrte Schuppenbildung zeigen.

Nagelstörungen
Mit Nagelstörungen sind brüchige, eingedellte, eingerissene oder eingewachsene Nägel gemeint, Nagelhautentzündungen, Pilzbefall der Nägel oder sonstige Auffälligkeiten.

Ihr seid auf der Suche nach dem Weg, der euren Wunschvorstellungen entspricht.

Ihr habt auch bereits **Ideen**, wie ihr diesen Lebensweg wachsen lassen wollt *(im Vergleich zum Nagelwachstum)* und ihn durch eine ständige Pflege *(Nägel benötigen eine regelmäßige Pflege, damit sie schön aussehen und nicht zu Verletzungen führen)* begehbar halten wollt. Aber eure Angst vor neuen Wegen und Veränderungen blockiert euch so stark, **dass ihr den Wachstumspunkt beziehungsweise den Ausgangspunkt für diesen Weg nicht seht**.

Fragen:
„Welche Hilfe kann ich in Anspruch nehmen, um den Beginn des Weges zu erkennen?"

„Welche Angst hindert mich daran, diese Hilfe zu suchen/anzunehmen?"

„Welche Angst blockiert meine Gefühle so stark, dass ich den Ausgangspunkt nicht erkennen kann?"

Schuppenbildung

Neben der Grundangst, keinen stabilen Weg zu finden, seid ihr **mutlos**.

Mutlosigkeit ist die Angst, etwas nicht zu erreichen, von dem ihr genau wisst, dass es gut für euch wäre.

Diese Angst steht mit einer vermehrten Schuppenbildung in folgendem Zusammenhang:

Körper:
- Eure Hautzellen wachsen ständig nach.
- Fertige Hautzellen sind verhornte Hautzellen, die ihr regelmäßig als Schuppen verliert, um neuen Zellen **Platz** zu machen.
- Eine vermehrte Schuppenbildung deutet auf eine **gestörte vermehrte** Hautzellbildung hin.

Angst:
- Eure mutlosen Gedanken belasten euch sehr, und ihr versucht, aus dieser Mutlosigkeit herauszukommen. Ihr traut euch jedoch selbst keine positive Veränderung zu.
- Eure Gedanken kreisen immer mehr um diese Angst herum, aber sie sind **„gestört"**, weil ihr kein Ergebnis für euch festmachen könnt.
- Also beginnt ihr mit einer Verdrängung, um neuen Gedanken **Platz** zu machen.

Dadurch habt ihr eine **„vermehrte gestörte** Gedankenansammlung" in euch, die euch so blockiert, dass ihr euer eingefahrenes Leben so beibehaltet, eure Unzufriedenheit aber immer stärker wird.

Schuppenbildung am ganzen Körper entspricht einer trockenen Haut. Trockene Haut steht für das Fehlen fröhlicher Gedanken. Fröhliche Gedanken sind lebensbejahend, Mutlosigkeit dagegen ist Ablehnung euerselbst und eures Lebens.

Schuppenbildung am Kopf
Euer rationales Denken nimmt immer mehr zu, um einen Weg zu finden, der euren Vorstellungen und Wünschen entspricht. Da ihr aber durch eure Mutlosigkeit sehr wenig Vertrauen in euch habt, **verdrängt ihr eure Gedanken immer schneller,** und dazu steht im Vergleich euer Körper, der immer schneller neue Hautzellen produziert, die sich dann verhornen.

Noch einmal der Gegensatz, der eure Erkrankung hervorruft:
Ihr verdrängt eure Gedanken aus Mutlosigkeit, weil ihr keinen schützenden Weg für euch findet. Durch diese angstvolle negative Energie blockiert ihr die tiefste Zellschicht eurer Haut, die für ein normales Zellwachstum und somit für einen normalen Hautschutz verantwortlich ist. Und diese Blockade bewirkt eine gestörte und vermehrte Zellbildung.

Dazu gilt generell:
Eine energetische Unterversorgung von Zellen bewirkt Erkrankungen. Diese Unterversorgung bedeutet **nicht** ein automatisches verlangsamtes Arbeiten der Körperzellen, sondern eine **gestörte Zellarbeit**. Das kann alles sein: Verlangsamung, Veränderung von Zellen und ihrer Funktion, überstürzte Aktivitäten, wie zum Beispiel bei Allergien, bei denen das Immunsystem überreagiert *(welches aus Zellen besteht),* oder auch Zellwucherungen.

Fragen:
„Welche Angst ist so stark, dass sie mir den Lebensmut nimmt?"
„Welche Angst ist am längsten in mir, die mich so mutlos macht?"

„Warum fehlt mir der Mut zu einer Veränderung?"
„Welche Veränderungen beginne ich zuerst, um eine fröhlichere Grundstimmung und Platz für neue weitere Ideen zu bekommen?"
„Warum kommen immer wieder mutlose Gedanken?"

Warzen

Warzen entstehen durch ein unzufriedenes Leben. Sie verkörpern die Angst, keine Gefühle wegen dieser Unzufriedenheit zuzulassen und zu äußern. Darum werdet ihr wütend auf euch und euer Leben.

Wut ist ebenfalls Angst und besteht aus einer Mischung von Enttäuschung, Ärger und unterdrückter Traurigkeit.

- Ihr wollt über euer Leben nicht reden, aus Angst, eure Gefühle würden abgewertet oder nicht ernst genommen werden.
- Ihr wollt auch nicht über euer Leben nachdenken, weil es euch zu sehr belasten würde.
- **Oder** es fehlt euch der Ansprechpartner, dem ihr euch anvertrauen könntet.

Und alle diese Ängste verbergt ihr unter einer fröhlichen äußeren Maske.

Die Verbindung zu eurem Körper ist folgende:
Warzen bestehen aus Hautzellen, die nicht abgestoßen werden können, weil sie von einer äußerlichen festen Schutzhaut eingeschlossen sind. Diese Schutzhaut ist vergleichbar mit eurem emotionalen Schutzpanzer, den ihr gebildet habt, um keine emotionalen Verletzungen zu erleiden.

Entstehung und Beseitigung von Warzen

- Durch eure Ängste überwiegen negative Energien in euch.
- Dadurch seid ihr empfänglich geworden für äußere Einflüsse, wie in diesem Fall Viren, die das Wachstum von Warzen hervorrufen.
- Diese äußere feste Schutzhaut einer Warze ist entstanden, weil eine negative Energie bei längerem Bestehen die Tendenz hat, sich zu verdichten oder zu verfestigen.
- Eine **Beseitigung von Warzen durch ein Besprechen** kennen viele von euch.
- Es geschieht durch die Menschen, die die Fähigkeit haben, kosmische positive Energie auf andere Menschen zu übertragen.
- Durch diese Energieübertragung wird eine Warze punktgenau mit sehr intensiver positiver Energie aufgefüllt.
- Und diese positive Energie sorgt dafür, dass die negativen Energien, aus denen die äußere feste Schutzhaut überwiegend besteht, in positive Energien verwandelt werden, damit sich diese Schicht auflösen und abfallen kann.

An diesem Beispiel könnt ihr erkennen, dass positive Energien tatsächlich einen heilenden Einfluss auf euren Körper ausüben. Diesen Effekt könnt ihr selbst durch ein vermehrtes positives Denken erreichen.
Was äußerlich geheilt werden kann, kann auch innerlich geheilt werden.

Fragen:
„Welche Angst hindert mich daran, über meine Gefühle zu sprechen?"
„Vor wem habe ich Angst, wenn ich meine Gefühle anspreche?"
„Warum habe ich Angst, über mich zu reden?"
„Welche Folgen hätte es, wenn ich meine Gefühle zeigen würde?"
„Was macht mein Leben so unzufrieden?"
„Welche Änderungen kann ich durchführen?"

> Ängste können noch gezielter erkannt werden, wenn ihr die Bedeutung der betroffenen Körperstellen kennt.
> Eine Warze **am Fuß** kann bedeuten:
> Ihr traut euch nicht, den Weg zu gehen, den ihr vor euch seht, um zufrieden zu werden.
> Warzen **an den Händen** bedeuten:
> Ihr würdet so gerne euer Leben anders formen.
> Aber in beiden Fällen verdrängt ihr diese Gedanken, aus Angst vor den Folgen, wenn ihr eine Aussprache zu diesem Thema zulassen würdet.
> Warzen **im Kopfbereich** bedeuten:
> Euer rationales Denken hat so zugenommen, dass eure Gefühle dadurch noch stärker unter Verschluss gehalten werden.

Akne

Akne ist eine Erkrankung, die ebenfalls mit Gefühlen in Zusammenhang steht.

Es sind die gleichen Ängste wie bei Warzen:

Ihr habt Angst, über eure Gefühle zu reden oder sie zu zeigen.

Ihr verbergt eure Ängste ebenfalls hinter einer scheinbar fröhlichen Grundstimmung.

Das aber ist eine unbewusste Unehrlichkeit euch selbst gegenüber, die euch durch eine zusätzliche negative Energie belastet.

Akne ist ein Zeichen dafür:

Ihr spürt in bestimmten Lebensphasen sehr stark, dass irgendetwas ungeklärt in euch ist.

Das können zwischenmenschliche Probleme sein, es können eure eigenen Probleme sein, oder es sind unbewusste Ängste, die dann eine Akne hervorrufen.

Ihr habt aus folgenden Gründen Angst, euch mitzuteilen:

- Ihr wisst nicht genau, was gerade falsch ist. Und seid darum – bewusst oder unbewusst – gefangen in euch.
- Ihr habt Angst, andere Menschen durch eine ehrliche Ansprache zu verletzen.
- Ihr redet bewusst nicht über eure Probleme, weil ihr generell Angst davor habt, Gefühle auszusprechen oder zuzugeben.

Angst ist eine negative Energie, die euer Immunsystem schwächt. Und darum seid ihr für Bakterien empfänglich, die eine Akne fördern.

Durch euren gefühlsmäßigen **Schutzpanzer** ist wieder der körperliche Vergleich einer Akne-Entstehung zu erklären:
Eure **äußere Hautschicht hat sich so verfestigt**, dass sich die Entzündungen unter der Hautoberfläche abspielen müssen, weil sie nicht nach außen dringen können. Und so entstehen schmerzhafte Schwellungen und Entzündungen.

Aus diesen Entzündungen können Narben entstehen, und diese Narben können euch für euer weiteres Leben darauf hinweisen, niemals mehr Gefühle „unter Verschluss" zu halten. Denn Narben sind Körpergewebe ohne lebenswichtige Bedeutung.
Gefühle dagegen sind lebenswichtig.

Die Fragen sind vergleichbar mit den Fragen bei Warzen.

Abszess
Immer wiederkehrende Entzündungen unter der Hautoberfläche, die von harmlosen Entzündungen bis hin zu Abszessen führen können, sind vergleichbar mit einer Akne, denn es sammeln sich Entzündungsstoffe an, die nicht an die Oberfläche gelangen können.

Der Vergleich zu eurem täglichen Leben ist folgender:
Ihr lasst keine Gefühle nach außen dringen, verschließt sie unter einem gedanklichen Schutzpanzer, und dieser Gefühlsstau in euch führt zu Entzündungen, die euch auf eure Ängste hinweisen sollen.

Von daher sind Entzündungen unter der Hautoberfläche immer ein Zeichen für ungeweinte Tränen und verschlossene Gefühle.

Die Fragen sind wieder vergleichbar mit den Fragen bei Warzen.

Herpes

Herpes ist eine virale Entzündung, die gerne im **Mundbereich** auftritt.

Genau das Organ, durch das ihr eure Gedanken und Gefühle aussprechen könnt, **oder auch verschweigt.**

Damit ist die Bedeutung von Herpes eigentlich schon erklärt:

Ihr habt Angst davor, eure eigenen Wünsche, Gefühle und Vorstellungen auszusprechen.

Und da sich diese Wünsche häufig auf ganz bestimmte Situationen beziehen, in denen ihr euch gerade befindet, kann eine Herpeserkrankung genau in dem Moment, in dem euch der Mut zum Ansprechen fehlt, auftreten.

Herpes kann auch im **Augenbereich** auftreten, was dann Folgendes bedeutet:

Ihr könnt eure Wünsche und Vorstellungen nicht erreichen, ihr verurteilt euch für eure Angst, sie anzusprechen, und wollt euch und euer Leben in der Form nicht mehr ansehen.

Herpes an der **Nase** kann bedeuten:

Euch fehlt die Lebensfreude, und ihr fühlt euch gefühlsmäßig überlastet.

Basaliom

Ein Basaliom ist eine Hautkrebsart, die sich ohne weitere Metastasen entwickelt.

Der Hinweis eines Basalioms auf euer Leben ist folgender:

Ihr denkt in sehr diffuse Richtungen, weil ihr auf der Suche nach dem eigentlichen Lebensziel seid. Eine Suche, die entstanden ist, weil ihr bereits viele Enttäuschungen erlebt habt und nicht wisst, was ihr Neues und Sinnvolles anfangen könnt.

Diffuse Gedanken erzeugen eine Vielzahl von Erkrankungen, wie zum Beispiel Schwindel oder Kopfschmerzen. Zeigen sie sich aber durch sichtbare Hautwucherungen auf, werdet ihr schneller besorgt. Das Wort Krebs taucht in euren Gedanken auf, und ihr sucht verstärkt nach der auslösenden Erkrankungsursache, um sie zu beseitigen.

Hautwucherungen entstehen durch ein **ungebremstes Zellwachstum**, und der Vergleich zu den diffusen Gedanken ist folgender: **Eure Gedanken gehen ungebremst, unkontrolliert und ohne eine klare Linie in die verschiedensten Richtungen, um dabei etwas Sinnvolles für euch zu entdecken.**

Eure bewussten Gedanken sollen eigentlich Ordnung, Übersicht und Freude in euer Leben bringen und für eine stabile Lebensgrundlage sorgen. Eure Haut steht als Schutz zwischen eurer Innen- und Außenwelt. Seid ihr auf der Suche nach einer stabilen Gefühlswelt, findet sie aber nicht, ist eure Innenwelt ungeschützt. Und so blockiert ihr **im Gegensatz dazu** das Organ, das für diesen Schutz verantwortlich ist.

Basaliome können auch durch eine **starke Traurigkeit entstehen**, deren Ursache ihr nicht kennt oder nicht akzeptieren wollt. Denn so lange eine Traurigkeit unverarbeitet ist, befindet ihr euch in einem sehr negativen Gedankenkarussell und findet keinen Ansatzpunkt, es anzuhalten.

Fragen:
„Welche Ängste belasten mich am stärksten und welche am geringsten?" Dazu wäre das Aufschreiben einer Reihenfolge sehr hilfreich.
Dann fragt weiter:
„Warum ist diese Angst so stark?"
„Mit welcher Angst der aufgeschriebenen Reihenfolge hängt sie zusammen?"
„Welche Ursache ist mir für meine stärkste Angst bekannt?"
„Warum löse ich meine Probleme so schwer?"
„Mit welchen Ängsten will ich mich nicht ehrlich auseinandersetzen?" **und** „Warum will ich das nicht?" „Vor welchen Folgen habe ich Angst?"

Alle diese Fragen können helfen, eure ungebremsten Gedanken auf eine Linie zu bringen, damit ihr sie geordnet nacheinander ansehen könnt.
Ein Basaliom ist ein sehr starkes warnendes Hautzeichen.
Aber es wuchert **ohne Metastasen**, weil Metastasen **keine** Warnzeichen mehr sind, sondern bereits zu einer ernsthaften Erkrankung gehören.

Bindegewebsschwäche
Das Bindegewebe ist der innere Hautanteil, der eure Organe, eure Körperform und eure Haut selbst zusammenhalten und stützen soll.
Die Menschen, die unter der sogenannten Bindegewebsschwäche leiden, **spüren eine starke innere Zerrissenheit in sich. Denn sie sind sehr emotional, sehr sensibel, verbergen aber ihre Gefühle, da sie gleichzeitig Angst haben, nicht ernst genommen zu werden, wenn sie ihre Emotionen zeigen.**
Dieser Widerspruch in euch **zerreißt** euch regelrecht, und das äußert sich durch die Bindegewebsschwäche, denn die Festigkeit der Haut ist „gerissen" und ebenso geschwächt wie eure innere Festigkeit bezüglich eurer Gefühle.

Das Argument eurer Wissenschaftler, eine Bindegewebsschwäche könne durch einen regelmäßigen Sport verhindert werden, ist nicht hilfreich. Denn dadurch erreicht niemand eine grundlegende Veränderung seiner Gefühlswelt, und **nur** das ist entscheidend für eine Stabilisierung der Hautfestigkeit.

Ein geschwächtes Bindegewebe ist leider irreversibel[*)] gestört. **Durch eure innere Stabilität und gefestigte Lebenseinstellung könnt ihr diesen Vorgang jedoch unterbrechen.**
Das klingt euch wahrscheinlich wieder zu banal und einfach. Aber ihr wisst um den ganzheitlichen Zusammenhang eurer Gedanken und eures Körpers: **Negative Gedanken wegen eurer inneren Zerrissenheit und eurer mangelnden inneren Festigkeit erzeugen Energieblockaden in den Zellen, die für eure Hautfestigkeit verantwortlich sind, also in den Bindegewebszellen, so dass diese energetisch unterversorgt werden und dadurch geschwächt sind.**

Fragen:
„Warum fehlt mir innere Stabilität?"
„Welche Gedanken tauchen immer dann auf, wenn ich mich gerade gut und ausgeglichen fühle?"
„Welche Ängste hindern mich daran, Emotionen zu zeigen?"

Schuppenflechte
Eine Schuppenflechte deutet auf die Angst hin, durch eigene Gefühle zu viel von sich preiszugeben.
Eine dadurch geschlossene Gefühlswelt ist eine starke Angst vor emotionalen Verletzungen und Schutzlosigkeit.

Der Zusammenhang zwischen eurer Angst und der Erkrankung:

[*)] nicht umkehrbar

Körper
Schuppen beziehungsweise die verhornten fertigen Hautzellen bilden die äußerste Hautschicht, die eine Trennung eurer Gefühlswelt zu eurer Außenwelt/Umwelt darstellt.

Ängste
Ihr baut durch eure Ängste unbewusst einen sehr starken Schutzpanzer auf, der euch vor der Außenwelt mit den Menschen und ihren Anforderungen an euch schützen soll.

Eure Hautzellen müssen sich immer schneller vermehren, um diesen Schutzpanzer auf der körperlichen Ebene zu gewährleisten.

Die Schuppenansammlung in Form einer festen „Schutzschicht" befindet sich häufig an den **Knien oder Ellenbogen**, also an den Gelenkorganen, die für eure Beweglichkeit mitverantwortlich sind.

Das steht in Zusammenhang mit eurer verschlossenen Gefühlswelt, die eine Richtungsänderung eines positiven Lebens (Ellenbogen) oder ein geschmeidiges Vorwärtsgehen (Knie) verhindert.

> **Im Kopfbereich ist es der gleiche Vorgang wie bei allen Kopfhaut-Erkrankungen:**
> Unbewusst oder bewusst versucht ihr, eure Gefühle durch eine immer stärker werdende Rationalität zu ersetzen.

Diese Rationalität ist natürlich in vielen Punkten sehr lebenswichtig, denn durch sie steuert ihr schließlich euer Leben. Es darf nur keine zu einseitige Verschiebung in die Rationalität geschehen.

Fragen:
„Warum verberge ich mich hinter einem Panzer?"
„Welche Gefühle vergrabe ich am tiefsten?"
„Warum habe ich Angst, genau diese Gefühle zuzulassen?"
„Welche Konsequenzen hätte ein Anschauen für mich?"

Neurodermitis

Eine Neurodermitis gehört **nicht mehr zu den Warnzeichen** eures Körpers, sondern zählt zu den Erkrankungen. Sie wird trotzdem kurz angesprochen, weil alle erwähnten Ängste, die klassisch für Hauterkrankungen sind, bei einer Neurodermitis als ein Angstkomplex vorliegen. Darum ist es auch so schwer, diese Erkrankung endgültig zu heilen. Aber es kann gelingen, wenn durch eine therapeutische Unterstützung alle Ängste verstanden und aufgelöst werden.

Einen wichtigen Schritt könnt ihr jedoch sofort machen:

Den festen Willen zeigen, **keine Verdrängungen mehr vorzunehmen.** Denn jede Verdrängung belastet durch ihre negative Energie eure Haut und macht sie sehr empfänglich für äußere und innere Reize.

Eine Neurodermitis ist eine chronische Erkrankung mit akuten Entzündungen, Juckreiz und Trockenheit.

Eine **chronische Erkrankung** deutet auf jahrelange verdrängte Ängste hin.

Akute Entzündungen treten dann auf, wenn ihr mit euren verdrängten Gedanken konfrontiert werdet und euch an ihnen „entzündet".

Trockenheit steht für traurige Grundgedanken.

Juckreiz deutet auf eine plötzliche Angst hin.

Ein Juckreiz, der durch die entzündete Haut entsteht, ist medizinisch durch eine bestimmte Zellreaktion zu erklären. Aber letztendlich sind eure Entzündungen ja entstanden, weil sich eure verdrängten Gedanken wieder in euer Bewusstsein geschoben haben. Und somit ist eine klare Trennung zwischen einer Entzündung und einem folgenden Juckreiz oder eine umgekehrte Reihenfolge ziemlich gleichgültig.

Akute Schübe einer Neurodermitis treten bei euch Erwachsenen wie gesagt dann auf, **wenn ihr in die Situationen geratet, die in**

eure Verdrängungen hineinpassen und sich eure Gedanken daran entzünden.

Bei Kindern dagegen sind es unbewusste Ängste, die mit einer bestimmten äußeren Situation zusammenpassen und dadurch einen akuten Schub auslösen. Darum könnt ihr Eltern versuchen, euren Kindern durch angstbefreiende Therapien zu helfen.

Die Fragen bei einem akuten Schub:
„Welche innere oder äußere Belastung ist zurzeit da, an der ich mich wieder entzünde?"

Bei **Kindern** stellt euch die Frage:
„Welche äußere Situation ist gerade akut, so dass sie die Hautverschlechterung ausgelöst haben kann?"
„Ist diese Situation vergleichbar mit vorliegenden Situationen, in denen ein akuter Schub bestand?"

Und die Fragen, die generell gelten, also auch in beschwerdefreien Zeiten:
„Welche Ängste beschäftigen immer wieder meine Gedanken?"
„Welche Situationen oder Gedanken lösen in meinem Leben immer wieder einen Juckreiz oder eine plötzliche Hautverschlechterung aus?"

Bedeutung von Hauterkrankungen

Eure Haut ist normalerweise fest, stabil und gesund. Sie schützt eure **Innenwelt** vor äußeren Einflüssen, wie zum Beispiel vor Krankheitskeimen.

Menschen, die zu Hautstörungen oder Hauterkrankungen neigen, machen unbewusst das Gegenteil:
Sie versuchen, ihre Gefühle in ihrem Inneren zu verbergen, um sie vor der Außenwelt zu schützen.

> Aber wenn sich Gefühle zeigen wollen, damit sie endlich von euch angesehen werden, **erzeugen sie eine so starke innere Anspannung, dass ihr sie unbewusst nach außen verlagert.**
> Darum haben Hauterkrankungen diesen großen Stellenwert, weil sie Ängste äußerlich sichtbar werden lassen.
> **Und ihr erhaltet dadurch die Möglichkeit, euch innerlich und eure Haut äußerlich zu heilen.**

Das äußere Erscheinungsbild eurer Ängste trägt dazu bei, dass ihr euch in eurer Haut unwohl fühlt. Dieses Gefühl belastet euch zusätzlich, und ihr würdet es gerne beseitigen. Aber eure verschiedensten Therapieansätze zeigen nicht immer einen dauerhaften Erfolg auf, und so bleibt eure Unzufriedenheit mit eurem Aussehen bestehen.

Das aber bedeutet:

Ihr begebt euch irgendwann auf die Suche nach einer tiefer liegenden Ursache, um eure Haut wieder harmonisch zu gestalten.

Das kann euch jedoch nur gelingen, wenn ihr parallel dazu auch eure innere Harmonie wieder herstellt.

Darum haben Hautstörungen jeder Art diesen großen Stellenwert unter den körperlichen Warnzeichen, weil sie euch durch ihre Vielfältigkeit auf **eure bewussten Verdrängungen sowie auf eure unbewussten Ängste hinweisen sollen.**

Um einen Überblick für diese Begriffe zu behalten, erfolgt noch einmal eine Aufteilung.

Bewusste Verdrängungen

Diese Verdrängungen geschehen aus der Angst heraus, euch mit bestimmten bekannten Gedanken nicht näher zu befassen.

Entweder nehmt ihr diese Verdrängungen vor, weil ihr Angst davor habt, eine Veränderung bestimmter Lebenssituationen vorzunehmen, obwohl ihr tief in euch spürt, dass diese wichtig für euch wären.

Oder sie geschehen, weil eure bewussten Ängste sonst zu belastend für euer Leben wären.

Dazu dient dieses Beispiel:
Ihr habt eine **bewusste** Angst vor **körperlicher Gewalt**, ohne dass es dafür einen greifbaren Grund gibt, denn ihr seid sehr liebevoll und ohne schreckliche Erfahrungen aufgewachsen.
Trotzdem habt ihr diese Angst, aus der sich weitere Begleitängste entwickeln, wie zum Beispiel die Angst, alleine in einer Wohnung zu bleiben oder alleine zu wohnen, alleine unter viele Menschen zu gehen, vielleicht Angst vor überfüllten Bussen, eine weitere Angst kann vor Sexualität entstehen, und alle diese Ängste **verdrängt** ihr, um so scheinbar befreiter zu leben.

Der Auslöser für diese Ängste ist die unbekannte Angst vor der körperlichen Gewalt, und hinter dieser ungeklärten Angst steht eine **unbewusste Angst aus einem Vorleben.**
Das bedeutet:
Ihr habt während eines Vorlebens einmal körperliche Gewaltanwendungen erfahren, die ihr im jetzigen Leben als „gefühlte Ängste aus einer unbewussten Erinnerung an eine real erlebte Vorlebensangst" verspürt.
Und auf diese unbewusste Vorlebensangst sollt ihr aufmerksam gemacht werden, um sie und die dadurch entstandenen Begleitängste in euch zu verstehen und zu beseitigen.

Diese unbewussten Ängste können ebenso bei Kindern vorliegen, aber sie verspüren sie noch nicht als Angst und können sie von daher auch nicht benennen.
Daher die Unterscheidung zwischen **unbewussten kindlichen Ängsten** und den **verdrängten bewussten Gedanken bei euch Erwachsenen**, die aber beide die gleichen negativen Auswirkungen auf euren Körper haben.

Unbewusste Verdrängungen *(Verleugnungen)*
Diese Verdrängungen habt ihr **unbewusst in eurem jetzigen Leben vorgenommen**, weil ihr während eurer Kindheit oder auch später etwas erlebt habt, das so angstbeladen für euch war, dass ihr nicht mehr daran erinnert werden wolltet. Gerade bei Kindern können das Erlebnisse gewesen sein, die aus der Erwachsenensicht ganz harmlos waren, aber dennoch von den Kindern anders empfunden und von daher unbewusst verdrängt wurden.

Menschen, die **nicht** an Vorleben glauben, dürfen jetzt keine Angst entwickeln, nicht gesund zu werden, **falls** ihre Ursprungsangst in einem Vorleben liegt. Euer Unterbewusstsein weiß genau, ob ihr daran glaubt oder nicht.

Eure Ängste, die zu euren Erkrankungen geführt haben, sind durch die Erfahrungen eures jetzigen Lebens entstanden. Diese stehen zwar mit einer Vorlebensangst in Zusammenhang, aber dieses Vorlebenserlebnis belastet euch im jetzigen Leben nicht, weil euer Unterbewusstsein diese Angst tief in sich verborgen hält.
Das bedeutet:
Eure Erkrankungen heilen dann, wenn ihr eure bewussten Verdrängungen aufgebt und euch mit den entsprechenden Ängsten auseinandersetzt.

Depressionen oder Traurigkeit ohne ersichtliche Ursache

Depressionen entwickeln sich aus einer Ansammlung trauriger Gedanken.

Traurige Gedanken deuten auf ein unzufriedenes und angstvolles Leben hin. Sie sind ein Zeichen eures Unterbewusstseins, das euch durch traurige Gedanken auf eine Disharmonie in eurem Leben aufmerksam machen will, was ihr eigentlich auch wisst, aber gerne verdrängt.

> Somit ist Traurigkeit immer ein Zeichen dafür, dass etwas in eurem Leben verändert werden soll.

Das Thema Traurigkeit wurde bereits ausführlich beschrieben und soll daher an dieser Stelle nicht weiter vertieft werden. Nur noch ein Hinweis:

Jeder traurige Gedanke bewirkt, dass ihr euch immer weiter von einem zufriedenen Leben entfernt und noch tiefer in eine gefühlte Grauzone geraten könnt.

Und eine Befreiung aus dieser Grauzone zurück ins Licht wird immer schwieriger, je länger eure Traurigkeit anhält.

Darum begegnet eurer Traurigkeit aktiv, auch wenn es schwerfällt. Eine hilfreiche Unterstützung neben den bereits erwähnten Vorschlägen kann ein Niederschreiben aller traurigen Gedanken sein. Daran seht ihr unter Umständen, wie viele doppelte Gedankengänge ihr in euch habt, die sich meistens nur um eine Angst drehen, die ihr dann näher hinterfragen könnt.

Dadurch fühlt ihr euch automatisch erleichtert, weil der traurige Gedankenberg etwas kleiner geworden ist.

Traurigkeit zählt aus folgendem Grund zu den Warnzeichen eures Körpers:

Ihr sammelt immer mehr negative Energien in euch an, die euch nicht nur gedanklich, sondern auch körperlich ermüden lassen und so langfristig eure Gesundheit schädigen können.

Fragen:
„Welche Angst belastet mich immer wieder in regelmäßigen Abständen?"
„Welche Angst in mir verhindert, dass ich mich mit dieser immer wiederkehrenden Angst nicht weiter beschäftige?"
„Wie stehe ich zu meinem Leben? Was gefällt mir gut, und was lehne ich ab, wenn ich **ehrlich** darüber nachdenke?"

Spannungsschmerzen, vor allem im Kiefer- und Zahnbereich

Spannungsschmerzen deuten auf eine geballte Ansammlung bewusster und unbewusster angstvoller Gedanken hin.

Spannung bedeutet Anspannung. Dabei ist es egal, ob es eine positive oder negative Spannung ist.
Eine positive Anspannung registriert ihr als ein freudiges Gefühl.
Eine negative Anspannung dagegen verspürt ihr durch ein körperliches Unbehagen, das bis zu Schmerzen gehen kann.
Schmerzen sind ein Warnsignal eures Körpers, um euch darauf aufmerksam zu machen, dass eure Gedanken immer mehr in einen angstvollen Zustand geraten sind.

Spannungsschmerzen können überall in eurem Körper auftreten, aber gerade im Zahn- und Kieferbereich (dazu zählt auch ein Zähneknirschen) ist eine deutliche Verbindung zu eurer inneren Belastung zu erkennen:

Zähne haben die Aufgabe, eure aufgenommene Nahrung zu zerkleinern, damit euer Magen sie nicht als zu **große Brocken** erhält und dadurch bei der Verarbeitung überlastet wird. Dieses Zerkleinern ist nur möglich durch die Unterstützung der Kiefermuskeln.

Darum bedeuten Spannungsschmerzen im Zahn- und/oder Kieferbereich:
Ihr weigert euch unbewusst, euer Leben in der Form aufzunehmen, wie es euch gegenübersteht.
Und ihr könnt es nicht zerkleinern, weil die Brocken zu groß, zu hart oder zu unübersichtlich geworden sind.
So reagiert ihr im Gegensatz zu der eigentlichen Aufgabe eurer Zähne und des Kiefers.

Fragen:
„Was ist der größte Brocken, den ich nicht mehr aufnehmen und zerkleinern kann?"
„Warum kann ich das nicht? Vor welchen Folgen habe ich Angst?"

Plötzlich auftretende Wärmeschübe

Sie sind ein Zeichen für eine plötzlich auftretende Angst, die euch emotional schon lange belastet hat.
Diese Belastung war euch bisher nicht bewusst, denn sie gehörte zu eurem Leben. Die plötzlichen Wärmeschübe sollen euch auf diese Verdrängung aufmerksam machen.

Wärme ist ein positiver Zustand in eurem Körper.
Wärme kann euch, unabhängig von äußeren Wetter- oder Heizungsbedingungen, in wohltuenden Wellen durchlaufen. Und das deutet auf eine innere Zufriedenheit hin.

Aber dieser Zustand fällt euch häufig nicht auf, denn ihr achtet nur sehr selten auf die Zeichen eures Körpers, die euch signalisieren sollen, dass ihr euch gerade in eurer eigenen Mitte befindet.

Plötzliche Wärmeschübe dagegen empfindet ihr als störend und unangenehm.

Sie sind in ihrer Auswirkung vergleichbar mit den sogenannten Hitzewallungen während eurer Wechseljahre, die übrigens häufig nur durch eure **unbewusste** Angst vor dieser hormonellen Veränderung entstehen.

Wärme wird durch einen Energiestau in euch hervorgerufen. Und dieser Stau entsteht durch eine plötzliche negative Energieblockade, die ihr durch eure Angst erzeugt und die eure fließende Energie blockiert.

Darum reagiert nicht ablehnend darauf, denn dadurch staut ihr die Energie noch mehr, sondern fragt euch **sofort**, welche Situation euch gerade **gedanklich oder real** so belastet, dass ihr unbewusst für euch so angstvoll reagiert.

Ein plötzlicher Juckreiz ist vergleichbar mit einem plötzlichen Wärmeschub, und beide sind immer ein Hinweis eures Unterbewusstseins, durch den ihr sofort auf eure Gedankenwelt aufmerksam gemacht werden sollt.

Die Fragen sind identisch mit den Fragen bei Juckreiz.

Übelkeit ohne organische Ursache

Sie entsteht durch diffuse und zahlreiche Ängste.

- Einige Ängste sind euch bewusst, aber ihr seht keine Möglichkeit, sie zu verändern. Und das aus dem Grund, weil euch **andere Ängste** daran hindern, etwas zu tun, was gut für euch wäre.

- Weitere bewusste Ängste wiederum verdrängt ihr, weil ihr euch sonst unter einem zu großen Angstdruck befinden würdet.
- Dann habt ihr auch noch unbewusste Ängste, die ebenfalls eine negative Energie erzeugen.

Diese Ansammlung diffuser Ängste erzeugt viele einzelne Energieblockaden, die sich auf verschiedene Körperbereiche beziehen. Denn jede bestimmte Angst bewirkt eine bestimmte Energieblockade für ein entsprechendes Organ.

Dadurch wird der ganzheitliche positive Energiefluss in euch gestört, was die körperliche Ursache für eure Übelkeit ist.

Eine Hilfe ist wieder einmal das Niederschreiben eurer Gedanken. Und zwar **aller** Gedanken, die euch spontan einfallen. Daran könnt ihr erkennen, dass sich viele Gedanken oftmals um die gleiche Angst drehen, die ihr nur immer wieder anders formuliert habt.

Habt ihr das schriftlich vor euch liegen, könnt ihr eure diffusen Gedanken einkreisen, die einzelnen Ängste stehen dadurch deutlicher vor euch, was euch ein bewussteres Konzentrieren darauf erleichtert.

Fragen:
„Welche Angst ist am stärksten und welche am schwächsten?"
„Bei welcher Angst fällt es mir am leichtesten, sie zu klären?"

Das sind meistens die kleineren Ängste, die sich leichter lösen lassen. Darum versucht erst einmal, damit zu beginnen. Denn jede beseitigte Angst reduziert die Anfälligkeit für eure Übelkeit. Und ihr habt dann mehr Energie frei, um euch mit euren weiteren Sorgen und Ängsten auseinanderzusetzen.

Plötzliche Sehstörungen

Dahinter steht die Weigerung, euer Leben oder bestimmte Lebenssituationen so zu betrachten, wie ihr sie gerade lebt.

Mit plötzlichen Sehstörungen sind keine altersbedingten Sehstörungen gemeint oder beispielsweise ein akutes Glaukom[*], sondern eine **plötzlich auftretende und meist schnell vergehende Unschärfe, Verschwommenheit oder ein Liderzucken.**

Ein chronisches oder akutes Glaukom ist kein Warnzeichen mehr, sondern eine ernsthafte Erkrankung, denn sie entsteht durch eine Druckerhöhung in eurem Auge, wodurch der Sehnerv geschädigt werden kann.

Dieser Druck entsteht durch eine jahrelange innere Belastung in euch, die euren emotionalen Druck ansteigen lässt. Dieser Anstieg kann sich unter anderem durch Herzprobleme äußern, einen erhöhten oder erniedrigten Blutdruck, Schwellungen hervorrufen oder sich – wie in diesem Fall – in euren Augen bemerkbar machen.

Um dem vorzubeugen, seid diesen oben genannten plötzlichen Sehstörungen gegenüber sehr aufmerksam, denn sie sind ein wichtiges Warnzeichen eures Körpers.

Sie entstehen zu der entgegengesetzten Aufgabe eurer Augen:

Nämlich alles zu sehen, zu registrieren und aufzunehmen, was um euch herum geschieht. Dazu zählt alles Positive und alles Negative.

Steht ihr unter einer dauerhaften Belastung, die ihr nicht mehr ertragen wollt, wollt ihr sie auch nicht mehr ansehen und verschließt eure Augen davor. Und das bedeutet im übertragenen Sinn: **Ihr seht eure Lebenssituation nur noch unscharf.**

Durch dieses Verschließen verändert ihr jedoch nichts, nur euer innerer Belastungsdruck steigt immer höher und blockiert somit immer stärker den Energiefluss, der eure Augen versorgt.

---

[*] Medizinische Bezeichnung für die Augenkrankheit „Grüner Star"

Darum bemüht euch, diesen Druck wieder abzulassen, indem ihr nicht mehr die Augen verschließt, sondern euch um eine dauerhafte Klärung eurer Probleme bemüht.

Fragen:
„Welcher Druck steigt immer höher in mir an?"
„Durch welche Angst wird dieser Druck ausgelöst?"
„Welche Angst verhindert, mein jetziges Leben zu sehen?"
„Was kann geschehen, wenn ich mein Leben scharf ansehe?"

Unfälle

Bevor das Thema Erkrankungssinn abgeschlossen wird, soll noch ein Hinweis zu Unfällen erfolgen.

Unfälle sind ein Thema, das nur schwer in Kurzform erklärt werden kann. Durch Unfälle jeder Art sollt ihr zum Nachdenken angeregt werden, was in eurem Leben gerade verkehrt läuft.

Fallt ihr von einer Leiter und brecht euch den Fuß, wisst ihr zwar, dass ihr unaufmerksam wart und darum gefallen seid, einen gebrochenen Fuß jedoch mit Ängsten zu verbinden, erscheint euch zu abwegig.

Aber:

Ihr seid von der Leiter gefallen, weil euer Unterbewusstsein euch unaufmerksame Gedanken eingegeben hat. Und ihr solltet euch den Fuß brechen, damit für eine gewisse Zeit euer Laufen unterbrochen wird. Denn ihr habt euch zum Beispiel gerade auf dem Weg in eine völlig falsche Richtung eures Lebens befunden. Und diese Richtung wollte euer Unterbewusstsein unterbrechen.

Das Nachdenken in einer **ungeplanten** Ruhephase hilft euch immer weiter, wenn ihr euch ehrlich darum bemüht und euch diese **Fragen** stellt:

„Was soll mir dieser Unfall jetzt zeigen?"
„Warum bin ich gerade **jetzt** erkrankt?"
„Was hätte ich sonst in dieser Zeit getan?"
„Was wäre davon wichtig gewesen und was unwichtig?"
„Was hätte mir davon Spaß gebracht, und was hätte ich eher widerwillig getan?"
„Warum hätte ich es widerwillig getan?"
„Wie kann ich diese Zeit jetzt sinnvoll nutzen?"

Und bei einem gebrochenem Fuß:
„In welche Richtung meines Lebens will ich **nicht** gehen?"

> Auch bei jeder anderen Erkrankung, und sei es nur eine kleine harmlose Erkältung, steht ein Sinn dahinter, den ihr durch diese Fragen erkennen könnt.

Unfälle können auch dazu dienen, euch auf **die unbewussten** Ängste aufmerksam zu machen, die als Ursache hinter **den bewussten** Ängsten stehen, die euch schon lange belasten, ihr aber noch nicht auf die Idee gekommen seid, euch ernsthaft um die Ursache der Angst zu bemühen. Ein Beispiel wird bei dem folgenden Thema Angst erklärt (*siehe Beispiel einer Kutschfahrt*).

Geschehen Unfälle, bei denen Menschen schwer verletzt oder gar getötet werden, könnt ihr den Sinn nicht verstehen, aber es geschieht in eurer Welt nichts ohne einen Sinn. Das hängt mit euren Inkarnationen, euren geplanten Lebenszielen und euren Lernerfahrungen während dieses Lebens zusammen.

Seid jetzt nicht enttäuscht oder protestiert nicht, wenn ihr diese Erklärung als unglaubwürdig empfindet und erst einmal keine weiteren vertiefenden Informationen erhaltet. Diese aber würden den Rahmen dieses Buches sprengen. Darum bemüht euch, trotz aller Vorbehalte zu akzeptieren, dass auch Unfälle ihre Bedeutung für ein Leben haben.

Angst

Das Thema Angst zieht sich durch fast alle Kapitel dieses Buches hindurch und soll jetzt den Abschluss bilden.
Es enthält viele Wiederholungen der bisherigen Texte. Aber das ist so gewollt, damit ihr alles einmal im Zusammenhang lesen könnt.

Doch bevor jetzt eure eigenen Ängste angesprochen werden, gibt es einen Punkt, der bisher nicht erwähnt wurde, aber von großer Wichtigkeit ist, weil er sich auf den zwischenmenschlichen Kontakt in eurer Welt bezieht.
Ihr Menschen handelt in eurer Welt nur aus zwei Gefühlen heraus:
Aus Angst und aus Liebe. Mehr gibt es nicht.
Und somit bestehen bei euch auch nur diese Zustände, nämlich Angst und Liebe.

Das werdet ihr vielleicht erst einmal ablehnen und habt schnell Gegenargumente zur Hand, um diese Aussage widerlegen zu können. Ihr denkt dabei zum Beispiel an menschliche Gefühle wie Desinteresse an anderen Menschen, an sachliche und neutral verlaufende Gespräche, ihr denkt an Bus- oder Bahnfahrten, bei denen ihr euren eigenen Gedanken nachhängt und euch eure Mitreisenden gleichgültig sind, und ihr seht dabei keine Verbindung zu Angst oder Liebe.
Darum hört euch erst einmal an, was mit Angst und Liebe gemeint ist.

Liebe ist die Liebe, die ihr euch selbst entgegenbringen solltet, also eure Selbstliebe.
Diese Selbstliebe befreit euch von euren Zweifeln, die sich auf eure eigene Persönlichkeit beziehen, also auf euer Auftreten, auf euer Aussehen, sie befreit euch von Neidgefühlen und anderen störenden Gedanken, die euer Leben und euren Alltag sehr belasten können.

Und das zusätzlich zu der Belastung durch eure bewussten Ängste, die ihr stets im Hinterkopf habt, auch wenn ihr nicht ununterbrochen an sie denkt.

Stattdessen erfüllt euch eure Selbstliebe mit Zufriedenheit und Harmonie. Ihr fühlt euch gut und sicher und habt keine Angst mehr, **von anderen Menschen** bewertet zu werden.

Und nur aus dieser Position heraus könnt ihr **dann anderen Menschen mit „Desinteresse" oder „Gleichgültigkeit"** entgegentreten. Denn beide Worte sagen lediglich aus, dass ihr den Menschen, die euch nicht wichtig sind, angstfrei gegenübersteht.

Habt ihr dagegen fehlende Selbstliebe in euch, können euch schon kleinste harmlose Blicke anderer Menschen irritieren, weil ihr sie sehr schnell negativ auf euch bezieht.

Ein weiterer wichtiger Aspekt der Selbstliebe:
Durch eine gefestigte Selbstliebe könnt ihr anderen Menschen nicht nur angstfrei, sondern auch bewertungsfrei gegenübertreten.

Das bedeutet:
Ihr könnt den Menschen, die euch sehr vertraut sind, eine ehrliche Liebe entgegenbringen, während ihr anderen, denen ihr diese Liebe nicht im gleichen Maße geben könnt, mit Akzeptanz begegnet.

Akzeptanz ist wertfrei. Und ein Nichtbewerten anderer Menschen ist ebenfalls Liebe.

Angst dagegen bedeutet:
Jeder kleinste negative Gedanke ist eine Angst.
Dazu gehören neben euren bewussten Ängsten auch unsichere, traurige, unzufriedene, unruhige oder gestresste Gedanken, die euer Leben auch im zwischenmenschlichen Bereich sehr beeinflussen.

Jetzt könnt ihr hoffentlich verstehen, welche Bedeutung hinter der Aussage steht, dass jede Begegnung zwischen euch Menschen durch Angst und Liebe geprägt wird.

Ein kleines Beispiel soll es noch einmal verdeutlichen:

> Jedes zwischenmenschliche **Gespräch** wird von Angst und Liebe begleitet.
> Das könnt ihr durchaus nachvollziehen, wenn ihr vor einem Gespräch Angst habt oder bewusst liebevolle Worte sagt.
> Aber ihr führt ja auch normale Gespräche. Und diese sind **entweder** unbewusst von den Ängsten begleitet, die passenden Worte zu finden, sich „richtig" auszudrücken, den anderen Partner zu Wort kommen zu lassen, ihn nicht zu kränken oder zu verletzen, sich selbst gut darzustellen usw. Und diese Gedankengänge laufen zusätzlich während eines Gesprächs in euch ab.
> **Oder** ihr fühlt euch in der Gegenwart eines anderen Menschen einfach nur wohl, und dann ist das Gespräch automatisch liebevoll.

Eure Psychologen teilen das Wort Angst noch in einzelne Begriffe auf, wie zum Beispiel in Furcht, Angstneurosen, Phobien. Durch diese Einteilungen werden Ängste eingegrenzt, und das ist auch richtig.

Aber Worte wie Traurigkeit, Unruhe oder Nervosität gehören ebenfalls dazu. Und das soll jetzt näher erklärt werden.

Entscheidend ist bei allen Ängsten:
Sie entstehen immer durch denselben Ablauf.
Und sie belasten immer eure Harmonie. Nur die Anzahl und die Heftigkeit ist dafür entscheidend, wie stark sich diese Belastung auf euch auswirkt.

Ablauf
Entweder:
Ihr habt etwas erlebt, was euch sehr erschrocken hat. Dieses Erschrecken hat ganz bestimmte bewusste Gedanken dazu in euch ausgelöst. Und diese Gedanken bleiben euch als Angst erhalten.

Oder:
Eure Ängste entstehen **nur** durch eure Gedanken, also ohne einen ganz konkreten Vorfall.

Das sind die Gedanken, die ihr nicht als Angst bezeichnet, sondern als Stressgedanken aus eurer täglichen Überlastung heraus empfindet.

Dazu dient dieses Beispiel:

> Ihr schlaft abends mit den Gedanken an einen arbeitsreichen Tag ein, schlaft dadurch unruhig und steht bereits mit den Gedanken wieder auf, **wie** ihr **was wann** erledigen könnt, um einen Zeitplan einzuhalten.

Diese Gedanken erschrecken euch unbewusst, weil ihr bereits jetzt schon die Folgen fürchtet, die eintreten können, wenn ihr diesen Zeitplan nicht schafft.

Ihr bekommt vielleicht Ärger mit eurer Familie oder mit eurem Vorgesetzten in eurem Beruf. Ihr geratet unter Umständen in einen noch stärkeren Zeitdruck, weil ihr einen Teil eurer Arbeit auf den nächsten Tag verschieben müsst, ihr wisst jetzt schon, dass ihr abends müde seid, vielleicht sogar enttäuscht, weil ihr keine Zufriedenheit für euch erreicht, eine starke Unruhe begleitet euch, und das alles sind **Ängste vor einem arbeitsreichen Tag.**

Und die Ursache ist euer Erschrecken vor euren eigenen bewussten Gedanken gewesen.

Ihr bezeichnet diese Gedanken mit Nervosität oder Überlastung durch euer tägliches Leben, aber eine **Nervosität ist die Angst vor der Überlastung.**

Diese Beispiele lassen sich in vielen Variationen fortführen. Und sie wurden aus folgendem Grund so ausführlich erwähnt:

Ihr lebt in einer Zeit, die durch soziale Ungerechtigkeiten, drohende Arbeitslosigkeit und verminderte Altersversorgung für viele von euch zu einer großen Belastung **zusätzlich** zu euren eigenen Ängsten geworden ist. Ihr fühlt euch hilflos, wertlos und ausgeliefert.

Diesen Belastungen könnt ihr nur dadurch begegnen, indem ihr versucht, euch mehr mit innerer Liebe zu erfüllen, um diesen Ängsten dadurch gelassener entgegentreten zu können.

Das klingt sehr einfach, aber es ist ein Weg zurück zu innerer Ruhe und Selbstliebe.

Die Definition von Liebe ist folgendermaßen:

- Liebe ist eine starke positive Energie. Und etwas Positives ist niemals belastend.
- Liebe ist warm, erfüllend, ausdehnend, beruhigend, angstfrei, entkrampfend.
- Liebe heilt.
- Durch Liebe entsteht Harmonie in euch, Freude, Ruhe, Entspannung und positive Aktivität.
- Durch Liebe ist alles leicht und fröhlich.
- **Und energetisch betrachtet**:
Liebe erfüllt euch mit der positiven Energie, die euch gesund und harmonisch leben lässt.

Angst dagegen bezieht sich auf alles, was euch negativ belastet. Angst zerrt an euren Nerven, wie ihr sagt, sie klammert, lähmt, erdrückt, macht aggressiv, traurig und **nimmt euch eure Harmonie und Lebensfreude.**

Liebe dagegen erhöht eure Lebensfreude.

Und wieder der energetische Aspekt:

Angst erfüllt euch mit negativer Energie, die euch ermüden lässt und langfristig zu Erkrankungen führt.

Und dazu zählen auch eure überreizten angespannten Gedanken, denn es sind sehr negative Gedanken, die ihr ununterbrochen formuliert.

> Liebe ist Entspannung, Angst ist Verkrampfung.
> Durch Liebe in euch fühlt ihr euch gut und aktiv.
> Angst erzeugt Mutlosigkeit und Unlust.

Sich mit Liebe aufzufüllen klingt wunderbar, aber ihr fühlt euch unter Umständen etwas „auf den Arm genommen", wie ihr sagt. Denn um diesen Zustand zu erreichen, benötigt ihr sehr viel Vertrauen **in** euch und **auf** euer weiteres Leben. Das alleine fällt euch schon in einer finanziell gesicherten Lebenssituation schwer. Und unter den sozialen Belastungen zeigt ihr verständlicherweise noch mehr Skepsis diesem Vorschlag gegenüber.

Aber versucht trotzdem einmal, **eure Ängste gegen Liebe auszutauschen**. Damit sind erst einmal eure alltäglichen Sorgen und Ängste gemeint. Dazu reichen lediglich positive Gedanken und harmonisierende Sätze. Durch diese erreicht ihr **eine steigende Harmonie und Zufriedenheit** in euch, die euch davor schützt, zu **resignieren**. Denn alles Positive in eurem Körper, hervorgerufen durch eure Gedanken, gibt euch eure Lebensfreude zurück. **Und mit mehr Lebensfreude ertragt ihr belastende Einschnitte eures Lebens wesentlich besser, vertraut bitte darauf!**

Und ihr erkrankt nicht noch zusätzlich zu euren Sorgen und Problemen.

Die **Rückeroberung eurer Selbstliebe und Harmonie** war ein Ziel dieses Buches. Ein weiteres Ziel ist, euch neben euren Zusatzsorgen von weiteren Ängsten zu befreien, damit ihr diese als Belastung verliert und **eure Harmonie dauerhaft stabilisieren könnt**. Und um diese Ängste geht es jetzt.

Über die **Entstehung und Auflösung** von Ängsten ist hier bereits ausführlich geschrieben worden.

Trotzdem soll noch einmal eine kurze Zusammenfassung erfolgen, die für jede einzelne Angst gilt:

- Jede Angst (und somit auch jeder unruhige Gedanke) ist eine negative Energie in eurem Körper.
- Jede negative Energie kann nur durch eine positive Energie aufgelöst werden.
- Jede Angst entsteht durch einen ganz bestimmten Auslöser.
- Während dieses auslösenden Moments bildet ihr durch eure erschrockenen Gedanken sofort eine negative Energie.
- Denn jeder Gedanken löst in dem Moment des Denkens eine energetische Schwingung in euch aus, die sich als positive oder negative Energie in eurem Körper manifestiert.
- Diese negative Energie bezieht sich **nur** auf die erlebte Angst, und das bedeutet:
Jede Angst hat ihre eigene Energieform.
Darum reagiert ihr auf die verschiedensten Ängste immer wieder mit demselben gedanklichen Ablauf und denselben körperlichen Reaktionen.
Beispiele:
Habt ihr Angst vor Dunkelheit, seht ihr euch bestimmten Gefahren ausgesetzt.
Habt ihr Angst vor Spinnen, löst sie ein immer gleichbleibendes Entsetzen aus.
Angst vor einem Zahnarztbesuch bewirkt jedes Mal dieselben Bauchschmerzen usw.
- Diese eigene Angstenergie kann nur durch eine gezielte entsprechende positive Energie wieder aufgelöst werden.
- Und diese gezielte positive Energie entsteht durch das bewusste Erkennen der angstauslösenden Ursache.

Der Einfachheit halber wird hier das Beispiel einer **sofortigen oder verzögerten Angstauflösung** noch einmal dargestellt, denn es hilft euch beim Lesen des weiteren Textes.

> Ihr werdet nachts wach und hört ein fremdes Geräusch.
> Habt ihr den Mut und steht auf, um dann festzustellen, dass die Ursache für das Geräusch ein heruntergefallener Gegenstand war, **seid ihr beruhigt und angstfrei.**
> Forscht ihr jedoch dem Geräusch nicht nach und bleibt angstvoll liegen, erzeugt ihr dadurch eine negative Energie, die sich erst **dann auflöst**, wenn ihr am nächsten Morgen den heruntergefallenen Gegenstand als die Angstursache erkannt habt.

Dieses Auflösen geschieht bei kleinen alltäglichen Sorgen und Problemen sehr leicht.

Sagt ihr euch ständig: „Ich kann nicht mehr", und setzt dann durch den Satz „Ich kann alles" der gerade gebildeten negativen Energie die passende positive Gegenform gegenüber, geschieht sofort eine Auflösung.

Schwieriger wird es bei den Ängsten, deren Ursache ihr nicht kennt.

Darum bemüht euch durch ein Hinterfragen einer Angst oder durch eine unterstützende Therapie, diese Ursachen schnell zu erfahren.

Denn dann setzt derselbe Vorgang wie bei euren alltäglichen Sorgen ein:

- Habt ihr eine Angstursache gefunden, reagiert euer Unterbewusstsein sofort mit einer entsprechenden positiven Energie, die die Angstenergie auflöst.
- Dieser Vorgang geschieht ganz automatisch, und ihr spürt ihn als eine plötzliche starke Erleichterung in euch.

- Diese Erleichterung geschieht, weil ihr ohne ein bewusstes Nachdenken über die gefundene Angstursache ein starkes Vertrauen empfindet, dass sich eine Angst in euch geklärt hat.
- Dieses Vertrauen gibt euch euer Unterbewusstsein ein, weil es genau weiß, ihr habt die richtige Ursache gefunden.

> **Somit ist die Angst in eurem Unterbewusstsein als Angst gelöscht, gespeichert bleibt nur noch die Erinnerung an diese ehemalige Angst.**
> **Das ist der Weg einer Angstbeseitigung durch das bewusste Erkennen und Verstehen einer Angstursache und Vertrauen darauf, dass eine Angst gelöst wurde.**

Habt ihr diesen Schritt geschafft, bemüht euch darum, ihn nicht durch eure Zweifel wieder rückgängig zu machen.

Denn eure Zweifel beziehen sich dann genau auf diese Angst, was bewirkt, dass sich diese angstvolle negative Energie nicht vollständig auflösen kann und Restängste der erkannten Angst erhalten bleiben.

Unbewusste und bewusste Ängste

Bewusste Ängste entstehen in dem Moment einer angstauslösenden Ursache durch eure bewussten Gedanken.

Diese Gedanken werden anschließend immer in eurem Unterbewusstsein als eine negative Angstenergie gespeichert, während ihr sie gleichzeitig als bewusste Ängste gedanklich spürt.

Dieser Vorgang verläuft ganz automatisch in eurem Körper ab, und ihr habt keinen Einfluss darauf.

Unbewusste Ängste bedeuten:

- Eure bewusst erlebte Angst ist in eurem Unterbewusstsein als Angst gespeichert.
- Somit hat jede unbewusste Angst ihren Ursprung in einer bewussten Angst.
- Diese unbewusste Angst bleibt so lange in eurem Unterbewusstsein gespeichert, bis sie durch das bewusste Verstehen der Angstursache aus der negativen Energieform in eine positive Energie verwandelt wird und dadurch als Angst beseitigt ist.
- Unbewusste Ängste können euch belasten, oder sie bleiben tief in eurem Unterbewusstsein verborgen, ohne dass ihr etwas davon merkt.
- Der Zeitpunkt des Auflösens hängt von eurer eigenen Lebensplanung ab.

Das bedeutet:
Eine gerade erfahrene Angst könnt ihr innerhalb von Minuten wieder auflösen, wenn ihr die Ursache sofort erkannt habt, es kann Tage, Wochen, Monate, Jahre später geschehen oder ihr verarbeitet sie erst in einer eurer späteren Inkarnationen.

Über **Inkarnationen** ist bereits in dem Kapitel *Unterbewusstsein* gesprochen worden. Aber es erfolgt auch hier noch einmal ein kurzer

Überblick, weil eure Inkarnationen eng mit euren unbewussten Ängsten in Zusammenhang stehen.

Jeder Mensch ist auf der Welt, um während seiner gesamten Inkarnationen alle menschlichen Gefühle einmal selbst zu erfahren.
Während jeder Inkarnation kommt ihr darum mit ganz bestimmten Lebenszielen auf die Welt, die ihr vor der entsprechenden Inkarnation geplant habt.

Bezogen auf eure unbewussten Ängste bedeutet das:

- Ihr habt zum Beispiel bereits ein Leben gelebt, das sehr angstvoll war. Ihr habt in jenem Leben diese Ängste nicht verarbeitet, so dass sie alle in eurem Unterbewusstsein als unverarbeitete Ängste gespeichert sind.
- Da jede Angst aber immer während eines eurer Leben verarbeitet werden muss, plant ihr für eine spätere Inkarnation ein Leben ein, das sich mit der Verarbeitung einer oder mehrerer Ängste des bereits gelebten Lebens befasst. Das kann gleich das nächste Leben sein, muss es aber nicht.
- Das bedeutet dann für das entsprechende Leben:
Euer Unterbewusstsein weiß genau, dass ihr eine Angstverarbeitung bestimmter Ängste geplant habt.
Und damit ihr an diese Planungen erinnert werdet, denn ihr selbst habt sie vergessen, wenn ihr auf der Welt seid, spielt es euch Gedanken an die zu verarbeitenden Ängste zu.

Da jede Angst ein gefühlter Zustand in euch ist, empfindet ihr diese zugespielten Gedanken auch als ganz bewusste Ängste. Ihr habt nur keine Erklärung dafür, warum ihr vor bestimmten Situationen oder Dingen diese Angst habt, für die es keine greifbare Ursache gibt.
Das sind dann **bewusste** Ängste, hinter denen eine **unbewusste** Angst aus einem Vorleben steht.

Und ihr erlebt sie als „gefühlte Ängste aus einer unbewussten Erinnerung einer real erlebten Vorlebensangst" (*siehe Inkarnationen → gefühlte Ängste*).

Der gleiche Vorgang geschieht auch mit einer Angst, die ihr im jetzigen Leben erfahren und erst einmal unbewusst verdrängt habt, um sie dann Jahre später zu verarbeiten.

Für eine Verarbeitung unbewusster Vorlebensängste ist folgender Hinweis wichtig:
Wenn ihr ein menschliches Gefühl erlernt habt, **braucht** ihr es nicht noch einmal zu wiederholen. Und das ist bei bereits erlebten Ängsten ganz entscheidend, denn sie wiederholen sich nicht mehr in der gleichen Form. Ihr bekommt von eurem Unterbewusstsein nur die „gefühlten Ängste" zugespielt, die mit dem damaligen Vorfall in Verbindung stehen, euch aber sehr belasten können, denn ihr empfindet sie als eine ganz reale Angst.

Hier noch ein **weiteres Beispiel,** das aufzeigen soll, wie hartnäckig euer Unterbewusstsein arbeiten kann, wenn ihr auf gefühlte unklare Ängste nicht reagiert.

Ihr wurdet während eines eurer vorherigen Leben durch einen Unfall mit einem Verkehrsmittel der damaligen Zeit, wie zum Beispiel einer Kutsche, verletzt oder sogar getötet. Dieses Erlebnis habt ihr als eine starke Angst empfunden, und sie wurde in eurem Unterbewusstsein gespeichert.

Im jetzigen Leben fahrt ihr sehr gerne und auch sehr sicher Auto, allerdings verspürt ihr manchmal ein leichtes Unbehagen dabei. Das aber ignoriert ihr, weil ihr es euch nicht erklären könnt. Dieses Unbehagen aber verstärkt sich immer mehr und kann sich ganz **plötzlich zu einer starken Angst entwickeln**.

Das ist dann ein deutlicher Hinweis eures Unterbewusstseins, diese für euch unbegründete, aber massive Angst näher anzusehen.

Und dabei gilt generell:
Ängste, die kurz vor einer Aufklärung stehen, weil euer Unterbewusstsein genau weiß, wann ihr in welchem Lebensabschnitt eine Angst erkennen sollt, können euch plötzlich verstärkt belasten.

Das wisst ihr natürlich nicht. Wenn ihr trotzdem bereit seid, diese Angst durch eine Therapie zu hinterfragen, könnt ihr sie schnell lösen. Aber meistens verdrängt ihr diese Gefühle bis zu eurer nächsten Autofahrt, und dann kann es passieren, dass ihr noch drastischer an diese Verarbeitung erinnert werdet.

Es können euch **Autounfälle** geschehen, bei denen **euch zwar nichts Schlimmes passiert**, denn ihr seid ja bereits einmal während eines Vorlebens dadurch verletzt worden oder gestorben, aber sie sollen euch auffordern, eure Verdrängungen zu beenden.

Das mag euch jetzt sehr hart erscheinen, aber eure eigene Lebensplanung war nun einmal so, eure Ängste in einem bestimmten Lebensabschnitt zu beseitigen. Und wenn euer Unterbewusstsein bemerkt, dass ihr eine Verarbeitung verzögert, sucht es andere Wege, um euch auf die Verarbeitung hinzuweisen.

Ein weiteres Beispiel, wie sich unbewusste Vorlebensängste durch bewusste Ängste äußern können:

Ihr fürchtet euch seit eurer Kindheit vor bestimmten Tieren. Das können Hunde, Pferde oder andere Tiere sein.

Es gibt keine sichtbare Begründung dafür, denn ihr habt noch niemals angstvolle Erfahrungen mit diesen Tieren erlebt, vielleicht kennt ihr sie nur aus Büchern.

Dahinter verbirgt sich dann eine Angst aus einem Vorleben, in dem ihr negative Erfahrungen mit einem Tier hattet und die jetzt unbewusst für euch eure bewussten Ängste ausgelöst hat.

Verdrängte Ängste

Verdrängte Ängste sind die Ängste, die ihr aus bestimmten Gründen nicht ansehen wollt.
Aus diesen Gründen heraus ist die Unterteilung in bewusste und unbewusste Verdrängung geschehen.

Bewusste Verdrängungen geschehen aus der Abwehr heraus, euch mit bestimmten Gedanken auseinanderzusetzen, wodurch ihr mit einer bewussten Verdrängung eurer Probleme beginnt.

Das aber hat zur Folge, dass euch euer Unterbewusstsein gerade diese Gedanken immer wieder dann zuspielt, wenn der Zeitpunkt da ist, sich erneut mit ihnen auseinanderzusetzen.

Und somit erreicht ihr mit euren Verdrängungen gar nichts, denn sie holen euch immer wieder ein, und ihr geratet immer wieder in ähnliche Lebenssituationen, die ihr eigentlich nicht sehen wollt.

Unbewusste Verdrängungen *(Verleugnungen)* geschehen dann, wenn ein Angsterlebnis eures jetzigen Lebens für euch so schrecklich war, dass ihr es sehr schnell und unbewusst tief in eurem Unterbewusstsein eingelagert habt, um ohne diese Erinnerung daran weiterleben zu können.

Euer Unterbewusstsein kennt eure Lebensplanung und eure Lebensziele und reagiert dementsprechend auf diese unbewussten Verdrängungen.

Habt ihr geplant, dieses Erlebnis **tatsächlich für das jetzige Leben zu vergessen**, behält es diese Angst auch tief verschlossen in sich, und ihr habt somit auch keine Erinnerung mehr an den angstvollen Vorfall.

Das bedeutet dann:
Ihr verarbeitet dieses Trauma wirklich erst in einem **späteren Leben als eine unbewusste Vorlebensangst**.

Oder:
Die Angstursache bleibt unbewusst, aber ihr leidet unter den Begleitängsten, die sich aus jeder erfahrenen Angst entwickeln.

Diese Begleitängste können euer Leben sehr belasten, aber euch fehlt der Mut und auch das **Bedürfnis**, diese Ängste durch eine Therapie aufzuklären.

Auch das steht mit eurer Lebensplanung für das jetzige Leben in Zusammenhang und soll hier nicht weiter vertieft werden.

Die verdrängte Angstursache mit den ungeklärten Begleitängsten wird dann ebenfalls in einem späteren Leben als eine unbewusste Vorlebensangst verarbeitet.

Oder:
Euer Unterbewusstsein weiß, dass ihr diese unbewusst verdrängte Angst in dem Leben verarbeiten wollt, in dem sie entstanden ist. Dann sorgt es dafür, dass euch die entstandenen Begleitängste immer mehr belasten, so dass ihr euch irgendwann freiwillig auf die Suche der Angstursache begebt, um anschließend angstfrei zu leben.

Jetzt erfolgt ein Punkt, der wie das Thema Unfälle nur in Kurzform erklärt werden kann, da er sonst den Rahmen dieses Buches sprengen würde.

Er betrifft die unterschiedliche Anzahl und Heftigkeit von Ängsten für jeden einzelnen Menschen sowie die Häufigkeit von ängstlichen Leben. Denn das ist bei euch Menschen sehr verschieden.

Ihr Menschen erlebt eure Ängste alle unterschiedlich.
Und die Frage, warum Ängste überhaupt sein müssen, kann jetzt nur so beantwortet werden:
Alle Ängste, die ihr benennen könnt, gehören mit zu den menschlichen Gefühlen, die jeder von euch erlernen soll.

Warum jedoch manche Menschen eine Angst sehr heftig erleben und stark darunter leiden, während andere dagegen genau diese Angst schnell überwinden, hängt mit euren Inkarnationen und Lebenszielen zusammen.

Ebenso gehört dazu, warum manche Menschen die verschiedensten einzelnen Ängste über viele Leben verteilen, während andere die gleichen Ängste geballt in wenigen oder auch nur ein bis zwei Leben kennenlernen und verarbeiten.
Da dieses Thema jedoch zu umfangreich ist, um detailliert darauf einzugehen, erfolgt nur diese kurze Zusammenfassung:

- Es gibt Menschen, die ein Leben voller Angst führen.
- Andere Menschen dagegen sind relativ angstfrei und führen darum ein zufriedenes Leben. Sie haben ein angstfreies Leben geplant, um andere Aufgaben zu erlernen. Und **wenn** sie Vorlebensängste in sich haben, bleiben diese während dieses Lebens in ihrem Unterbewusstsein gespeichert und wirken sich nicht durch gefühlte Ängste als eine Belastung aus. Die Verarbeitung dieser vorhandenen Vorlebensängste erfolgt dann erst in einem späteren Leben.
- Dann gibt es die Menschen, die gerade zu Beginn ihres Lebens sehr viele massive Ängste verspüren, die sich auch noch steigern und zunehmen können. Aber durch eine bewusste Angstaufklärung während dieses Lebens sind diese Menschen dann anschließend zufrieden, harmonisch und angstfrei.
Häufig sind das die Menschen, die eine spirituelle Lebensentwicklung geplant haben. Dazu gehört das Aufarbeiten aller noch unbewussten Vorlebensängste. Die Verarbeitung bestimmter starker Ängste wird durch eine beginnende Spiritualität sehr erleichtert.

Um euch aber gleich eine erneute Angst zu nehmen:
Eure vielen Leben sind alle sehr verschieden, und ihr erlebt nicht

in jedem starke Ängste, sondern es gibt unzählige Schattierungen, die jeder von euch anders empfindet. Das hängt ebenfalls mit euren einzelnen Inkarnationen zusammen.

Ein letzter Hinweis gilt den emotionalen Ängsten, die ihr niemals unterschätzen dürft, denn sie können euch wesentlich stärker belasten und euren Lebensweg weit mehr ausbremsen als die Ängste, die sich zum Beispiel auf eine Angst vorm Fliegen, vorm Autofahren, vorm Bergsteigen oder auf andere konkrete Dinge beziehen. Denn diesen Ängsten könnt ihr aus dem Weg gehen.

Ihr nehmt euch zwar dadurch einen Teil eurer Lebensfreude, denn wenn ihr zum Beispiel gerne andere Länder bereisen würdet, aber nicht in ein Flugzeug steigen wollt, lernt ihr diese Länder auch nicht kennen.

Emotionalen Ängsten dagegen könnt ihr nicht ausweichen. Habt ihr zum Beispiel Angst, durch andere Menschen abgelehnt zu werden, müsst ihr trotzdem euren Alltag bewältigen.

Die Angst, in ein Flugzeug zu steigen, kann darauf hindeuten, dass ihr während eines Vorlebens einmal aus einer großen Höhe gefallen seid und sehr verletzt wurdet. Oder ihr habt durch eine andere Angstursache eine Angst vor geschlossenen Räumen entwickelt, die verhindert, dass ihr in ein Flugzeug steigt, in dem ihr vom Start bis zur Landung „gefangen" seid.

Die Angst jetzt ist die gefühlte Angst aus dieser unbewussten Erinnerung daran. Wenn ihr diese Angstursache jedoch verstanden und geklärt habt, werdet ihr bestimmt gerne fliegen.

Emotionale Ängste dagegen sind breit gefächert, und darum greifen sie wesentlich stärker in eure Harmonie ein, und damit ist wieder der Ausgangspunkt des Buches erreicht, nämlich die Rückgewinnung eurer Harmonie.

Ängste bestimmen euer Leben und eure Lebensqualität.

Aber ihr könnt ab sofort selbst entscheiden, wann ihr diese Fremdbestimmung durch eure Ängste beenden wollt.

Das geschieht durch das Erkennen und Verarbeiten der Ängste sowie durch ein bewusstes positives Denken.

Wenn ihr diese beiden Punkte kontinuierlich durchführt, werdet ihr eure vielen negativen Energien in euch durch positive Energien ersetzen. Dadurch erreicht ihr einen starken Prozentsatz einer positiven Energie in euch, die dafür sorgt, dass plötzlich auftauchende unzufriedene oder unruhige Gedanken, die ihr immer wieder haben werdet, sofort beseitigt werden können (*siehe Gedanken → positive Energie*).

Habt ihr zum Beispiel achtzig Prozent positive Energie in euch und zwanzig Prozent kommen als negative Energie hinzu, haben diese zwanzig Prozent keine Chance, eure Harmonie entscheidend zu stören.

Und mehr wie achtzig Prozent solltet ihr auch nicht von euch fordern, denn das reicht aus, um gesund leben zu können.

Wortspiele

Worte dienen dazu, eure Gefühle auszusprechen.
Sie helfen euch dadurch sehr bei der Angstverarbeitung, denn ihr könnt durch Worte eure Ängste aufschreiben, sie aussprechen, beschreiben und durch Gespräche aufklären.

Und ihr könnt sie spielerisch nutzen, um den Belastungsgrad einzelner Lebenssituationen zu erkennen.

Hier die Durchführung:
Ihr schreibt ein Wort auf, das in einem Zusammenhang mit einer Belastung steht, trennt die einzelnen Buchstaben auf und lasst spontan zu diesen Buchstaben die Gedanken zu, die euch bezogen auf eure Frage einfallen.

Als Beispiel dienen die Worte „Liebe" und „Angst".

Liebe ist:

L: Lebendigkeit, Leichtigkeit
I: Innere Freude
E: Entspannung, Ehrlichkeit
B: Begeisterung, beglückend
E: Erfüllung

Massive Ängste:

A: Angriff
N: Niedergang
G: Grau
S: Starr
T: Traurigkeit

Ängste durch Überlastungen:

A: Antriebsschwäche
N.: Niedergeschlagenheit
G: Gereiztheit
S: Schlafmangel
T: Trägheit

Wenn es jetzt eure eigenen Worte gewesen wären, die euch ganz spontan zu den Ängsten eingefallen wären, könntet ihr daran erkennen, wie stark ihr in einer Angst verhaftet seid und wie sehr sie eure Tage lähmt.

Wollt ihr eure **Selbstliebe erhöhen**, fragt euch, was ihr tun könnt, um dieses Ziel zu erreichen.
Die Antwort könnte so aussehen:

L: Loslassen von alten Strukturen und Ängsten.
I: Innere Bereitschaft, etwas zu verändern.
E: Ehrlichkeit euch selbst gegenüber.
B: Beenden der eigenen Abwehr.
E: Endlich Ruhe spüren.

> Diese Wortspiele könnt ihr auf alles anwenden, was euch stört oder Angst bereitet. Denn wenn ihr euch unverkrampft und spontan damit befasst, könnt ihr schnell erkennen, in welche Richtung sich eure Gedanken gerade bewegen.

Plant ihr zum Beispiel eine Trennung, und das kann jede Art von Trennung sein, von einem Freund, einem Ehepartner, einer alteingefahrenen Lebenssituation, die ihr gerne verändern würdet, von einem Beruf, vom Rauchen, einer Wohnung usw., habt aber Angst davor, überlegt euch, **was diese Trennung für euch bedeuten würde**.

Vertraut dabei auf eure intuitiven Gedanken, die euch die richtigen Worte eingeben werden. Denn sie kommen aus eurem Unterbewusstsein, das genau weiß, welche Wahrheit ihr jetzt benötigt, um eine Entscheidung zu treffen.

Das Wort **Trennung** könnte dann so aussehen:

T: Trauer
R: Ruhe
E: Erleichterung
N: Natürlichkeit
N: Neigungen ausleben
U: Unruhe
N: Nein
G: Geborgenheit

Das würde in diesem Fall bedeuten:
Neben der Erleichterung bestehen zwar auch Trauer, Unruhe und Abwehr, aber die positiven Seiten überwiegen. Und daran könnt ihr erkennen, wie sehr ihr durch eine Situation, die ihr hinterfragt habt, belastet seid. Und wie sehr sich in diesem Fall eine Trennung dieser hinterfragten Situation positiv auf euer Leben auswirken würde.
So könnt ihr jetzt abwägen, ob ihr weitere Schritte unternehmen wollt, die euch guttun würden.
Natürlich kann diese Wortwahl auch so ausfallen, dass sich eine Trennung eher negativ auf euer Leben auswirken würde. Dadurch könnt ihr erkennen, wenn ihr eure Sorgen auf einen falschen Punkt in eurem Leben verlagert habt, den ihr ab jetzt neu überdenken könnt.
Stehen also Entscheidungen an, die ihr nicht treffen könnt, weil ihr zu blockiert seid, benutzt dieses **Wortspiel als ein Hilfsmittel** für weiterführende Gedanken.
Ihr könnt auch ganze Sätze aufschreiben, wichtig ist dabei nur, dass ihr eure verkrampften Gedanken in den Hintergrund stellt.

Noch ein Wort zu einer Angsttherapie:
Es wäre ein wünschenswertes Ziel in eurer Welt, wenn psychologische Therapeuten mit spirituellen Menschen zusammenarbeiten würden.

Spirituelle Menschen können sehr schnell eine Angstursache aus eurem Unterbewusstsein in euer Bewusstsein holen.

Dazu gleich dieser Hinweis, damit jetzt kein Misstrauen entsteht:

Die Menschen, die ihre Spiritualität gewissenhaft leben, werden diese Informationen nur dann abfragen, wenn ihr selbst damit einverstanden seid.

Ist eine Angstursache auf diesem Weg geklärt und die Angst aufgelöst, benötigen trotzdem viele Menschen anschließend eine therapeutische Begleitung, um die entstandenen Erlebnisse und Erfahrungen, die durch diese Angst ihr Leben begleitet und belastet haben, zu glätten und zu verarbeiten.

Das wäre dann die Aufgabe der psychologischen Therapeuten.

Der Vorteil dabei ist:

Euch Menschen könnte schneller geholfen werden, wenn ihr gleich mit dieser gezielten Verarbeitung eures bisherigen Lebens beginnen würdet.

Aber da leider auch in diesem Bereich ein Konkurrenzkampf in eurer Welt besteht, ist dieser Weg noch ein Zukunftsweg, was sich aber hoffentlich bald ändern wird.

Der Titel dieses Buches ist „Harmonie statt Angst".
Ihr kennt jetzt den Weg, um dieses Thema für euch umzusetzen.
Und vertraut darauf, es ist ein Weg, der jedem von euch gelingen kann!

Buchempfehlungen

Bach, Edward:
Blumen, die durch die Seele heilen: Die wahre Ursache von Krankheit, Diagnose und Therapie, Hugendubel Verlag, München
Dethlefsen, Thorwald, Dahlke, Rüdiger:
Krankheit als Weg. Deutung und Be-Deutung der Krankheitsbilder. Wilhelm Goldmann-Verlag, München
Hay, Louise L.:
Heile deinen Körper. Lüchow Verlag, Berlin
Hay, Louise L.:
Gesundheit für Körper und Seele. Ullstein Taschenbuch, München

Bitte lesen Sie weiter ..

Anjana Gill
SOS – Rette deine Seele
... denn du bist so viel mehr!
240 Seiten, A5, gebunden, 4-farbig, mit Lesebändchen
ISBN 978-3-938489-68-0

In diesem Buch geht es um dich!
Wirst auch du von den Erwartungen und festgelegten Strukturen der Gesellschaft gelenkt? Lebst du das selbst bestimmte Leben, das du haben könntest und das dein Geburtsrecht ist? Nein? Dann geht es dir wie den meisten Menschen.
Lass dich von deiner Seele an die Hand nehmen. Sie zeigt, dir, was für dich richtig ist, und führt dich liebevoll auf deinen persönlichen Königsweg. Beginne zu entdecken, wer du wirklich bist – ein strahlender Diamant –, denn in dir steckt so viel mehr...

Madeleine Ponert
100 Steine zum Licht
Heilwissen der Engel
272 Seiten, A5, gebunden, vierfarbig, mit Lesebändchen
ISBN 978-3-938489-76-5

Ein völlig neues Werk über die Steilheilkunde, das sich allein auf gechannelte Informationen von Engelwesen stützt, die einen besonderen Grad der Reinheit besitzen und das subtile Wesen und den Charakter eines jeden Steins wunderbar verdeutlichen. Die Steinheilkunde für die Neue Zeit konzentriert sich nicht nur auf körperliche Aspekte, sondern geht auch auf die höheren Zusammenhänge der Heilung mit Steinen ein, damit durch diesem Prozess der inneren Wandlung ein bestimmtes Bewusstsein entwickelt werden kann und spirituelles Wachstum möglich ist, denn erst dann wird der Mensch in bewusster Einheit mit sich und Allem-was-ist leben können.
Mit traumhaft schönen Fotos, die die Verschmelzung der Steine mit der Natur auf einzigartige Weise wiedergeben.

Patrizia Pfister
Nahutep – Zeitlose Weisheiten aus Ägypten
152 Seiten, A5, broschiert
ISBN 978-3-938489-69-7

Nahutep ist die Tochter des altägyptischen Architekten Imhotep, der einst für den Pharao Djoser (um 2700 v.Chr.) die Stufenpyramide von Sakkara erbaute und heute als Aufgestiegener Meister Serapis Bey den weißen Strahl regiert.
Nahutep kommentiert Sprüche der Weisheit zu Fragen des alltäglichen Lebens in der heutigen Zeit und enthüllt somit erstmalig ein spezielles Geheimwissen aus Ägypten, das der Menschheit bei ihrem Erweckungsprozess behilflich sein kann.
Dabei handelt es sich um eines der Manuskripte, das bei dem großen Brand der Bibliothek von Alexandria, der größten ihrer Art in der Antike, verloren ging und nun wieder offenbart werden darf.

Hanne Reinhardt
Du bist der Meister!
Die Wunder der Neuen Energie
280 Seiten, A5, broschiert
ISBN 978-3-938489-65-9

Hanne Reinhardt enthüllt Schritt für Schritt die Lehren der Neuen Energie und vermittelt uns ungeahnte Möglichkeiten. Zahlreiche Beispiele aus dem zwischenmenschlichen Leben, der Politik und der Religion führen uns vor Augen, was all die überlieferten und festgefahrenen Glaubenssätze und Strukturen aus uns in Wahrheit machen: Sklaven! Aber, tröstet uns die Autorin, das Kapitel der Sklaverei und der damit verbundenen Verdummung der Menschheit ist nun endlich abgeschlossen. Die Neue Energie, die mit all ihren Segnungen JETZT hereinkommt, um der Abhängigkeit ein Ende zu machen, stellt jeden von uns vor die Wahl: Sklaverei oder Freiheit. Wofür entscheiden Sie sich?

Barbara Arzmüller
Tempel der Seele
Spirituelles Wohnen
184 Seiten, A 5, broschiert
ISBN 978-3-938489-54-3

Gibt es Bereiche in Ihrem Leben, die nicht in Ordnung sind? Und gibt es Bereiche in Ihrer Wohnung, die Sie wenig oder ungern nutzen oder die notorisch unaufgeräumt sind? Das sollte Sie stutzig machen, denn nach dem alten Weisheitssatz „wie innen, so außen" spiegelt unser äußeres Umfeld unseren inneren Zustand wider! Mit Pflanzen, Steinen, Düften, Farben, Klängen u.v.m. stellt die Autorin Lösungsvorschläge für jeden einzelnen Raum eines Hauses vor, verbunden mit Tipps zur energetischen Reinigung und Aktivierung des Energieflusses im Haus. Sie haben es also in der Hand, den Grundstein für ein Leben in Fülle und Freude selbst zu legen.

Ava Minatti
Engel helfen heilen
Lass deine Flügel wieder wachsen
400 Seiten, A 5, broschiert
ISBN 3-938489-06-5

Viele der uns vertrauten Engel sprechen zu den unterschiedlichsten Themen:
So laden uns Raphael, Uriel, Gabriel und Michael in ihren Botschaften ein, uns mit den vier Elementen Erde, Feuer, Luft und Wasser auszusöhnen. Metatron spricht über die Liebe, und Melchisedek über die Weisheit, während uns Ariel hilft, unser inneres göttliches Licht zu erkennen und strahlen zu lassen. Chamuel befasst sich mit dem Thema „Partnerschaft in der Neuen Zeit" und Zadkiel mit der Kraft der Transformation und dem Licht der Gnade.
Mit wunderschönen Meditationen und Durchsagen von der Engelebene.

Rosemarie Gehring
Meditationen für ein glückliches BewusstSein
168 Seiten, A 5, broschiert
ISBN 978-3-938489-57-4

Die geistige Ebene hat über die Autorin den Menschen Meditationen zur Verfügung gestellt, durch die diese ihr Leben positiv beeinflussen und aus der Schwere in die Leichtigkeit gelangen können, damit sich ihr Leben in die richtige Richtung entwickeln kann. Die wundervolle Kraft der Meditationen und Affirmationen für sich selbst und das eigene Umfeld bringen Licht und Liebe in die Welt und heilen im Wechselspiel auch unsere Mutter Erde.

Anjana Gill
Du und deine Engel – ein himmlisches Team
108 Seiten, gebunden, mit farbigen Abbildungen,
ISBN 978-3-934254-46-6

Für Anjana Gill sind Engel keine heiligen fernen Wesen, sondern unsere Lebensbegleiter, die sich freuen, für uns da zu sein. Sie erklärt in leichten Schritten, wie Sie die Engel in Ihrem Leben integrieren können. Lernen Sie mit Hilfe dieses wunderschön gestalteten Buches Ihre „himmlischen Mitarbeiter" kennen und verschmelzen Sie zu einem sensationellen Team! Lassen Sie sich beflügeln! - It's time for an angel!

Anjana Gill
Wie Wünsche wahr werden
80 Seiten Hardcover, mit farbigen Abbildungen
ISBN 978-3-934254-42-8

Ein mitreißendes Buch darüber, wie wir es im Alltag schaffen, unsere Gedanken zu kontrollieren und Wünsche „wahr" werden zu lassen. Das Besondere an diesem Buch ist der klare und logische Aufbau, der ein effektives und freudiges Arbeiten ermöglicht – eine Art „Gebrauchsan-weisung" – in der Sie Schritt für Schritt den einzelnen logisch aufeinander abgestimmten Punkte folgen, und schon können Sie sich auf die Erfüllung Ihrer Wünsche freuen: das richtige Haus oder den Partner/die Partnerin fürs Leben.

Josch van Feen
Affirmationen des Herzens
Kartenset mit 49 Herzkarten
ISBN 978-3-938489-64-2

Dieses Kartenset beleuchtet die drei Aspekte Sein, Körper und Miteinander eines jeden Menschen und ist wie ein Tarot zu verwenden. Jeweils sieben Kartenpaare aus den drei genannten Aspekten stehen in Wechselwirkung zueinander und regen dazu an, die eigene Ausrichtung zu überprüfen und gegebenenfalls zu verändern. Hinzu kommen sieben weitere Herzkarten mit blanko Schreibfeldern, die mit eigenen Affirmationen beschrieben werden können – ein liebevolles Geschenk für sich selbst und/oder andere. Der Umgang mit den Affirmationen des Herzens verändert zuerst uns selbst liebevoll und dann unsere Begegnung mit anderen, denn diese Karten öffnen das Herz und lassen uns das Göttliche im anderen erkennen.
Set mit insgesamt 49 liebevoll gestalteten Herzkarten.

Mara Ordemann
Meditationen des Herzens (CD)
ISBN 978-3-938489-52-9
Laufzeit ca. 60 Minuten

Eine kurze Morgenmeditation (ca. 5 Min.), um den Tag energiereich zu beginnen, sowie eine etwas längere Abendmeditation für einen sanften Übergang vom Arbeitstag in den Feierabend umrahmen drei liebevolle, von der Engelwesenheit KRYON durchgegebene Meditationen, die die unterschiedlichen Arten der Liebe mit Leben erfüllen:
Meditationen des Herzens, geschrieben und gesprochen von Mara Ordemann, der Verlegerin des Smaragd Verlags.

Ava Minatti
Heilende Engelmeditationen
2 CDs, Lauflänge ca. 150 Minuten
ISBN 978-3-938489-49-9

Ausgewählte Meditationen führen in eine tiefe Begegnung mit den Engeln, die um und mit uns sind und bereits darauf warten, mit uns in einen bewussten Kontakt zu treten. Die sanfte Stimme von Ava Minatti hilft uns zu entspannen und unser Herz zu weiten, und uns so dem Licht und der Liebe der Engel hinzugeben.
Nach vielen Anfragen, ist sie endlich da! Eine CD als wunderbare Ergänzung zu dem Erfolgstitel Engel helfen heilen.

...Nun mache es dir bitte bequem, atme einige Male tief ein und aus und lausche der Botschaft der Engel, die dich berühren möchten...